日本百年老店

日本の老舗：伝統と革新の再発見

李 新春［著］／古田茂美［訳］

文眞堂

長寿企業の美しさの発見

日本の読者へ

この度拙著『日本百年老店』が日本で出版される運びとなりとても光栄に思います。世界一の長寿企業数を誇る日本の百年老舗。本書はその深い歴史と文化、ビジネス精神に敬意を表し、中国の読者にもっと日本を知ってほしいという思いで書いたものです。また、今日、欧米の経営思想・理論が支配する世界の中で、特に儒教文化の伝統の下にある東アジアの経営思想・精神性・経営手法を紹介することも目的としています。

これは、ビジネス文明が、道徳や倫理の低下、膨れ上がったエゴ、強い利益動機、グローバル競争に見舞われている昨今、経営モデルの多様化、美徳と産業精神に基づく伝統的ビジネス文化、その伝統と革新への再評価、アジアの百年企業の長寿の美しさの発見を反映したものです。

現代の、複雑で激動する環境の中、百年老舗は生存と発展のための厳しい試練と圧力に直面していますが、美徳、集団主義、文化伝統の継承と促進、神の尊重と他人への愛、最高の善と美の追求、継続的改善と革新によって築かれた彼らのビジネス精神と文明は、今日の物質主義社会における代替的存在であり、将来のビジネスの変化と健全な発展に対する重要な反映と警鐘に等しいと思います。

以上の意図から、本書は日本で企業家、学者、幅広い読者に試されることを期待し、また文化的な認識と共感を呼び起こすことを意図しています。

本書は、著者の理論的思考に基づくものではなく、多くが日本百年老舗を調査した結果に依拠して書かれました。代々受け継がれてきた百年老舗の歴史と伝統、世代を超えた忍耐と献身、製品・サービスの絶えざる改善と革新、心を込めて他者と社会のために尽くす献身と「在世修行」、近世以来の科学的精神の影響による開放性、学習、科学経営との統合などに、我々は深い感銘を覚えました。

現代の経営学者として、この優れた伝統を無視してはならない、これらの美徳と経営精神を人類の近代産業文明の中にいかに融合させるかを考えなければならない、と痛感しています。かような日本百年老舗に深く敬意を表し、彼らの無私の支援と協力、そして著者が本書を考え、執筆するきっかけとなった調査や情報提供に対し、この場を借りまして改めて深く感謝申し上げます。

今回、この調査研究プロジェクトの重要な発起人かつ運営者の一人でもあるのが、日本語版の翻訳を直接引き受けた当研究チームの古田茂美教授です。調査や執筆のプロセスを十分理解しているだけでなく、本書で選ばれた七社のケーススタディについて膨大な校正作業を行いました。中国語版の出版を急いだことや言語の問題で、中国語で書かれたケースを各社に返却して検証することは、その時点では不可能だったのですが、この重要な作業を古田先生は翻訳後に行ったのですが、各社とも真剣に取り組まれ、事例事実の細部やデータまで確認し、各社のコメントに従って修正・改良を加えていきました。本書の日本語版がより良いものになったのは、古田先生の働きかけと各社の協力があったからこそです。翻訳と校正にご尽力いただいた古田先生と各社ケース企業にこの場を借りまして厚く感謝致します。

横澤利昌教授と濱下武志教授に格別の感謝を申し上げます。横澤教授は日本の老舗研究の第一人者として、さまざまな場面で本書を喧伝して下さり、尚且つ日本で有名な学術出版社である文眞堂での出版を実現させてくださいました。日本の老舗を研究するきっかけを作って下さったのは濱下教授であり、この研究と邦訳出版に一途に協力してくださいました。濱下教授と横澤教授はそれぞれ本書の日本語版を推薦する序文を書いて下さいますが、その励ましと支援に深く感謝申し上げる次第です。

最後に本研究の初発から邦訳版出版に至るまで一貫して多大なご支援を頂いた一般社団法人地域企業連合会九州地域連携機構小早川明徳会長に心より御礼申し上げます。会長は当初から本研究の深い意義に共鳴して調査活動を支援、翻訳原稿が出来上がる度に眼を通して激励、完成後は日本の政官財界に本書を紹介して下さいました。比類ないご支援に対しこの場を借りまして深く御礼申し上げます。

本書が皆様の期待に応え、百年老舗の事業発展と東アジア経営研究に貢献することを祈念しております。

本書は中国国家自然科学基金（ＮＳＦＣ）国際（地域）連携重点プロジェクト「家族経営企業の国際化とイノベーション：制度・文化に基づく比較研究」プロジェクト承認番号71810107002として学術振興支援を賜りました。この場を借りまして御礼申し上げます。

中山大学管理学院戦略とアントレプレナー担当教授
中国家族企業研究センター所長　李　新春

序（一）

中国広州の中山大学李新春教授が著した『日本百年企業―伝統と創新』は、家族経営と企業組織を併せ持つ長寿民間企業に注目し、具体的な訪問調査に基づいて行われた本格的な研究成果である。そして、その観察と分析の方法と根拠を広く日本の歴史文化に求め、あわせて儒教に基づく東アジアの商業精神に基づいて論じていることから、本書は長寿企業の経営分析であると同時に、日本文化論・東アジア思想論にまで及ぶ広がりを持つという特徴がある。

本書はまた、日本の商業精神、企業文化論であると共に、中国の家族・同族企業経営との比較研究でもある。そして、その背景や論点の中には、西洋における経済文化・企業経営・起業精神に広く照らしながら、日本企業の特質を論ずるというグローバルな視野が表現されている。

本書の中心をなす日本における長寿企業の調査研究については、中山大学訪問教授の時期から李教授と準備を進め、日本での調査における共同研究者として訪問調査を組織され、本書の翻訳出版にご尽力された北九州市立大学古田茂美教授の力が大きな支えとなっていることもここに明記したい。

本書の中国語のタイトルは、『日本百年老店―伝統与創新』（*Japan's Century-old Stores: Tradition and Innovation*）であり、「日本家族企業研究叢書」の一つとして刊行された。

本書では、現地調査、歴史的検討、分析討論の三者が絶えず相互に連関しており、その過程において問題がより深く掘り下げられ、総合された新たな発見とそれへの歴史的な位置づけが加えられている。別の表現をするならば、これまで経営史、社会学、経済学、歴史学など、学問分野によっていわば分割されて研究されてきた家族・同族企業の歴史を、現在の日常の動きの中で生き生きと甦らせ、さらにそれらの歴史文化的な意味を導き出している。本書は研究者に対してのみならず、企業経営者に対しても、企業経営と経営史研究を往還させ、読者一人一人が自らも家族企業の実践者＝起業家としての眼からのアプローチを試みることができる総合的かつ多角的な分析視覚を提供している。

そして、これらの調査研究活動の根底にある李新春教授の情熱には、起業を絶えず追及するという強いメッセージがあると考えられる。それは家族企業の伝統を持続させ、絶えず起業するという革新を図ることがこれからも重要であり、伝統を維持し継続を追求するための新しい課題でもあるというメッセージである。

李新春教授は、中国を代表する国際的な企業経営研究者であり、とりわけ家族企業経営に関する専門研究者である。李教授は、中国において一貫して民営企業・家族企業・地域企業の調査と研究を続けるかたわら、ドイツのフンボルト大学、アメリカのＭＩＴやハーバードビジネススクールを訪問し、欧米ならびに日本の企業経営についても造詣が深い。

二〇〇〇年代初めには中山大学に「中国家族企业研究センター」を設立し、現地調査に基き、統計的な研究を積極的に取り入れた家族企業研究を進めており、これまでに二〇冊を超える書籍、一二〇本を超える論文など多くの成果を刊行している。

本書が執筆される前提には、二つの大きな歴史的な背景があったと思われる。その第一は、李新春教授が一九八〇年代からの中国並びに世界の変化を自ら体験しながら蓄積してきた家族企業経営に対する調査研究であり、第二には、李教授の日本に対する長く継続する強い関心である。以下にこれらについて概観しておきたい。

本書の時代的背景

林新春教授の調査研究は一九八〇年代から開始され、いわゆる改革開放時期という市場経済の導入時期に重なっている。次いで、一九八八―一九九五年まで、ドイツのフンボルト大学経済学部に留学し、経済学博士の学位を得ている。すなわちいわゆるベルリンの壁の崩壊は一九八九年一一月九日に始まっており、東ドイツ並びに東欧において新たな市場経済に向けた動きが急速に始まった時期と重なっている。李教授の最初のドイツ語の論文は、「途上国の可能性—途上国のハイテク・イノベーションと産業政策の研究—」であった。

これらの体験は、中国の改革開放時期が持つ、歴史的により広い意味を検討する契機となったことは想像に難くないであろうし、また、李教授自身が、これまでの歴史社会の経済活動や企業活動の中で、家族の役割や家族企業の位置はどのようなものであるかという歴史的な基本的課題に取り組む重要な根拠を与えたと考えられる。さらに、一九九八—一九九九年には、フルブライト学者としてアメリカＭＩＴの Sloan 管理学院と Babson College を訪問し、またハーバード大学ビジネススクールのベイカー図書館における日本関係の資料調査を行っている。今回の日本における百年企業の調査と本書の刊行の背景にはこのような、世界のまた中国の大きな歴史的な転換という背景があり、そのグローバルな視野からの日本家族企業経営の調査であったという背景に注目したい。

以下にこの過程における取り組みの特徴を、１）調査研究の特徴、２）家族企業経営モデルの理論的検討、３）国際共同研究、という三つの項目に沿って整理してみる。

一九八〇年代からの家族経営企業に対する調査と分析

李教授が中国家族企业研究センター（中山大学）主任として、中国家族企業経営の調査研究を進めた中で、広東・香港における長寿企業の調査と分析は重点研究の一つである。家族企業の調査では、同族経営と企業経営に関して歴史的に生ずるガバナンス、事業成績、家族と企業との関係などについてきわめて多くの調査研究を行っており、それらは以下の二つの代表的な論著に集約される。すなわち、李新春・儲小平・何軒編『香港の家族経営―現地化と国際化』（社会科学文献出版社、二〇一二年一一月）、並びに、李新春・檀宏斌・鄭丹輝・張瑾華編『広東ビジネスの起業―家族の力量』（社会科学文献出版社、二〇一三年）、である。前書では、ウィン・オン、リー&フォン、サンフンカイ、ウォン・ダオイー、リー・クムキー（李錦記LKK）、ハチソン・ワンポアなど、香港の代表的な華人ファミリービジネスについて、「家族統治」「起業家的遺産と世代間の持続性」「家族企業における株式分散と再集中」「継続的な起業と世代間継承の〝パラドックス〟」「ファミリー・リーダーシップ、エグゼクティブ・チームと国際的成長」「関係ネットワークと格差・序列構造を接続させる家族のリーダーシップ」「家族起業と社会資本の伝達」「在地化と国際化」など、家族企業が歴史的に直面したさまざまな問題を理論的観点から分析し、家族企業に対する視野を広げ、企業経営や財務管理に新しい考えを提供している。

中でも注目する香港の李錦記は、一八八八年に創業者の李錦裳氏が広東省珠海市の南洲でオイスターソースの製法を発明したことから始まった。李錦記の経営理念は、「人々のことを考える」「現実的で、正直で、常に起業家的である」ということである。この調査では、「家族ガバナンス、起業家的遺産と世代間起業の持続性：李錦記ファミリーのケーススタディ」という英文論文もあり、以下がその概要である。

起業家精神に関する研究は、持続的な起業家精神が、起業と既存企業の両方において高い業績と富の創造に不可欠な特徴であることを明らかにしており、家族企業の世代間継承に関する新しい研究視点となり得る。しかし、世代間継承を超えた企業活動の持続性は、「一世代が始め、二世代が残り、三世代で終わる」ということが同族企業の避けられない宿命のようであり、昔から経営研究の対象になってきた。そして継承に関する研究の多くは、企業に焦点を当て、家族間の円滑な企業管理の移転が継承の主な目的であることは当然視されてきた。そこには、富の継承を確実にするためには円滑な管理の移転が必要であり、企業の経営管理は家族の重要な目標であるとの暗黙の前提があった。この論理のもと、後継者研究は、後継者を育てることに主眼が置かれ、起業を促進する制度的・文化的要因から遠ざかることになった。

ここでは、家族企業における家族経営の多世代間の持続性の困難さと、企業経営としての持続性の維持の問題の矛盾が指摘されており、後継者問題は、むしろ制度的なまた文化的な要因から検討されるべきであるという見解が示されている。また、家族企業・家族資本の展開に伴って現れる現地化（在地化）と国際化という企業活動の戦略的に異なる方向に注目し、家族企業にとって国際化の条件を検討することの重要性にも着目している。

家族企業経営検討の集約点——「嵌入（埋め込み）式モデル」

家族企業経営の特徴は、中国の市場経済が本格化する以前から、いわゆるアジアの四匹の小龍（韓国・香港・台湾・シンガポール）の経済発展として注目されてきた。その中には華僑華人のビジネス・ネットワークなどの議論がある。李教授は、李新春、刘莉「ファミリービジネスにおける埋め込み性—市場性関係ネットワークと起業家的成長」（「嵌入性—市场性关系网络与家族企业创业成长」、《中山大学学报》（社会科学版）第三期、二〇〇九年）において、嵌入理論（埋め込み理論）に基づいた家族企業と企業間ネットワークに関する議論を概括し、以下のようにまとめている。

起業家／経営者のネットワークは、特に市場が未発達な制度環境や経済移行期において、起業の機会や資源へのアクセスに重要な影響を与える。多くの文献では、異なるタイプの関係性ネットワークが起業家の成長に与える影響について検討されておらず、関係性ネットワークと起業家の成長の関連性についての一般論は曖昧な結論をもたらす傾向がある。起業家精神、戦略的経営、社会学の研究に基づき、「埋め込み型」と「市場型」の関係ネットワークを区別し、前者は社会的関係や非経済的契約に基づくもの、後者は市場で交渉される契約に基づくものとして区別される。この仮説の下に、二七〇人のサンプルで実証的に検証した結果、二種類の関係ネットワークの分類には意味があり、企業の年齢が上がり規模が大きくなると、埋め込み型関係ネットワークの利用が減り、市場型関係ネットワークの利用が増えるが、企業の年齢が上がると埋め込み型関係ネットワークの企業業績への影響は一貫して大きくなり、市場型関係ネットワークの企業業績への影響は少なくなることが示された。

と概括し、嵌入型と市場型のネットワーク結合の違いを指摘し、それぞれの異なる特徴を検討している。

本書ではこの論点が、島津製作所における質問によく現われている。加えて、家族同族企業の国際性についての関心も強く示されており、島津製作所はその意味では李教授の理論モデルを比較検討しうる企業であると言えるし、また、同族企業が世代交代を持続させるという嵌入の経過を辿った後、会社組織による市場の活用に転換したことも、李新春教授にとっては注目点であったと思われる。

李新春教授の日本の家族企業経営への関心

本書の李教授の自序にも書かれているように、アメリカのMITやハーバード大学商学院のベイカー図書館における研究と数度の日本訪問の機会を通して、日本の企業経営に関する関心は深められてきた。

そしてこれまでに述べた各項目を貫いて、李新春教授自身が一九八〇年代から二〇二〇年代初めにまで至る四〇年間に及ぶ世界の変化、アジアの変化、中国の変化と関わり、それらの現地経験が積み重ねられてきた。市場経済、グローバリゼーション、改革開放などの重層的な時間の展開を、家族企業を柱とする変動への対応を自らの眼によって捉えている人間味溢れる研究であることも感銘深い。

さらに、これらの現地体験・現地研究とその成果は、李教授の歴史文化への強い関心と深い造詣に支えられており、現代の知・グローバルな理性を代表する研究であると言えよう。このことは、本書に付された参考文献一覧の中にもはっきりと示されており、日本における日本史研究のみならず、アメリカにおける日本研究も含んだ視野から日本を論じていることも、李教授の日本に対する関心の深さと論点の多様性が現れていると思われる。

李教授が行った調査研究の多くが国際共同研究の方法で進められていることも大きな特徴である。今回の日本における老舗研究も日本側の古田茂美教授を中心とした研究チームとの共同研究の成果であることは本書の中に十分に示されている通りである。精力的な訪問面談と共に、統計的な手法が十分に活用され、また多くの自伝や企業史などを博捜したうえで、総合的な検討が加えられており、企業史、経営史さらに起業家史としても興味深いものがあり、何よりも李新春教授が「家族起業」に着目し、情熱を注ぐ姿が全巻を貫いているといっても過言ではない。

本書の刊行を契機として、グローバルな「時代」という横軸と、アジア・中国・日本などというそれぞれの「社会経済」という歴史の縦軸とが多様に交差し重なり合いながら、今後の起業・家族企業に対する関心と取り組みが継続し、より一層深まることを期待したい。

最後に、私自身今回縁あってこの得難い機会を頂いたことに感謝したい。この機会を与えていただいた古田茂美教授、王効平教授、小早川会長にお礼を申し上げると共に、中山大学の李新春教授のお仕事に対して、私が一九八〇年代後半から二〇〇〇年代前半にかけて沿海地域の経済特区とその周辺において郷鎮企業と呼ばれた農村における中小の工業企業の合股経営を調査した経験から、共通する課題があるという認識を深めることができた。これからも李新春教授のお仕事から多くを学んでいきたい。

二〇二三年三月

中山大学歴史学系教授　濱下　武志

序（二）

いよいよ待望の本格的な老舗本論が上梓された。大変内容豊かな歴史的名著である。著者は、中国、中山大学中国家族企業研究センター所長で、同大学教育部長江学者特聘教授の李新春氏である。自序からも明らかなように、本書は、李教授の日本との機縁の熟した末のタイムリーな所産である。李教授の日本への関心は、一九八〇年代半ばの修士課程学生時代にさかのぼるも、その後のドイツのフンボルト大学への留学、米国訪問（ＭＩＴスローン・マネジメント・スクール，バブソン・カレッジにフルブライト学者として滞在）を経て比較企業制度研究へと進み、二〇〇四～一一年に中山大学管理学院院長に就任する。

二〇一七年に九州大学で孫文のシンポジウムがあり、そこでお目にかかり、数人で福岡市内の老舗企業を訪問したことを思い出す。

あれから李教授は、日本の老舗研究の理論と事例研究へと専念した。李教授をめぐる、日本の老舗研究に関係する国内外さまざまな研究者との出会い、ならびに日本における実態調査をめぐる老舗企業とのこころあたたまる交流が、この種の研究に人間的な色彩を添えている。現在の日本は、九〇年代のバブル経済の崩壊後、低迷を続けている。そんな中で李教授は日本の老舗（百年企業）から学べと元気付けてくれるのである。

一　本書の背景と目的

本書の背景にはいくつかの特徴があるが、なかでも著者の抱く中国の企業の寿命の短さ、「富は三代を超えず」のジンクスを打破したいという背景がある。本書の研究成果が他山の石となって、中国国内の百年企業研究がさらに発展し、現役企業の事業継続と革新発展に寄与したいという目的意識が存在する。

李教授が日本に留学を志した一九八〇年代は、その前年の一九七九年にエズラ・ボーゲルの「ジャパン アズ ナンバーワン」が出版され、一九七八年には、中国との日中平和友好条約が提携され、同年一〇月に、鄧小平先生は、日本を訪問した。世界でも最新の自動化設備を有する日産の座間工場を見学し、日本における先進技術と経営管理をつぶさに実感した。日本はそんな時代であった。李教授は、この頃の日本の歴史、文化、経営等を観ており、それが現在老舗研究の基盤となっていると思う。そして一九八七年、東ベルリンのフンボルト大学に留学。一九九八年には米国に留学し、米国の資本主義や経済そして経営を比較研究している。

目次の体系を拝見してじっくり著書を拝読してみると、現在の中国の発展の歴史、海外の留学経験が滲み出ており、一節ごとに物事の本質を理論的に解明しようとする学としての具体から抽象、抽象から具体という方法論を感じる。他方、実践を踏まえた中国の宗教・道徳が同一の源泉から生ずる実戦哲学が貫かれている。

著書の流れは、対象規定、歴史背景、方法論、事例調査法、事例紹介、事例研究結果考察、全体結論という配列になっている。なお、ここで特筆すべきは、巻末の「訳者あとがき」であろう。これは、李教授の主張の要所、および各事例研究のエッセンスを凝集していて至便である。

二　著者主張の要諦

本書における著者の主張は、全巻を通じて随所に端的に看取することができるが、ここでは、それらを一中国人研究者の日本社会・文化、および日本企業観という点にしぼって、簡単にその要諦を列挙すれば次の五点になるであろう。

(1)　日本の中国文化摂取・吸収の特徴：儒家文化の影響を受けつつ独自の安定・継続性を実現

(2) 日本の職業精神：神仏儒三者融合
(3) 日本の長期安定封建制度と疑似家族制度：商業における禅宗と武士道の影響
(4) 日本の商業精神の特徴：「こころを尽くす」と「おもてなし」
(5) 日本百年企業に見る革新と発展：市場細分化、技術変革、経営・組織・管理革新

三　本書での日本への質問と今後の展望

著書の内容は上記の五点に要約した。その特徴は次の三点にあるであろう。

第一には、中国の研究者によるニュートラルな立場からした日本老舗企業（史）研究であること。これは、著者李教授の政治的な中立性、学問的な正確性に由来するものであり、日本の経営者や経営学研究者にとっても魅力ある内容が展開されていることである。

李教授の老舗企業に対する分析・調査を通じて言えることは、しっかりと外から外観し、内に入って内観する。つまり、外観即内観、内観即外観として総合的・統一的に捉えているということである。

第二には、選択された事例研究展開の妥当性である。第二章、第三章で精緻化された方法によって、首尾一貫した視点から日本人のこころを熟知した丁寧な調査が行われており、事例によっては

複数回の調査を経ているものも見逃せない。

第三には、今、そのすべてを列挙しえないが、主として序章、第二章の対象認識の基礎、ないしは方法論のレベルで、随所に著者の老舗と現代経営に共通する仮説を散見できる点である。たとえば、「これ（勤勉、倹約、こだわりの集中力：筆者補足）が、日本商人群像の文化特徴と精神気質であり、恐らくこの特質によって、日本経済の独自性が百年以上の老舗企業という形で現れている（後略）」（八八頁）などがその一例である。

最後に、本書の今後の展望であるが、三つの可能性を指摘しておきたい。

一つは、著者李教授の経営理論の体系化である。革新と発展というキーワードは、戦略論の次元での著者の管理論研究の新展開を期待したい。

もう一つは、日本の老舗研究のパラダイムに商業、ないしは商人の精神性や気質の問題が浮き彫りになった点である。この問題は、老舗を把握する際の方法論、とりわけ史観と対象の規定にかかわっている。

最後に、こうした本論的、ないしは本質論的な研究を契機として、筆者は、半世紀前に発見された漢字渡来以前の「ヤマト文字」からの研究に、老舗のとらえ方を含む新たな老舗の根本論理の問題解明と共同研究を希望する次第である。老舗の革新性は、老舗研究の革新性に通じている。

李教授の奥深い広範囲な研究とそこからの問題提起は、筆者に真摯に考える契機を与えた。これには、一冊の書物にして応えるべき、と考えている。李教授の主要な要諦である、①老舗の長期存続、②日本企業の職業精神、③社会的「公」概念、④知的受容学習力、⑤おもてなし、などを発揚する老舗企業は日本の文化であり、まさに美学である。これらの日本独自性の源泉について、これまでこの分野であまり取り上げられなかった、一万数千年続いた脅威の縄文時代からの視点で再考したい。

二〇二二年五月二〇日

ハリウッド大学院大学教授
一般社団法人 事業承継学会代表理事　横澤 利昌

まえがき

この日本百年老舗（老舗企業とか長寿企業という）研究は、言ってみれば、まさに縁が成した偶然の所産であった。一九八六年修士課程の第一年を過ごしていたとき、大学は日本への公費留学制度を掲げており、自分の外国語成績がクラスで第二番目だったために（総合成績では一番目をとっていたが）、この公選に落ち、とても残念だった覚えがある。思いがけなく翌年（一九八七年）、大学は再び公費留学生募集を行い、自分は幸いにも選ばれたのだが、それは東ベルリンのフンボルト大学への派遣であった。ドイツは近代日本の手本であり、日本とその精神や気質の上で少なからず近似している。ドイツ留学の六、七年間に東西ベルリン統一という特別な事態に遭遇した。そのためドイツへの理解は極まったと思う。それが転じてその後の日本理解への一つの窓口になったのではないかと考えている。一九九八年、フルブライト訪問学者として米国を訪れた時は、ボストン大学とＭＩＴのスローン学院で一年を過ごした。スローン学院では、特に比較企業制度について研究し感銘を覚えた。体系的訓練を通じて、米国、日本などの企業組織と制度に対して認識を深め、とりわけ日本の年功序列制度、終身雇用制度、トヨタの体系的戦略と下請け企業との協働などは、濃厚なる関心を引き起こしたものである。文化的近似性から、私は日本企業制度内の組織文化要素に、西洋と比較して、より緊密さを感じており疎外感がなかった。一九九八～一九九九年の訪学時期、ハーバード大学のベーカー図書館（当時宿舎がケンブリッジにあったので、ハーバードビジネススクールには歩いて橋を渡ればすぐ到達した）に通い、そこで「企業連盟とネットワーク」なる論文を完成させた。この本の中で、一章を割いて「日本式企業ネットワーク：企業間の階級性関係ネットワーク」を書き（李 二〇〇〇、七八～一〇一頁）、日本企業の下請け制度とトヨタの販売店制度を論じた。しかしこれらは主に机上から得た知識であり、大型企業組織の分析であって、日本老舗に関しての何の概念も入ってはいなかった。

日本百年老舗が私の研究視野に入り、その調査研究を開始させたのは、この数年のことである。二〇〇四～一〇年私は、中山大学管理学院院長を務め、同学院と日本高等教育との交流強化のため、日本に訪問団を二度送った。その時は日本老舗に対しては、浅い意識の、「走馬観花」（おおざっぱ）状態に過ぎず、表面の理解に終始していた。二〇一五年、中山大学歴史学部教授であり、アジア太平洋研究院院長を兼務していた濱下武志先生と知り合いになる。彼は、中国近代と海洋貿易と商人史研究で著名な学者であり、彼との交流、彼の著作を通じて多くの啓示を得、多くのことを学んだ。彼は私の研究関心に興味をもってくれた。そして、日本北九州市立大学ビジネススクールの古田茂美教授が紹介され、私が担当する中国家族企業研究センターで一年訪問研究することとなった。古田教授は、以前日本地方政府および産業界で長年勤務し、大阪、東京にて香港政府準政府機関香港貿易発展局事務所長、および日本首席代表を務め、日本企業と膨大な関係を有していた。彼女は、研究センターに来られ、小職と何度となく日中企業経営と組織文化の同異性について論じ、さらに東アジア、特に中国の経営モデル問題に高い関心を表明していた。

そこで、我々は、一歩進んで学術協力ができないか、日中企業、とりわけ長寿企業の調査研究調査比較研究ができないだろうか、と打診した。この考えに我々は「一拍即合」（たちまち合意）した。そうして中山大学管理学院側から朱沆教授と劉光友副教授、それに博士課程院生を加えて研究設計に着手、日本北九州市立大学側からは王効平教授同大大学院マネジメント研究科長が共に参加して、本研究の共同推進が開始したのである。

日本老舗企業の調査研究は、二度の訪日によって進められた。第一次訪日は二〇一六年一〇月三〇日～一一月五日で、メンバーは小職が団長を務め、中山大学中国家族企業研究センターの朱沆教授、劉光友副教授と博士課程院生の葉文平が加わった。日本調査や協力依頼やアレンジ作業は、北九州大学大学院マネジメント研究科長王効平教授と古田茂美教授が請け負ってくれた。ちょうどその頃、孫文生誕一五〇周年祝賀記念活動「孫文が残した国際遺産と未来への啓示」が、九州大学伊都キャンパスのジョナサンチョイ文化館で行われていた。孫文が創立した中山大学からということもあり、私は「九州―アジア太平洋地区との協力前線」というタイトルで講演をし、日中企業の協力の展望について話をした。この後、我々は調査研究を開始、福岡、北九州から始めて京都、東京に及んだ。訪問企業群には、北九州の安川電機、福岡の香蘭社、京都のツカキグループ、宇佐美松鶴堂、京都山城屋、松栄堂、半兵衛麩などが含まれた。京都では、立命館大学ビジネススクールの奥村陽一研究科長や、長年日本老舗研究をしていた同大学竇小杰助教授と意見交換し、その後新幹線にて東京に移動。ハリウッド化粧品会社内のハリウッド大学院大学で横澤利昌教授（横澤教授は日本老舗研究の第一人者で、ハリウッド大学院大学で教鞭をとっていた。同大学院は現代美容学の先駆者として百年近く続く美容専門教育を実践する教育機関）と懇談した。また、小坂文乃副社長（当時。現社長で梅屋庄吉の曾孫。梅屋は孫文を支持支援した著名な歴史人物として知られる）の日比谷松本楼にて、小早川明徳氏（一般社団法人地域企業連合会九州連携機構会長）がアレンジして下さった座談会で、一一社の日本橋老舗企業経営者ないし代表者との懇談をした（出席企業は、味の素、伊場仙、長瀬産業、にんべん、凸版印刷、三越伊勢丹等、日本橋の老舗企業群）。最後の一日は、本研究共同メンバーとなる、帝国データバンク本社を訪問した。同社は一〇〇年を超えたばかりの信用調査会社（企業および個人調査含む）で、我々の研究対象にもなる企業でもあった。同社は自ら老舗であると同時に、体系的かつ豊富な老舗企業データを有し、老舗企業と多年に亘る協力実績があった。王効平教授のご努力によって、帝国セータバンクから一五〇〇社の老舗企業を抽出し、アンケート調査を施すことができた。方法はまず電話によるヒアリングで実施し、不足部分においては面談形式で補う方法を採用した。

第二次訪日調査は、二〇一七年七月一七日～八月五日の一九日間であり、同様に小生がリーダーを務め、メンバーも同じ内容で実施、新たに博士課程の院生鄒立凱と研究助手の張琳が加わった。今回は第一次調査を基礎として、調査研究方式と内容にかなりの調整を施し、調査研究の主題を「伝統と革新」に絞り込んだ。調査研究対象とした企業の規模、業務業態と企業寿命、所在地と分布は有意義な選択とアレンジであったと思う。調査企業は主に、京都、奈良、大阪、九州に分布し、月桂冠、美濃吉、福寿園、大同生命、島津製作所、川島織物、シャボン玉石けん、香雪軒、古梅園、石蔵酒造などである。今回の調査は、第一次訪日調査の経験に基づき、さらに良好な計画を立て、数社の企業については、単数訪問から複数訪問を試みた（美濃吉や島津製作所など）。現場でのインタビュー筆記や録音を行い、帰国後は直ちに整理を行った。この二回に亘る訪日調査中、王効平教授と古田茂美教授は、調査研究のメンバーとして全行程に同行した。実際、企業調査以外に、当地の政府機関、学校等にも訪問して懇談を行った。二次訪日調査には、京都府から多大な支援を受けた、府庁は京都御所の真横のパレスホテルを我々の宿舎として按配くださり、そのお陰で、滞在中の朝晩、古い樹木が影を映す美しい御所内の散策を行うことができた。京都府副知事の山下晃正氏は我々と直接懇談し、京都の老舗企業発展について直々ご指導下さった。その他、日本商人教育機関である大阪の石門心学明誠舎、大阪大学の懐徳堂研究センターを訪問し、大阪大学では、湯浅邦弘教授が江戸時代の商人教育について講義して下さった（彼はご自身が主編した『懐徳堂辞典』二〇一六年出版を我々に恵贈下さった）。京都大学の経営管理学部留学生から数名の通訳を雇用して、コミュニケーションの課題を乗り越えた。第一次調査では、王効平教授が、一部通訳を請負って、諸説明をしてくれたこと、古田教授は香港業務が長く、中国語コミュニケーションでは基本的に問題がなかったことで、今回の研究においては、言葉と文化の溝において多いに助けられた。第二次調査京都滞在では、京都府が一人の課長（京都府商工労働部織維工芸課の岸田副課長）を派遣してくださり、彼は毎日留学生を連れてきて全面支援して下さった。課長は、毎朝正確に午前七時、ホテルロビーで我々が出てくるのを待ちそれは週末すら同じであった。雨風問わず、当日の行程表を持ち、我々が行程を確認し出発するまでホテルを離れなかった。日本人の真面目で誠実（「一丝不苟」）な職務姿勢と敬業精神に、我々は心から敬服の念を禁じ得なかった。

まずは、この研究の為、我々を受け入れてくれた老舗企業群に感謝する。彼らは、日本の数ある老舗の代表格であり、経営者等は、企業の伝統と文化、経営管理、家族の継承と統治、直面する課題等についていささかも怯むことなく我々と懇談し、企業館や保存された歴史資料、祖先の遺訓や掛軸等を披露して下さった。訪問したほとんどの企業から、出版された企業史を頂き、これによって我々は数百年の歴史をより良く理解できることとなった。日本企業の、伝統と歴史記録を重視する態度は我々に深い印象を与えた。日本人は、時間と計画に極めて誠実であり厳格である一方、一回のヒアリング後、さらなる理解を得る為の再訪問が必要となり、お願いした一部の企業は瞬時に再訪問受け入れを受諾してくれて第二次、第三次、第四次のヒアリングが実現した（美濃吉や島津製作所など）。これは我々を感動させたし、これが老舗企業の、精神込めた「おもてなし」の本道であることを知った。老舗企業は、訪問と研究を受け入れることが「社会責任であり人々を利する使命の一部分である」と考えている。彼らは、老舗企業の伝統文化と価値観が伝播し、社会に広く伝わることを希望しているのだ。我々は、本研究の意義と自分たちに課された責任が重大であることを感じ入った。研究の訪問受け入れはさらに続き、それらは明誠舎、懐徳堂、立命館大学、龍谷大学（松岡憲司教授、辻田素子教授）、大阪大学、京都大学、ハリウッド大学院大学、京都府、帝国データバンク等に及び、彼らからの協力が研究をさらに豊かにしてくれた。

次に感謝すべきは、本研究実施の段取りを実現してくれた組織と同僚達である。北九州大学大学院マネジメント研究科の古田茂美、王効平教授等は多大な努力を払って下さり、彼らの誠心誠意なる企画と段取りがなければ、本研究の完成は不可能だったろう。王効平教授は、日本での勉学と業務が長く、中国と日本の文化を熟知し、彼のマネジメント研究科および同大の中華商務研究センターと我々は本研究を協力して進める協定を結んだ。古田茂美教授においては、その日本の地方政府及び企業との長年の関係に基づいて、本研究に対して綿密な計画と協力調整を立案し、研究班の二度に亘る訪日日程、ホテルや研究対象企業、組織との折衝段取りを実現したがその入念さときめ細やかさは、我々に改めて日本人の仕事に対する態度と精神を印象づけた。同僚の朱沆教授、劉光友教授、博士課程院生葉文平（当時。現在暨南大学管理学院勤務）、同院生鄒立凱と家族企業研究センター助手張琳はこの二、三年の努力を通じて、本研究の諸段階を完成させた。その努力と労力に対し衷心より感謝する。この三年間、指導した博士課程、修士課程の学生等、ポスドク等は、資料整理と事実確認（ケース資料と研究の主要状況を整理して執筆の使用準備を整備し——これは我々が採用した方法論）を行い、執筆支援をした。彼らは、祝振鐸、林珊珊、肖宵、馬駿、趙勇、劉嘉琦、伍兆祥、黄夏韵らであり、彼らの貢献に対して深く感謝する。特に感謝すべきは、研究センター助手の張琳で、研究計画の段取り、パスポートやビザ準備、ホテルや飛行機予約等、訪日にあたるすべての準備は、彼女と古田教授によって完成したものである。帰国後の日本語資料の翻訳および録音起こし、映像資料整理など、基本的にはすべて彼女が組織的に推進したものである。これら多くの同僚の努力と支持によって本研究は調に進行した。

さらに感謝しなければならないのは、研究途中で多くの助言と討議をしてくれた教授陣である。真っ先に感謝すべきは濱下武志教授だ。彼が古田教授とのご縁を導いてくれなければ、この研究はあり得なかった。同時に、濱下教授は、多くの面で我々に意見や激励を下さった。次には、香港中文大学文化研究所の官文娜教授（当時。現既退官）である。彼女は日本文化を研究してきた文化人類学者であり、日本の家族制度や茶道において研究成果をあげている。彼女の博士論文系統の研究は、日本の家族概念の含意と変遷、さらに日本同族企業の文化人類学的基礎であり、我々研究の基礎学習として多いに役立った。彼女との懇談は常に、我々に多くを学ばせてくれた。さらに、立命館大学の竇少傑先生に感謝する。彼は一貫して日本老舗企業を研究し、同分野で多くの著作をあげている。我々の京都滞在中、彼から多くの支援を受け、彼の著作から多くを学んだ。そのほか、この一、二年、私は多くの会議でこの研究成果報告をしてきており、研究者等から貴重な意見を頂いた、浙江大学陳凌教授、中山大学儲小平教授、東北財経大学盧昌崇教授、中国社科院康栄平研究員などである。さらにいくらかの、本研究に関心を持ち支持をしてくれた研究者達がおられ、全部のお名前を記すことは難しいが、この場を借りて全面的に感謝の意を表するものである。

最後に、胡暁紅教授（広東外語外貿大学）に感謝したい。彼女は本著の第一読者であり、原稿に対して文章表現に関して多くの指摘や支援を提供して下さった。

本著『日本百年老店――日本の老舗：伝統と革新の再発見――』、朱沆著『日本商人精神の育成と継続』と古田茂美『日本老舗企業：ツムラのケーススタディ』を以って、日本家族企業研究叢書とし、読者に対して複合的研究視点を披露したい。国内には、すでに多くの日本老舗企業紹介の先行研究があるが、理論体系的に整理した著作は少ない。本書がその不足を少しでも補足できるならば望外の喜びである。さらに希望するのは、我が国の学者、企業家や読者が、日本企業の歴史と伝統、現代発展に対してさらに理解を深めること、日本百年老舗経営と知恵、価値体系を、共に探索することである。中国の企業家は、現在まさに革新と転換の狭間に位置している。中国家族企業は、伝統と革新の挑戦に直面し、如何に「富は三代を超えず」のジンクスを打破し、革新の転換期とグローバル化、という大背景のもとで持続発展するのか。中国ないし東方経営管理と商道の価値と意義はどこにあるのか。如何にして伝統文化を実践し、広く中華文化の価値と真髄を、現代社会と技術とに融合するのか。これらはすべて中国家族企業発展の重要な任務である。本日本老舗企業の研究成果が他山の石となり、国内の百年企業研究がさらに発展し、また、家族企業の事業継続と革新発展に本書が少しでも貢献できればと願う。

百年企業の研究は今始まったばかりだ、加えて、研究が及んだ知識範囲は広く、さらに多くの学者や企業家の努力を以って、研究は不断の進化を遂げなければならない。我々の研究は、時間制約、個人知識の制約によって依然として粗野であり、加えて語学と文化の溝によって、文中の随所に漏れや不備があることをご容赦願い、多くの読者からのご批判を期待したい。

二〇一九年一一月二九日

中山大学中国家族企業研究センター所長
教育部長江学者特聘教授　李　新春

目次

目　次

目　次

序章

日本は、歴史的に間違いなく中国の伝統文化、特に儒家文化の影響を受けてきている。政治、制度、文化各方面ですべてに深く刻まれたその烙印を観ることができる。しかし、もしそうだからと言って、中国と日本が制度文化において類似国家だと思うならばそれは大きな間違いである。実際、遣唐（隋）使開始以来、日本は正式に中国の制度文化を学び、平安京においても（後の京都）、基本的に大唐の都長安の都市設計建造を模し、仏教と禅宗を中国から伝承し、尚且日本語は漢字の大きな影響を受けた。しかしそれでも日本は多くの面で独特の個性を育んだ。主要な制度文化の特徴を観ればそれは明らかである。たとえば、日本の天皇は歴史上一千年続いた万世一系、天皇の政治的地位は、世俗的権力やその影響において、異なる時期に如何なる変化があったとしても、日本国民の精神文化と制度に対するその影響は恒久でありつづけた。この一政治局面においても他の何れの国家とも比較にならぬのであり、これが日本制度文化に安定性と継続性をもたらしたのである。日本は儒学に対して濃厚かつ恒久的な関心を抱く。しかし儒家文化のすべてを取り込んだわけではない。国情と文化に根ざして選択をし、批判をしながら吸収し、学ぶのみならず、改造すら施した。この一点においては、中国から伝承した儒学であれ、仏教であれすべてが然りである。日本は儒家倫理下の家文化に対しても同様の調整を施した。つまり家族宗法制度を実行しなかったのである。その代わりに疑似家族的氏族制度を以って組織化していった。それは、中国歴史上の家族制度と大きな違いをもたらした。基本的に、中国歴史上の宗法制度と宋明以来の家族制度と日本は何の関係もない、これが日本歴史上、商人組織の最も重要な制度的作りに影響を与えたのかもしれない(1)。さらに重要なのは、日本は、およそ外来文化の枠を吸収するのに長け、儒家文化の〝仁義礼智信〟を強調し、とりわけ、天皇と幕府制度における〝忠〟を強調した。唐宋以降、禅宗と陽明〝心学〟が次々と日本に伝わり、日本社会に巨大なる影響を与え〝武士道〟精神を形造った。同時に、茶道、華道を通じて〝禅修〟を日常的に取り込み、日本の精神文化に、広範かつ恒久的影響を産み出し、日本人に独特な精神文化気質と性格を形成した。

マリウス・B・ジャンセン主編の『ケンブリッジ日本史（第五巻）：一九世紀』中、「一九世紀は日本の社会歴史における一つの分水嶺」であったという。「一九世紀の日本は、封建、政治分権、社会分立、および国際分離の国家から変貌を遂げていく」、「本巻の結末に近い一九世紀末、日本は高度な中央集権国家となり、政府はすでに地方の多様性と分岐性を容認できないほどになった」。その中で最も重要なのは、一八六八年の明治維新において、日本は、米国を含む西方から学び、制度文化、経済技術習得の使節団を派遣し、国家的法律、行政制度等において全面的改革を実施したことだ。同著第七章で、東京大学の平川祐弘教授による、「日本は西方に転換した」との歴史変遷的結論が紹介されている。実際、中国のアヘン戦争は日本に激震的影響を与え、二〇〇年を超える鎖国制度に新思考を及ぼし始めていた。

西欧という明らかな優越〝文明〟に直面し、日本は、国家対外開放（〝開国〟）策実施後に直面するあらゆる責務を実現し近代化した——つまり、自己整合した一つの〝民族〟、一つの〝国家〟を打ち立て、中央政府を起こし、官吏を養成して国家運営を託したのだ。国民皆徴兵制度に基づく海軍、陸軍を組織し、法制整備し、資本主義を醸成し、封建特権を排除し、〝四民〟平等を徹底実施し、教育体系を統合強化し、自己の風俗習慣を改良していった（Jansen 1989, 中国訳、四〇三頁）。

当時、比較的保守的だった大久保利通ですら、日本が掲げた〝文明開化〟政策と西洋化は同義語だと認識していた。日本は、過去の中華文化圏から離れ、欧州〝文明〟へ転向したのであり、それが明治維新以降の日本の基本国策となった。現代制度文化の基礎を打ち立て商業も迅速に発展したのである。平川祐弘の結論が引用されている。「日本の、西洋化路線は二つの違う側面において実施された。⑴技術、社交面においては、現代思想と制度を導入する……⑵自らの伝統文化と制度に適合し、その潜在能力を発揮する……」（Jansen 1989, 中国訳、四〇六頁）。このプロセスは、日本の近代制度文化摂取における〝西洋化〟と〝国家精神〟の融合であった。一方、日本の国家文化において儒家、仏教と神道の影響は依然として深い所で継続していた。

日本はそれまで中国伝統文化の直接的影響を受けてきたが、これ以降、日本の制度文化に巨大な変化が訪れる。〝脱亜入欧〟なる概念が基本的にこの変化の本質を説明している。日本は中国からの学びから、全面的に西側からの学びに切り変えた。中国伝統文化の再認識と批判が主流となり、よしんば完全に中国文化を捨てきったわけではないにしても、制度、法律、経済、社会、外交、軍事においては西方から学んだのであり、これが基本路線となったのである。歴史上、日本の、隋唐時期の大唐制度文化学習から、近年の西洋転換過程に照らしてみて、歴史や背景のどこを切ってみても言えることは、日本の学習態度であり、様々な要素を包括的にとり入れ（兼容并蓄）、国家の法律制度から、〝四民〟秩序、社会風俗、すべてに変革を推し進め、時代の変化に適応する。そこには一貫性があった。この発展過程を考察すれば、次のような結論にすら達することができる。日本は一つの新〝文明〟或いは新〝文化〟の創立者ではないかもしれない。しかし確実に言えることは、優秀な文化学習者であり融合者であることだ。多くの国家や地域の文化制度を鑑にして学ぶ、この学習の独特性こそ、日本が古代から今日にかけて発揮し続けてきた特色に他ならない。これは、国家文化制度レベルでの体現のみならず、社会経済の中でも反映された。日本の学者前川啓治は嘗て、〝適応性転換〟という概念を打ち立て、これが、様々な文明の価値体系を吸収する、典型的な日本式学習法であり、独特な文明と文化を発展させる過程であったと指摘する。確かに、日本は近代化過程において、伝統的中国儒教と仏教文化を保持しながら、同時に、西方国家行政体系や法律、科学的理性精神を吸収していく。日本は最も西方文明に近づいた東方国家であり、この奇異な結合、ないし融合こそが日本近代文明化の重要な特徴なのかもしれない。

ここで、我々の眼光を日本社会のミクロ組織面にまで縮小させれば、日本の人文社会、とりわけ商業組織がこれらの文化制度の融合、学習および日本精神や性格と結合していることが容易に観てとれる。たとえば、百年企業などは、異なる歴史時代に異なる文化制度を伝承し発展させて今に継続しており、百年企業こそ日本制度文化の伝承、学習と革新の最も典型的な組織形態なのかもしれない。まさにこの点において、日本百年老舗の研究は、日本国民性と精神文化の特徴の一種の掲示であり、かつまた日本歴史と現代文化の交わりと融合の典型的ディスプレイとなっている。

百年老舗は、価値観、経営の知恵、家族伝承と統治、革新と発展および社会と地域との融合や貢献等において、不断に中国と西側を鑑にして学習し、国情に根ざして適応し、伝承と革新の中で発展したのだろう。日本史上、たとえ鎖国のような一時の閉鎖期間（二〇〇年近く）があったにしろ、日本は実はほとんどの時代において対外開放しており、中国、朝鮮、そして欧州との積極的交流と協力を求めていた。日本は一人の忠実な学生であり、また一人の革新者でもあり、我々の研究とケーススタディの中で、それらは十分に体現されていた。伝統とは、代々の学習と交わり、融合、革新が不断に蓄積され、継承発展していくものであった。

さらに重要なのは、日本が時代の発展変化に直面した時、伝統的価値を忘れず、伝統と現代の効果的融合を起こすということだ。とりわけ、明治維新以来の経済社会と企業の発展の中、我々は、日本が頑なに文化伝統を守る一方で、時代の変化に対応し、あらゆる方面で変革と革新を起こすことを観てきた。日本は近代化と発展の潮流の中で、伝統と文化を保持する最良の国家であると言える。大きくは天皇制、小さくは農家の日常生活と芸術、たとえば和服、清酒、抹茶菓子、和食料理、漢方薬、芸妓、能劇などにおいて、政府とその政策には、民族文化の自信と、伝統を意識的に繋ぎ止めようとする意志が見える。そして社会経済においては、企業、とりわけ百年老舗企業がその伝統の堅守者であった。二〇世紀以降の経済グローバル化、西側文化と価値観の巨大な影響下、日本企業の価値観と経営理念は、疑いなくそれらの深い影響を受けている。

しかし日本企業には強烈な自我文化意識があり、その伝統経営理念と近代経営理念の融合は、戦後、日本企業経営に対して世界の耳目を集めるほどの特色を形成し、その背景には明らかに、深い伝統価値観と文化の支柱が存在していた。伝統価値観と文化伝承の最良事例は、おそらく大企業やグローバル企業よりは、質朴な百年老舗がより良いかもしれない。百年企業の価値体系は、その長い歴史上の浮き沈みや各種災難の中で得てきた生存の鍵でもある。彼らは重要な価値原則を堅守し、倫理道徳と社会服務を第一とし、利益の為に他を顧みない姿勢を排してきた。主業の堅持、投機行動の回避、誠心誠意の接客、不断に商品・サービス品質を改善する工匠精神、市場と社会変化とイノベーションへの適応、社会や地域建設への関わり、地域文化伝統の一端の請負い、これら行動こそ百年企業の生存の知恵であり、その維持継続の中に、不断に革新を起こす原動力があり行動規範を創造している。これらは西方近代以来の提唱である〝自由競争〟や〝利益最大化〟原則とは真逆の方向にみえる。日本百年老舗が信奉し行動する価値体系ないし倫理規範の中には、中国儒家文化思想の影響、仏教、神道の教義が混合した形を観ることができる。これが、日本百年老舗の精神、気質と性格を形成し、今日の激烈な市場競争の中で尚、発展し得ている道徳的原因と言えよう。企業の長期発展に関して言えば、これら倫理規範は経営戦略と同様に重要であるどころか、さらに決定性的意義すら持ちえており、現代企業経営においても再考する価値が充分にある。

本書は、上記のような認識と背景のもとに展開した研究である。戦後、米国文化人類学者ルース・ベネディクトが著した『菊と刀』は日本人と日本文化の独特性についての研究であったが、主要着眼点は、日本人の複雑な性格の特徴理解にあった。一方で粘り強く、忠義で穏やか、一方で戦時中みせた残虐さ、狂気と叛逆性。日本について詳細に観察した同著は、全世界の関心を呼び起こし、その深い、文化と歴史分析は、日本人の精神、性格と道徳状態への基本的理解をもたらした。

その前には、新渡戸稲造の『武士道』、および日本禅学を紹介した鈴木大拙の著作が、広く世間の関心を集めている。日本文化の研究の重点は、一九八〇年代の日本経済高度成長期に、欧米経済に追いつく背景下で日本経済社会と企業組織に移っていった。それらは、日本企業制度、トヨタ戦略の下請け制度、リーン生産方式、トータルクオリティコントロール（TQC）、年功序列制、終身雇用制などであり、元来純粋な経営学問題ともいえるが、明らかにさらに問われる課題がある。それは、日本企業のグローバル競争力を支えた歴史、文化と精神の要素が一体どこにあるのか、背後の歴史と伝統価値がどのように反映されたのかという問題である。

一九八〇年代以来、日本企業に対する研究は、主に大企業、たとえばトヨタ、ホンダ、三菱、日立、ソニー、松下（現パナソニック）、三洋等に向けられてきた。これらはグローバル競争に参入した大企業で、日本の競争力を代表し、疑うことなく研究に値する。しかし大量の中小企業、とりわけ百年老舗の、日本経済社会発展における価値を軽視することはできない。日本が、世界で最も多くの百年企業を有している事実が社会に認知されたのは近年のことである（後藤二〇一七）。近年の〝隠れたチャンピオン〟研究において、ドイツと日本が世界で最も多くの隠れたチャンピオンを有している事実が示されており、[2] 対人口比率から言えば、日本がトップ先頭にいることは間違いない。[3] この隠れたチャンピオン群には、相当な比率で同族企業と百年老舗が存在しており、その膨大な数量は、メディア等の社会的関心の外に置かれた企業が、実は経済、社会と技術革新、国際化

（輸出と投資）において、大きな影響力を持つことを示している。残念なことは、多くの経営学研究者がこの企業分野をおろそかにしてきたことだ。経営学テキストや理論研究の対象は圧倒的に大企業組織であった。本書は、日本老舗企業の研究によって、長きに亘る偏見の局面を変革し、企業経営における伝統堅守、不断の革新発展、伝統価値と現代社会の融合等の局面を提示してみたい。歴史を超えた未来に向って、ビジネスが社会の中で重要な価値を堅守し発展することや、企業経営と社会、環境と持続的発展問題についての私の考え方を提示してみたい。全世界に膨大に存在する同族企業は、それだけで十分なテーマである。如何に〝富は三代続かない〟というジンクスを打破し、如何に永続経営を実現し、社会と家族に創造的価値を持続させるか？　日本百年老舗は、一種独特な存在を生み出し、同族企業の長寿の道徳倫理、家族統治と経営管理の結合、とりわけ、伝統と革新の融合による持続的発展の道程を現してきた。それは学者の深い研究と同時に、企業経営管理者の高い関心と思考に値するものである。

注

（1）　訳者注記：日本は宋明以降の儒学―朱子学、陽明学の影響を強く受けている。

（2）　ハーマン・サイモンによる〝隠れたチャンピオン〟の定義：⑴市場シェアが世界で一～三位、または当該企業がある地域で一位、⑵売上五〇億ユーロ以下、⑶一般の人に知られていない（『隠れたチャンピオン：未来グローバル化の先鋒』二〇一九、三五頁）。

(3) ハーマン・サイモン教授による隠れたチャンピオン研究、『隠れたチャンピオン：未来グローバル化先鋒』から、中小企業を軽視できない景色が浮かび上がる。彼の統計によれば、世界の隠れたチャンピオン企業総数は二、七三四社（フォーチュン五〇〇の五倍）。トップ三国はドイツ（一、三〇七社）、米国（三六六社）、日本（二二〇社）であり、中小企業が世界のニッチ市場においてグローバルリーダーシップをとっていることが分かる。百万人単位では一位ドイツ（一六社）、二位日本（一三・九社）、三位オーストリア（一三・八社）となる。何れにしろ日本は欧州工業強国ドイツに次ぐ地位を得ている。

第一章　日本百年老舗とは

日本には何社くらいの長寿企業（百年老舗）があるのだろうか？　近年、日本の学者、後藤俊夫が、二〇年近くの時間をかけてデータと資料を収集し、主要国の長寿企業について研究した（後藤　二〇一七）。その研究データに拠れば、日本には一〇〇年以上の歴史を有する長寿企業が二五、三二一社（内、五〇〇年以上が一六八社）存在し、他国を圧倒的に凌駕している。第二位の米国は一一、七三五社、三位のドイツは七、六三二社であった。二〇〇年以上の企業では、一位は依然として日本で三、九三七社、第二位はドイツで一、八五〇社、三位が英国の四六七社となっていた（後藤　二〇一七、中国訳、六頁）。日本帝国データバンクTDB（自ら百年を超える歴史を持つ日本最大調査信用会社）の老舗企業データベースでは、長寿企業は二九、八一八社（一〇〇年以上）、年齢別では、一～二〇〇年企業が九五・六二％、二〇〇～三〇〇年が二・二％、三〇〇年以上が二・二％であった。このデータの長寿企業総数は後藤の統計値を上回っているが、二〇〇年以上の長寿企業は一、三〇六社に留まる（後藤の統計値を大きく下回っている）。これらデータの差は、一定の出入りや、異なる収集方法、異なる時間によるものかもしれないが、総体的構造としては大方同様になっている。ここから分かるのは、日本長寿企業総数は人々を驚かせ、国際比較の視点から観ればその絶対数量はさらに際立っていること。長時間生存した企業数量は比重から観れば絶対優勢であることだ。日本は長寿企業研究中、最も特殊なケースであり、そこからは、長寿企業の普遍的要素と同時に、日本独特の制度文化と歴史の影響を、必ずや見出せるはずだ。

日本の一〇〇～二〇〇年の長寿企業絶対数量は驚嘆に値し、その中の相当部分には、現代企業や国際的影響力を有する多国籍大企業も含まれる。これら企業は、ほぼ明治維新前後に創立されており、日本の現代化とグローバル経済影響力を生み出す面において重要な作用を起こしている。これら企業は、一方で日本の歴史伝統と文化、工匠精神と商業道徳を持続し、一方で近代化過程の中、積極的に西方商業文明と科学管理を吸収し、日本を世界経済強国の地位に導いた。それらは、自動車、鉄鋼、電子、通信、材料、化学工業、医薬等の分野であり、そこでも驚嘆に値する成果を見せた。背景には、多くの百年企業の貢献がある。この理由により、日本百年老舗の伝統と革新、文化と精神、経営管理と組織が理解できなければ、日本経済の競争力を深く認識することはできないと断言できる。

チャンドラーは、その著『経営者の時代～アメリカ産業における近代企業の成立』の中で、伝統的手工業や徒弟制度、店主による直接経営管理事業は、近代企業、つまり管理制度を有し、報酬受給職業経営者が複数部局を管理する企業にその地位を譲ることになると宣言した。「報酬式経営者がすべてを管理する大企業が、伝統的家族小規模企業にとって替わり、生産と分配を管理する主要ツールとなったのである」(Chandler 1977, 中国訳、一頁)。この歴史的転換は、ほぼ一八四〇年代に始まり、アメリカ鉄道会社の専業化オペレーションにその標準的起点を認めることができる。これは間違いなく、中小企業と伝統同族企業の悲観的未来を宣布したに値する。しかし、実際には、欧米の先進経済体中、中小企業は依然として相当なる比重を占めている。その組織と管理方式は概ね家族方式であり、かなりの程度で実践的意義を発揮していた。日本は、欧米現代化の思想と知識を吸収し、一連の大企業が崛起したが、これはチャンドラーが宣言した現代企業のモデルである。しかし、その核心的技能と経営管理は、欧米企業との一定の区別があり、とりわけ労務管理、組織間協力、ステークホルダー間姿勢、資源節約等の路線選択などにおいて、違った形態として日本企業を全世界に登場させた。二〇世紀八〇年代、日本企業制度と競争力は、産業界と理論界の普遍的関心を引き起こし、比較制度研究においては、その独特の組織と管理が、米国など先進経済体と異なる競争優位を形成した。日本の大企業、とりわけ多国籍企業競争力に重点が向けられたが、大企業組織の中にも、独特な制度文化による特殊な影響と路線選択があり、様々に異なる競争構造と発展モデルが描き出された。日本の終身雇用制と年功序列制、リーン生産方式、トータルコントロール管理、戦略的下請け制度(サプライチェーン的戦略協力)などは、理論界と産業界が追従した、卓越した日本式管理イノベーションである。これら革新は、日本商業の長期歴史伝統と精神の蓄積を内包し、革新とは、その産業伝統、商業倫理、工匠精神と現代管理との融合であった。トヨタ、ソニー、京セラなどの企業発展過程と経営者（創業者）の経営思想中容易にみられるのは、西方式管理の単純模倣でもなく、日本伝統の延長でもなく、むしろ両者を現代的に交わらせたことであった。

もしも日本の大企業の崛起と世界市場の拡大で、日本企業が世間の注目を集めたのであれば、同時にそれは或る傾向をも意味している。それは日本に大量に存在する中小企業、とりわけ長寿企業への関心の低さに他ならない。近代に創立し、大きく成長した企業に比べ、中小型長寿企業が産業界や理論界から重要視されることは極めて少ない。チャンドラーは、現代的企業の観点において、人々の同族企業や中小企業への軽視感を強め、後者は古くて時代遅れの組織であり、早晩現代企業に取って代わるとさえ論じた。しかし、事実上、米国ですら、七〇年代以降、シューマッハーの代表的著作『スモールイズビューティフル』が世に出てから、人々は改めて中小企業を正視し、その膨大な数、比重および経済と社会発展中の、置き換えることができないほどの機能（たとえば就業、税収、輸出、革新への貢献において）を知る。中小企業が、大企業の対立軸に存在するのではなく、むしろ一種の生態系、あるいは体系的モデルとして企業エコロジー構造を創造していることを認識するに至るのだ。同族企業はさらに新たな認識を喚起し、その凝集力、社会的情緒資産[(1)]（ブランドの名誉感、伝承、社会価値等）および家族が創業プラットフォーム（インキュベーター）となる意義など、研究が進むにつれて重要度を高めていった。この背景の中で、日本は中小企業を二つの連携する方面から詳しく再検討すべきである。一つは、現在、西方管理学教育において、大企業主導モデルに再考と再検討がもたらされている方向であり、中小企業組織管理は独自性を帯びて特に重視する需要があること、二つは、日本の長寿企業と同族企業（両者は常に融合しあい特に区分化の必要はなく、絶対多数の長寿企業は、少なくても創立時には家族制御であった）への関心の方向である。その中で中小企業は絶対的比重を占め、その生存期間は永く数量も膨大で、その経済社会への多大な貢献は、人々の想像を超えている。

長寿企業について人々に刻まれた印象はそれぞれ不一致である。それは、膨大な数の長寿企業の中に、伝統工芸品や飲食店、旅館業、特殊食品等の分野に留まらず、近代に創立し、現代産業の際立つ革新領域で、重要な地位を占める大企業もあるからだ。たとえば百年に近づくトヨタ、京セラ、百年企業の安川電機、島津製作所などである。長寿企業は、長期の専業、革新と品質重視、積極的な国際市場開拓、たとえ伝統産業の清酒、醤油、茶葉や飲料、日本料理、織物、漢方薬等であろうが、多くが、グローバル市場で大成功を極めている。これら製品やサービスは、たとえ中小企業の手による製品化でも（極端には夫婦二人だけの経営、たとえば我々の調査ケース中の京都〝香雪軒〟）、決して低級粗悪品とはならない。たとえ一杯のラーメンや一皿のお菓子でも、その品質、文化と美しさはすべて消費者の心を捉える。これら中小型長寿企業は、伝統を伝承するのみならず、時代発展の中で市場変化に適応し、新たな技術と組織モデルを融合した革新を不断に続けている。まさに伝統と革新の結合であり、それによってこそ数百年の老舗が新生できたのかもしれない。多くの国家や地域で中小企業は自営業（代替りの事業）であり、低価商品、低品質ひいては悪徳競争を通じて生存してきた事例が少なくない。しかし日本ではそうではないようだ。長寿企業は、百年から数百年の伝統継承の〝暖簾〟（ブランド）を掲げ、同族事業、歴史伝統文化、高品質と気配りのサービスを旗印に、一種の社会責任と産業技術、伝統伝承の長期承諾を実践している。日本では、古い街並みが奥深く入り組む京都奈良、或いは、繁華街が続く東京銀座で、百年来伝承された工芸と、歴史文化の記憶が融け込んだ近代的技術革新で製造された、高品質で生活幸福感溢れる商品が長寿企業によって提供されている。現代大型企業の、冷たく、社会から離反したような商品やサービスとは鮮明な対比を成している。これら多く存在する老舗企業のほんの僅かしか、現代マネジメント研究視野に入らないのは遺憾としか言いようがない。

注

（1）　原語は〝情感財富〟(emotional wealth)。

第二章　日本社会の伝統と商人精神

一　日本商人の歴史形成と構造

日本に長い商業伝統があるのは、日本封建制度における安定した職業構造と関係があるかもしれない。古代には、多くのアジア国家に厳格な職業区分があり、日本が踏襲したのは中国古代の士農工商の職業分化制度であった。興味深いことに、その中国では、封建制度が解体して科挙制度が始まると、士農工商の職業伝統は、科挙制に従って打破されていく。商人と工匠が安定して職業を続け、長期にわたり、特定集団や親族の中で世代継続し、軍功や科挙そして商売などで功名を立て、財を成せば、異なる職業や階層（たとえば士[1]、官吏や土地所有者）に転向することができたため、商人や工匠が、世代伝承的職業にはなることが少なかった。日本には、長期安定的封建制度に、日本的疑似家族制度が加わり、商人と工匠は、基本的に世代安定的職業と伝統となり得た。それは、疑いなく商人精神の為の社会的基盤を打ち立てるのに功を奏したのである。

士農工商の厳格な秩序はこの職業区分を超えることを難しくした。これが返って農工商が相対的職業安定性を持ち、日本商人による専業堅守の主要原因の一つとなったのかもしれない。世界で、古代の職業区分原則を堅守する国家は少なくない。古代中国は当然含まれるが、そこでは、小農の経済的分散と貧弱な状況、小農の剥奪が起きていた。大量の小農は生存危機や抗争逃亡に陥り、長期堅守の動力を有する者は少なかった。インドは、カースト制度によって、厳しくカースト間移動や婚姻を制限し、生産と商業従事カースト層への卑下により、その精神的発展は深刻な抑圧を受けている。精神と文化的発展の欠如によって、商人と工匠は、単なる技術蓄積者となり、社会と経済発展の動力に成り得なかった。日本にも、同様の厳格な士農工商の社会的職業秩序があった。しかし、日本ではそれを偏重したことが逆に、分職の知恵、分業と専業化を起こし、社会各々の階級に各々の職を司らせ、家族や氏族の継承を通じて伝承と発展に繋がった。さらに重要なことは、日本には、これら階級に対して差別感がなかったことである。優れた工匠、優れた有徳商人、勤勉で職業を全うする農家はむしろ社会的尊敬を受けた。農工商は、封建領主の直接庇護の下で比較的良好な発展を遂げ、家臣や大名の封土経営者や、天皇家ないし将軍家の御用達匠やものづくりに従事し、その中でも商人として、崇高なる栄誉や相当な利益（資産含む）を獲得する者が少なくなかったのである。これら局面は総じて多くの歴史的な要素に依るものだが、主要な原因としては、たとえば大名、将軍幕府、天皇家に至るまで、その主は各自の領地や封土の為に農工商を働かせ、家臣や御用達制作者や徴税臣民にさせる必要があり、互いに保護と忠誠の相互関係を形成していたことが挙げられる。その他、各々の小封土や、諸国、各藩の間に競争が存在し、そこには国内市場と輸出市場があって、疑いなく所在地農工商の各種保護と激励政策の出番を促した。ここに於いて、日本商業とは諸藩や諸国間の競争の発展の産物とも言え、これが、中国の大統一政治経済とは完全に異なるところであった。

安定した政治制度や社会的認可と尊敬、相対的に豊かな富や利益保証を得られれば、商人は心から服従しかつ道徳規律に応えるだろう。しかし、中国の商人は、歴史において、蔑視を受け、官府と交わる中で権銭交易を行い、利益誘導によって発展した。市場には、多くの独占や、官府によるコントロール、不平等競争、政治と商人の結託などが存在し、良好な道徳規則が人々の普遍的遵守原則と成るのを困難にした。市場は私利私欲を追いかけ、官吏を籠絡し、独占と詐欺の領域が拡大し、社会の商人に対する不満と道徳的軽蔑をもたらし、一方では短時間内に得る暴利に対し人は羨望を抱くようになっていた。

近世以来、日本では、多くの下級武士が商人に転向しており、これが間違いなく商人階級に新たな力量を与えている。武士は、あまねく良好な教育と精神道徳訓練を受けており、彼らが商人にあらたな精神要素を注入した。これこそが、疑いなく日本商人構造中、最も独特な局面と言える。武士と、明治維新後官吏に加わった一部精鋭（渋澤栄一等）は、さらに一歩、商人階級の道徳と政治意義を高め、知識世界を大きく拡大した。それら商人の多くが、日本維新運動に参加して、西方の制度や科学理性精神を伝統的組織管理に融合し、日本商人の迅速な方向転換を推進した。これは甚大な注意に値する事実である。

日本における宗教は、商業精神形成の影響要素の一つにしか過ぎず、最も重要な影響要素はおそらく武士道であろう。新渡戸稲造は『武士道』の中で、武士が日本社会にもたらした道徳と秩序を絶賛している。そして、商人も、とりわけ近世において、直接、間接的に武士道の影響を受けてきた。武士道精神の、強靱で、素朴、勤勉、忠誠、忘我は日本民族の精神基礎ともなるのだが、この理由を次のように考える。一つには、士農工商中、士は上位であり、道徳と社会行動の模範であったこと。東方社会は大方これに類似し、中国においても士の道徳的影響力は大きく、中国が儒教国家と呼ばれる所以である。しかし、中国に、正直、剛毅、堅靭の儒士も確かにいたが、「学而優則仕」（学びて余力あれば役人になって仕える）という諺に代表される文官制度は、士が、道徳と権力、利益間の平衡をとることを困難にし、権力と利益によって堕落し腐敗した儒士も少なからず、儒家道徳理想を本当に実践することを難しくした。しかし、日本では、武士は為政者の護衛（御陵衛士など）であり、一定の尊栄があっても、直接権力を握り利益分配に参加することはなく、一般的には利益から遠く、精神と道徳の権威を醸成した。それは彼らに政治的基盤があったからだ。二つには、日本の武士は、伝統上において、武道を奨励し、戦争と平時の訓練中において、意志鍛錬や陽謀を尊び、武道を発揚してきた。しかし、中国の儒士は、千年の歴史の中で皇権の直接的側近となり、実際に政治を執行する中で、多方面の社会矛盾の平衡を図らねばならなかった。法律や律令と規則に依拠するのみで社会統治することが困難となり、臨機応変に知恵を絞り、そこから人間関係に計略や謀略が醸成されていく。社会統治を行う儒家官僚が道徳模範になることは極めて難しく、日本の武士精神と同じ土俵で比べることはできない。その中で、理解すべきは中国の儒士が担う社会責任と職能は、日本の武士とは大きな差異があったことだ。日本武士道精神の自律と普遍的秩序遵守は、日本政治制度の産物であり、武士は、封建制度下で大名幕府の命を受けた侍従であり、護衛であり、各地の大名が社会秩序と租税徴収するのを助けた。一定の意義において現代の警察や軍隊にも似ており、すべてにおいて、其の主に仕え、一旦道徳問題でも出現すれば、自らの地位も名誉も喪失し、以降、他の主を探すことは難しくなる。道徳律はまさに其の職業と生存の基礎でもあったのだ。

武士道精神については多くの著述があり、ここでは多くを述べないが、理解すべきは、なぜ武士道精神が、社会的規範や精神的基盤と成り得たのかである。日本人の性格にはほとんど例外なく、武士道精神要素の浸透が観られる。日本の道徳精神形成は、宗教（西方のように）によるものでもなく、また、官府推奨による一連の道徳倫理（中国儒家学のように）でもなく、まさしく、武士道が形成した道徳規律（影響由来が禅宗であろうが儒教であろうが）である。しいて理解すれば、一には、武士は士農工商の最上位であり、道徳標準としての社会的期待を集めたこと、二には、武士の生活方式と道徳精神は、必然的に農工商に有効に模倣されたこと、三には、封建社会、基本的には地域社会と寄り合い社会において、道徳律が社会統治の主要原則となったことなどが挙げられる。農工商は、社会の低層に位置し、この階級層は、厳格な意味で区分が難しく、彼らが模倣して学習するべき道徳的模範は、おおむね武士階級から来た。日本は思いもよらず、中世古代の騎士道精神的な武士道を発展させ、それを以って国を治め、社会的道徳および抑止力とした。これは為政者があらかじめ計画してできたことではない。日本人の秩序、勤勉、忠誠と無我精神はここから始まり、それらが深く社会と商業活動の中に埋め込まれ、日本政治制度、文化と社会自然発展の産物となり、ここから重要な精神特質が醸成され、後日の商業精神と企業文化的基礎要因と成っていくのである。

マックス・ウェーバー以来、文化伝統（重要なのは宗教文化である）を含む商人精神は、現代資本主義理解の重要要素と成り、すでに資本主義と現代商業研究の出発点となっている。ウェーバーは、まさに新教倫理的意義上で、欧州資本主義（或いは商人）精神を分析した。我々が商人精神と資本主義精神を混同するには理由があり、それは資本主義の核心が、商業資本が主導する社会的価値にあり、商人が社会の核心的階層になっているからだ。日本は、明治維新前後にこの過程を経験し、それに先立つ歴史の一点がオランダと日本の貿易がもたらした西方文化の浸透である。その中の〝蘭学〟、と基督教の浸透は、同時に日本に、科学と自由、民主という近世価値観を植樹していった（McClain 2002）。

日本商人は、歴史上深厚な伝統を有してはいるが、近世、つまり日本の封建政治と将軍、大名幕府体系と関係がある。多くが、貴族や将軍家ないし寺社仏閣向け御用工匠や商人から出自しており、中には農民も、時に商（工）人となることがあった。たとえば渋澤栄一は、日本の伝統的村落に生まれ、幼少時は農を本業とし、同時に家族商売（蚕の買付けと養蚕藍玉製造）を行っていた。日本の農村は、疑似家族で組成されており、村落組織は政府のための生産、徴税を組織し、同時に村役場、教育、宗教、娯楽等があり、ここにおいては中国歴史上の農村とは比較にならない（幸田一九三九）。我々の調査研究中、月桂冠の清酒醸造師の多くが、特定の村落から招聘されていたが、それは農閑期に酒造工房に雇用される農民であり、各々が家族や郷村の特殊な醸造技能を持ち寄っていた。日本の農村組織が、日本商人精神理解の重要部分であるのは、商人という集合体が、一部は武士や官僚階級からだったかもしれないが、絶対多数が、従前農民か社会低層の下僕か、家臣ないし工匠だった人々から成り立っていたからである。農村は、商人教育に最も重要な場所であった。東方社会の歴史には、農民の兼業（商工）の伝統があり、それは人口過多にして土地が狭く、貧しくて高い租税と自然災害の危険により、農民の商業（手工業）との結合は生存に不可欠だったからである。そしてこれが商業発展の基礎的社会形態であったと言える。日本と異なるのは、中国の農村は、無政府状態で、各々自治が行われたこと、そこに、宗族と地方豪族勢力の支配が加わったことである。多くの農村は、普通農民で貧しく、深刻な意味で教育が欠けており、さらに宗教や芸術文化の人文的影響に乏しく、物質層面において最低限の生存を余儀なくされた。現存する伝記と歴史記録から観て、日本の農村は、各藩大名の保護下で、多くの農民が一定の教育を受け、寺社、宗教や芸ごと等の場所があり、行政管理が直接村落に行き渡っていた。近代には、さらに村役場、警察所、郵便局等を建設していく（McClain 2002）。

都市と町に押し寄せる、商人となった農民には識字能力があり、彼らは、行政法律や宗教に対して基本的理解ができた。幾らかは、家、ないし、寺や廟の寺子屋で一定の教育を受け、宗教や武士道、および日本の文化芸術にさらなる理解と学習能力を持っていた。これに対し、中国では大多数の商人がそういった能力を有せず、彼らは家庭道徳からのみ学び、ほとんどに識字力がなく、商売を起こして事業が大きくなれば、会計士を雇い、専ら自らの経験知と巷の友人関係を頼りに商売を行った。ここにおいて、両者間に巨大な差異を容易に観ることができる。日本商業の近代的繁栄について、歴史書が指摘するデータには目を見張るものがある。たとえばジェームス・Ｌ・マクレーン著『日本史（一六〇〇～二〇〇〇）』は、明治維新前後の日本社会経済において発生した巨大な変化について体系的分析を行っている。

二　日本商業精神の特徴

マックス・ウェーバーの啓発から、日本を始め多くの国々の学者が、日本資本主義について研究し始めた。ウェーバーの提示した清教徒の精神特質と相照らして、同様の要素を取り出すことを試みたのである。ウェーバー以来、この伝統となった手法は、商人精神気質中、鍵となりそうな独自の（他の宗教文化と違った）要素が、市場と資本主義発展の核心的要因に影響を与えたと分析する。ウェーバーは、清教徒の勤勉、倹約、時間厳守、職業の天職視感、などが商業精神の鍵であり、これら精神特質が、欧州資本主義の発展に重要な促進作用を及ぼしたと認識した。ここにおいて、清教徒精神気質と商人が主役となり、資本主義経済の発展を推し進めたとした。

これと相対し、所謂、日本商人の資本主義精神、あるいは商道は、江戸時代以来、大きな発展を遂げており、各藩による将軍幕府と城下町の発展の下、商人が都市経済、貿易および商業的繁栄を推し進める（速水 二〇〇三）。そして、明治維新による西方商業文明との直接対峙によって、商人は、社会経済発展の主体となった。日本の商業精神は、ある意味、同様に、ウェーバー的新教理論の精神特質、たとえば勤勉、節約、天職などの概念を有してはいるが、これは、近代資本主義商人精神の一般的要素であり、これ以外に、日本商人が独特に持つ精神特質が如何なるものかが非常に興味深い問題である。この問題に対する研究は、疑いなく近代日本経済の奇跡と、日本式管理に一つの重要な精神と文化性解釈を与えると思われる。

日本商人の勤勉と倹約については、一般的に農民の職業と労働の特質と認識されることもある。農業耕作は労苦を伴い、日の出とともに働き日が暮れて休息する、長期怠懈は許されない。人口は多く、限られた土地の日本では、農業と手工業と商業が、同時に起こるのは生存の必須であった。速水融の研究では、江戸時代の兵農分離、農業の集約化と家庭生業が、家庭人口の迅速な増加と農民の勤勉な労働精神を促したという。大型農具に乏しく、小規模な畜産農の情況下では、農民はいやがおうにも人力に頼ることとなり、勤勉は自然が生み出す必然的性状となる。中国や日本、そして他の東南アジアの稲作地区の伝統農業経済においては、勤勉な精神は、大方劣悪な労働環境のもとで醸成され、倹約は、食料やその他の物資供給不足時に発生するものだった。よって、資源を無駄なく利用し浪費をなくし、とりわけ収入が安定しない中で、災害と戦争等に備えるためにも、倹約は基本的な家庭経済生存の方法となった。この二つの美徳と農民との関係からみれば、おおむね正しいと言えよう。

しかし、職業の天職視感については、農民そのものに根源を探すのは困難であり、日本の士農工商階級制度の中に、その歴史的淵源を訪ねなければならない。職業性とは、元来、匠人から来るものであり、彼らは、制作する産品を、不断に磨き、改良し、一流の産品に仕上げようとする。コツコツと働く生真面目さと、それを守り抜き、仕事に集中する精神こそが職業性を表現しており、家族世代と徒弟間で伝承され不断に発揚されるものだ。日本の歴史上、この職業区分化と社会階層の基本的固定化は、階層間流動を困難にし、よって匠人の子はまた匠人であり、商人は基本的にまた商人となった。これが同時に、宗教における在世修行と結合し始める。実際、日本に伝来した禅宗は、禅文化と世俗生活間に緊密な結合を起こしており、日本独特の茶道や華道を形成し、武士道も同様に禅宗の影響を受け、その中で、独特の精神――〝忘我と神合〟――を醸成し、一種の精神の高みの境地に達する。つまり、造るものには、神の助け、が存在し、長期にわたる堅持心、心の入れ込み（こだわり）、忘我（無私）という精神的昇華となっていく。日本のものづくりとサービスには、この精神が反映されており、これは、新教徒理論中における、職業の天職視感、神を賛美する思想とは同工異曲の効果をもったと言える。

もしも、勤勉、こだわり、倹約などの概念だけで日本商人精神を描写すると、その他の工業文明国家の起源と区別が難しくなる。実際は、重大な違いが精神気質や行為表現に現れている。日本、とりわけ、老舗企業の伝承と職業精神には、根本的に言って、およそ二つの概念が現れる、一つは、〝心を尽くす（用心）〟、二つは、〝おもてなし（款待）〟である。所謂、〝心を尽くす〟は、心を込めて、全力を尽くす、誠心誠意の意味であり、業務中の利益や自我を忘れ、一心にして、如何に良い仕事をするかに集中する。これは、現代の所謂、〝エージェント型組織〟において、最も実現が困難なことである。ここでは、社長であれ、経理であれ、社長の家族であれ、すべて平等で、勤勉に労働し、社長は社員の模範（早期出勤、遅い退社、素朴な身なりに質素な生活）となり、社員は、誠心を以って職業と仕事に向かい、ボーナスや昇進、その他の利益の為に働くわけではない。それら利益がある程度インセンティブにはなるかもしれないがやはり、長く仕事に励む姿勢に密接な関係がある。所謂、〝おもてなし（款待）〟は、日本のサービス業の精神が最も現れるところであり、所謂〝サービス（服務）〟を超越した、一種の、〝至らぬところなしに行き届いた、周到な気配り〟であり、誠心誠意で顧客をもてなす意味が込められる。これはおよそ、陽明学と禅宗精神の影響を受けていると思われる。

ここで重大な問題がある。日本の近世は江戸時代から今日に至るまですでに三〇〇年の歴史があり、その間重大な政治、文化や経済の変化を経ているにも関わらず、日本の商人精神は、基本的に同じ脈絡で続き、最も良好に伝承されていることだ（欧米と相照らしてもそれが言える。特に米国初期の商人精神は賛美に値するが、現代は各種の悪徳会社や醜聞の問題がある）。もしも、商業精神が資本主義発展や経済成長にとって重要であるならば、さらに重要な問題は、その美徳が伝承することであり、この一点において、日本だけが、伝統を継承し現代との完全結合を達成できている事実だ。今日、我々は依然として、日本商人が勤勉で倹約でこだわりの集中力を持ち、我を忘れた精神に溢れていることを感じている。企業の大規模化や、同族企業すら数百年継承による大きな変化によって、すべてがこのようであるとは言えないが、それでも、絶対数の商人がこの精神的特質を保持している（本書後半のケース研究で現れてくる）。これが、日本商人群の文化特徴と精神気質であり、恐らくこの特質によって、日本経済の独自性が百年以上の老舗企業という形で現れているのであり、本著研究主題の所在と言えよう。

此処において、日本がこれら精神気質を保持する社会環境と文化をすでに胚胎していること、多くの社会で異なる時期に現れる商業精神とは非常に異なることを指摘できる。後者については、多くの情況下で観られるのは、商業精神の方向を誤る傾向である。つまり私利私欲や貪婪、奢靡、道徳喪失に至る類の傾向であり、それらは経済繁栄後に出現する奢靡腐敗の症状である。商人は、利益の直接受益者であるとともに後遺症の最大受害者でもあり、金銭は精神気質に腐蝕性破壊をもたらす。これら変化は、一代、二代に亘って発生するかもしれないし、一代のうちに一発で爆発して、商人が身をもって得られる経験かもしれない。しかし、商人精神が衰退に向かうか、利益追従と市場権力に引導されるかのルートは、いずれにおいても本来の道ではないことを知らねばならない。

三　日本商業精神の〝理性要因〟

日本商人は、歴史の上で上述した特質を有していたのだが、なぜ明治維新に至って、資本主義的発展を成し遂げたのか？　ここではウェーバーの資本主義精神における今一つの重要な方面に回帰する必要がある。それは〝理性精神〟だ。この理性精神は、近代の法律、民主と科学に立脚し、伝統経営による経験主義や同族主義そして個人的道徳制約のみへの依存等の体質から跳躍し、科学管理と正式な制度の枠組みを目指した。これに因り企業主個人の企業家精神が、近代資本主義発展の革新と制度と融合したことが、日本が近代化の過程で行った正確な選択であったと言える。幸運なことに、日本は、明治維新時期に西方の制度と技術、特に科学精神を全面的に吸収した。さらに早い時期に遡ると〝蘭学〟時期から起算して、当時の日本は西方の医薬や鉱石などに濃厚な興味を覚え、江戸時代に火器の導入を開始したことも日本現代機械加工の始まりに繋がった。さらに重要なのは、明治維新で導入した西方の行政、法律と教育制度であり、それを日本の国情と結合させつつさらに改良と適応を加えた。ここにおいて、日本はもう一度、優れた学習者としての特質を顕示し始めた。日本の国民教育は、江戸時代に開始され、当時の日本人の識字率は、すでに全世界でも最高位にあり、寺院、民間学校や藩、幕府提供の教育が民智を開き、日本近代において資本主義経済を発展させるための道程を整備していったのである。

すでに伝承した数百年の老舗企業の歴史から観て、日本近代の商人は、簡素な経験主義や家族秘伝による生存方式から脱却し、導入した学習と革新を基礎にして、不断に、新商品とサービスの開発を実行していった。陶器、制茶、制墨、醤油調味料、織物染色等、あらゆる業種で、開拓革新のない例はなかった。近代に成立した企業の多くは、科学技術の基礎の上に建立されており、安川電機や島津製作所などは、技術進歩によって短時間内に迅速に、世界トップ企業に成長した例である。

近世以来、日本商人は、西方から学習し、不断に科学と理性を商業価値として重視したが、これはアジア国家中極めて稀な局面であった。たとえ伝統の老舗企業でも、一定の比率で、株式会社制度の経営管理路線に転換しており、同族企業の家長制度と経験主義から脱却している。技術革新と現代管理に依拠し、これが総じて日本商人精神の今一つの重要な局面だったと思われる。理性精神は同時に、科学重視と法律尊重を表現し、この文化的理性主義が、大方の日本企業と他の東方国家との違いを現している。歴史に照らせば、日本は、中国大唐時期の政治制度と儒家文化を吸収したが、家長制度中の非理性的要素だけは排除した。たとえば中国の家長制度における人材登用は、親族のみ、経営はワンマン主義であり、貴賤、盲従、内外区別、等の習慣があり、どれもが、中国歴史上で形成された、あまり良いとは言えないもので、儒家文化の創立当時のあり様ですらない。日本は、中国古代の良好な道徳風土を保存し、当時の精神倫理は健康的で、理性精神を有していた。それ以外に重要なことは、日本の家族が、純粋な血縁関係の男系伝承でなく、養子や跡取り制度によって、秀逸人材登用の風習を可能にしており、一定の情況下では娘婿伝承も有り、男系血脈を強調し原則とした中国を超越していたことだ（官 二〇一七）。日本の疑似家族、すなわち外来の力量吸収を可能にするのみならず、家族の縁故主義、内外区別の習慣を抑制して企業内への影響を排除し、同族業主個人の絶対権威への不服従を実現した。業主が政策的間違いや不道徳行為を起こし、能力欠如情況に陥れば、容易に家族や社員全体から罷免され権力を失う。この制度的理性は、その歴史的淵源と基礎の上に成り立っている。日本が、この基礎の上で、近代明治維新以降、容易に西方の非人格的法律制度文化（ウェーバー）を受け入れたことは容易に理解できる。

中国の商人はこの形成とは強烈に対照的であり、今日においても、中国の血縁政治は依然として私人企業の中で衰えることなく、家長がその中核にあり、血縁が基礎となっている。この非理性的力量は疑いなく中国家族企業の〝富は三代続かず〟と、専業専念精神欠如の核心的原因となっている。商人の気質と精神は、謀るに長け機を見るに敏（これが中国商人の普遍的特質だが）のみではなく、さらに多くが理性精神の中に存在し、革新と制度理性的基礎上の科学精神こそ、近代以来、資本主義倫理の核心的価値となったものである。

四　儒家文化と仏教の影響

日本文化は、基本的に儒家文化と仏教、神道の歴史的混合物であり、歴史上のこの道徳価値体系と和の共存や相互融合の中、上層社会の皇室、貴族、僧侶から大衆世俗社会に至るまで、文化が浸透し民衆が受け入れて実践している。この情況が世界でも類似する国家は少ない。日本が文化制度を取り込み、最も多く学習した源泉の中国ですら、このような種類の状態に至ることは難しい。Singhal（1972）はその著名な『インドと世界文明』の中で次のように述べている。

日本文化は、神道、儒家と仏教の混合体である。日本文明の基礎を築いた聖徳太子は、この三体系になぞらえて、日本文化という樹木が次の三部から組成するとした……神道は民族伝統と民族気質を植樹する土壌、儒家は法律、教育制度と道徳準則を造る主幹と分枝、仏教は盛開なる宗教感情の開花と精神生活の果実、である。日本人民は、仏教、神道、あるいは儒家、或いはこれら教義の如何なる結合形式も信奉することが可能である（Singhal 1972, 中国訳、八頁）。

日本社会における、儒家文化の受容は少なくても二つの重要な段階を経た。第一段階は隋唐時期であり、遣隋使、遣唐使が、儒家治国設計と理想を持ち帰り、儒学経典『論語』、『大学』、『中庸』等を上層社会に浸透させたが、この時期、漢語習得の難度が高く、識字率も低い社会では、貴族、武士と一部の僧侶のみが儒学に接触することができた。日本の儒学とその制度的学習次元は極めて包括的であり、基本的に、大唐律令制を模して政治制度と社会組織が整備され、平安京（京都）は唐朝長安の都市配置に照らして設計された。しかし、むやみに模倣したのではなく、同時に、日本の歴史と伝統を保存し、天皇の万世一系を絶やすことはなかった。詳細にみれば、日本の社会制度と中国には多くの差異があった。第二段階の近世において、日本は戦国時代以来、大量に宋明儒学、あるいは新儒学の思想と行動要諦を吸収した。なかでも禅宗、朱子学と陽明学の日本への影響は、広く深いものとなり、上層社会の幕府将軍のみならず、大名、武士や僧人の間で、伝播習得が進んだ。さらに多くが、官府や民間の機構である学校等を通じて伝播され、社会各層に普及し、そこに商人階級があった。この一過程は、儒学の新生と世俗化を実現し、日常と企業経営を結合始めた。人々の生活と労働各方面に浸透し、日本社会が近代文明に向かう一つの重要な思想啓蒙過程となった。しかし、儒学は日本の精神文化発展の中で独立して作用を発揮したのではない。多くは、仏教と神道の結合として作用した。中国の一時期でも、儒学と仏教、道教は衝突もあったが、多くの時代、併存発展し相互に教訓を学びあった。それでも日本のように、仏教、神道と儒学が、哲学と倫理思想的に結合し、政治や商業や日常に応用されることは非常に少なかった。今日に至り、我々は、いくらかの日本老舗企業を訪問したが、常に視野に入った景色は、経営理念と家訓、そして企業主の自宅部屋の掛け軸に書かれた複数行の儒家や仏教の語録であった。それを日常の経営管理や、人としての有り方、仕事の仕方の上で、心を込めて実践している姿であった。それを観るにつけ、その誠実さと真心に我々は深い感動を覚えた。

近世以来、宗教、儒教あるいは儒学思想は、日本において、一つの世俗化という重要な変遷過程を経て道徳精神を醸成するに至っている。宗教から言えば、一四～一六世紀、室町時代に通俗化した鎌倉仏教は、国教の地位にあった臨済宗という禅宗（夢窓疎石とその弟子が建立した五山禅宗）と、当時日本に伝わっていた朱子学の結合であり、大量の武士貴族と商人がその教えを受けた。この葬礼仏教は、その後、幕府時代には一歩一歩発展し、〝寺檀制度〟ないし〝檀家制度〟を打ち立てた。すべての国民が、家単位で檀家として寺院（檀那寺、菩提寺）に登記することで、家人が基督教徒でないことを証明し、結婚や旅行時には、寺院発行の〝寺請証文〟（寺請制度）を携帯しなければならなかった（末木 二〇〇六、中国訳、一三九頁）。同時に、葬礼仏教は、寺院の主要収入原資となり、大量の民衆が檀家寺院に帰依したのである。

思想における近代の象徴は神仏儒合一化であり、その世俗的傾向は、この合一の過程の中で、近代倫理道徳的価値と精神力量を尋ね求めたいとする期待の中にあった。「人々は、古代と中世は仏教の時代、近世は儒教の時代と認識した。儒教においては、朱子学を正統とした」（末木 二〇〇六、中国訳、一四五頁）。事実、近世において、仏学の出世思想は批判を受け、入世修行の神道と儒教思想が、それにとって代わった。さらに、朱子学が当時の官学或いは国学の核心となり、陽明学と日本古学（神道思想を中心とする）が興盛して、これより日本は一筋の、比較的独特な近代化路線を辿ることとなる。末木文美士が明確に指摘するのだが「日本近世の儒教言説は、宗教性と形而上学的要素の深い探求よりは、その倫理を前面に置く、或いは、治世たる政治論方向として発展していくのであり、これが日本儒教の特徴であった。中にはそれを〝儒教〟と呼ぶより、〝儒学〟と呼んだらどうかと言う者もいた。これは、近世の世俗化と現実化を象徴している」（末木 二〇〇六、中国訳、一五二頁）。ここから、一連の、儒学と神道仏教合一の思想家と実践家が出現してくる。藤原惺窩（一五六一～一六一九）とその弟子（林羅山）、江戸初期曹洞宗僧人鈴木正三（一五七九～一六五五）、商人と市民倫理を建立した石田梅岩等である。これらが日本近代商人精神における神儒合一に影響を与え、すなわち日本神道と儒教の結合となるのだが、この点は通常軽視されることが多い。近世思想において、伝統的〝神仏習合〟理論は排斥を受け、神儒習合にとって代わられる。これは、仏教の出世思想が社会経済発展に不利であったこと、また、儒教の入世と治世思想と神道が、共通点を有していたことにあり、ここにおいて、所謂、〝儒教神道説〟が提示されてくる。中でも、その最も影響力があったのが山崎闇斎（一六一八～一六八二）の垂加神道であり、彼はとりわけ、朱子学説中の居敬[2]を崇拝する。暗斎は〝云敬者、事無巨細、不散此心。平正以相較者云敬〟（敬ト云イエルハ何ノ子細モ無ク、此ノ心ヲ鬱乎々々ト放チヤラズ、平生吃ト照ラシツメルヲ敬ト云ゾ）と述べた（「敬斎箴講義」末木 二〇〇六、中国訳、一六七頁）。朱子学説は、一に居敬、二に〝窮理〟を強調する。後者はすなわち、〝理性主義〟的思想の基礎である。同時に、儒家文化の君臣関係は、日本商人精神に、〝忠誠と服従〟の道徳要素を加え、それは幕府時期から明治維新ないし現代にわたって、市民と商業精神の倫理的基礎として発展した。そして日本近代化と現代化において、独特な精神力量を日本に創造したが、それらは西方の自由、民主、個人主義とは区別されるべきものだ。ここにおいて、儒教は日本商人精神の思想淵源を作ったと言えるが、そこには日本社会と中国文化間の関係もあれば区別もある。同時に、西洋工業文明的倫理道徳基礎ともかなりの差異が観られるのである。その独自性は、大概、近世以来の仏教、神道と儒学の有機的結合にあり、不断に、その世俗化と治世価値と精神意義を探求した。併せて政治体系や仏教神道の結合と利用を進め、宗教を世俗化し、民衆が普遍的にそれを受け入れて実践し、在世修行の俗世倫理を成立させていった。ここにおいて、儒学が日本の歴史過程で哲学と倫理となり、学習と伝播を通じて理想と考え方の吸収をしただけでなく、さらに重要なのは、それが一つの哲学的実践を強調したことである。とりわけ近世以来、日本は朱子学の〝格物致知〟的理性主義と陽明学の〝知行合一〟思想を吸収し、併せて日本神道と禅宗を結合し、全く新しい道徳体系と実践哲学を産み出した。〝居敬窮理〟と〝君臣関係〟を以って商人の職分、誠信、理性と忠誠、等道徳要素とし、それらが実践的価値体系となっていくのである。

五　商人精神の啓蒙と社会伝播

多くの人が、日本社会近世の商人精神は、主に明治維新時の西方学習の結果であると認識するが、これはそうではない。日本商人の重要な精神形成は、少なくても徳川時期、あるいはそれ以前まで遡らねばならない（山本 一九九五）。山本は直接、西方の経営思想に挑み、日本の九五％以上の中小企業の行動ロジックは、西方経営理念とは完全に異なり、その経営方式と思想は徳川時代にまで遡ることを指摘した。その中で、二人の重要な商業啓蒙思想家、鈴木正三（天正七年一五七九年出生）と石田梅岩を挙げた。鈴木正三は関ヶ原の戦いと大阪の陣に参戦した武士であり、最後は出家して禅宗僧人となる。しかし出世離俗したのではなく〝欲以仏法治世（仏法を以って国を治める）〟を実践したのであり、禅宗社会倫理規則、『四民日用』を著している（山本 一九九五、中国訳、一一四～一三〇頁）。その中で彼は、士農であれ工商（匠人）であれ、日常労働は修行であり、「生計を営むは高尚な行為であり、労働とは本来修行であると心底認識する」と述べた（山本一九九五、中国訳、一一五頁）。「すべての職業これ仏行、人は其の業を守ることで成仏し、仏行の外にすなわち成仏の道なし、その必ず信じる所の業は世界に於いて皆有益……」（山本 一九九五、中国訳、一一七頁）。これは、ウェーバーが論述するところの、〝新教倫理精神〟に酷似している。中国禅宗法門は、早くに〝行往座臥皆是修行[3]〟と唱えていた。それなのに、中国では、禅学倫理が百姓の日常生活と労働の中に浸透することがなく、とても遺憾なことであった。

鈴木の思想は、その著作によって後の人々、とりわけ社会底辺の農工商に巨大なる影響を与える。それは、仕事に精を出すことこそ修行であり、成仏の道であること、すべてに誠心込めてより良い仕事をすること、それで貪欲、瞋恚、怨恨の〝三毒〟の解脱ができるとした。これによって一種の世俗的職業宗教倫理を確立したのである。鈴木正三はその著作で、徳川幕府下、商人と工匠時代の到来における、道徳倫理の基礎を打ち立て、山本七平が言うところの、〝一種の生命価値に関わる学説〟（山本　一九九五、中国訳、一三〇頁）を説いた。そして後日、石田梅岩がこの学説を継承し発揚する。一六八五（貞享二）年、梅岩は京都付近の小山村で生まれ、その家族は改姓許可を受けて疑似血縁となった石田家の株内傍系にあった。彼は次男であったため、外に出され徒弟となる。彼は非常な読書家であり、著名な師を尋ねて廻り、小栗了雲にたどり着く。そしてその弟子となって、小栗から禅学を学ぶ（恐らく陽明心学の影響も受けたであろう）。しかし、梅岩は簡単に小栗の学問を継承するのでなく、さらに広く多くの思想を吸収し、中でも鈴木正三の思想にさらに近接していった。

梅岩は四二、三歳で引退し（当時、日本の就業は一三、四歳で始まり、三十年労働で引退していた）。四五歳の時、彼は京都の自宅内に小規模な私塾を開設し、毎日午前と一日おきの夜に講義を行い、これ以外にも毎月三度の討論会を開いた。弟子の多くは商人であったが、彼が伝授した、所謂、〝石門心学〟は、其の弟子やそのまた弟子が結集して形成されていた。その学説は広く京都、江戸、大阪等の大都市にまで伝わり、後日は日本全国に伝播し、幕府や宮廷にまで影響を与えたという（山本　一九九五、中国訳、一三二頁）。山本が指摘するに、石門心学は最初、関西地方を中心に広がり、その後不断なる伝播により、彼の弟子等が建てた心学舎は二一箇所にも及んだという（山本 一九九五、中国訳、一五四頁）。

さらに貴重なのは、梅岩がただ学問に留まったのではなく、私塾を建て、その学舎で思想を伝播したことである。彼はそこで日本商人倫理の、〝知〟認識レベルから〝行〟レベルへの転換を実現し、〝知行合一〟を達成した。学舎での知識伝播を通して、日本商人は全世界で最も早くビジネス教育を受けたのではないだろうか。この商学教育は、現代ビジネススクールの、〝経営実用知識〟主流教育ではなく、商業道徳倫理、文化精神の修学が主流となっており、その中には儒家学説、禅宗と心学などの内容が含まれていた[4]。

梅岩の学説に体系性はない、しかし、正三と了雲の伝統を継続し、自らは修行の角度から出発している。彼の心学の本質は、〝本心〟に照らし合わせて生活する方法であり、これは大方、陽明学の〝至誠之心〟と直接的関係があり、〝熱烈に、心底から反省する〟の意味となる。そして、商人は、如何に利潤、倹約と貪欲に対峙するか、が梅岩思想の核心であった。彼は、武士の〝俸禄〟と同じように、商人の利潤には合理性があり、しかしそれには先ず道徳が必ず前提であるとした。梅岩が書いた最後の本は『倹約斉家論』、その中で広く提唱した倹約は、商人自制が斉家（家を斉める）秩序倫理であること、「追求利潤の貪欲を自我克制し、一心に消費者の為に尽くす、これが対外的自制であり、強制的に合理性的追求に転換する。これが体内的自制、すなわち倹約である」とした（山本一九九五、中国訳、一四六頁）。

鈴木正三、小栗了雲から石田梅岩、そして渋澤栄一、さらに今日の出井伸之、松下幸之助、稲盛和夫に至るまで、日本経営理念は精神一脈相通じるものがある。さらに重要なのは、これら企業家ないし商人や武士、ないし僧人等が、単に事業をより良く行うのみならず、論を立て、学校を建立し、幅広く学説と思想を伝播したこと、彼らが紛れもなく、商業精神の啓蒙者であり伝道者であったことだ。この伝播制度と組織が、かように幅広い影響を及ぼしたのは世界でも稀なことである。日本商人精神は、模範の故事を語り継ぐだけの学びや、停滞した社会価値学説、そして商業実践から疎外された道徳思想説教（例えば中国の商人と儒家学説間の隔離）などとは違い、一種の実践哲学となっている。ここでは、商人が自ら実践し、価値を共識するという、かなり難しいことをやり遂げている。我々は日本で、石門心学の後継である明誠舎と、懐徳堂を訪問したが、日本大阪商人は現在、積極的にこれら歴史伝統を保護し、日本商業精神と文化に新たな活力を産み与えている。大阪大学では、懐徳堂が第二次大戦で戦火を免れた数千冊の貴重な図書資料に基づき、懐徳堂研究センターを成立している。湯浅邦弘教授はこのため大変尽力され、その著『懐徳堂事典』（大阪大学出版）はこの伝統と文化の深い研究と発揚の為に著されたものである。

我々はこの日本老舗調査研究時、多くの老舗が良好な伝統文化と精神を保存し、創業記念館を建立し、至るところに心学、儒家学説や禅宗文化教義の扁額を掛けているのを観ることとなった。価値伝統を伝播することで常に経営者と社員を警醒させる、これは容易なことではない。我々に大きな印象を残したところである。

注

（1）中国の士は、時代により性格が変化するが、古代においては、官（大夫）と庶民の間に位置する階層であり、在野の読書人であった。三国時代に士が官吏に登用されて士大夫時代が始まり、士がいずれ門閥を作り始めると、所謂、士族を形成することとなる。

（2）居敬（きょけい）：朱子学における修養法の一つで、日常の如何なる時であっても意識を集中させ心を安静の状態（敬）に置くこと。

（3）『六祖壇経』有偈云：仏法は世間にあり、離世間を覚えず。離世して菩提を求めるは、恰も兎角を求めるが如く。

（4）明誠舎は現在も依然存在しており、大阪京都等に支部はすでにない。企業家に対し儒家学説、商業道徳やその他方面の知識を伝授し討論を行う。以下は筆者が二〇一七年七月二五日午後懐徳堂訪問で記録した内容である。

石田梅岩の石門心学は日本商道発展の鍵となる作用を有し、懐徳堂の現在理事会会長の説明によれば、明治期、大阪経済は迅速に発展し、商人は富裕が貴く豪奢が風潮という社会となっていた。石田はまさにこの時期、路上に立って、商人は正道を守らねば、事業は持続することがなく、財富は保持できないと行きゆく人々に対して遊説した。そして彼は商人文化講座を開くが、最初は一人か二人しか受講者がいなかったという。その後次第に多くの聴講者が集まったという。この情況が懐徳堂や明誠舎の由来である。

明誠舎は一七八五年大阪に創立されたが創始者は井上宗浦、その他、六つの心学講舎があり、商人はいずれか近くで学び、経費は大商人の寄付や少量の学費で支えられ、教師と教材は三舎機構（明倫舎、修正舎、時修舎）の認可（三舎印鑑）が必要であった。大阪大学文学部の湯浅邦弘教授は専門的に懐徳堂史を研究、その著書には『懐徳堂事典』があり、その歴史の詳細な記載と評論がされている。懐徳堂は江戸時代の一七二四年に開設され、一八六九年に一度閉鎖されるものの一九一〇年には再建されている。二次大戦期間は戦火で焼滅するも、明治以降再建されたコンクリート建て図書館だけは残

注

り、一九四九年以降残された書物はすべて大阪大学文学部に移動した。

商人倫理教育は日本明治維新以来一途に注視され、日本のように商人の道徳倫理や文化教育を重視した国家は少ない、その主要な思想は中国古典儒家哲学と宋明理学、それに心学（明誠舎など）から来ており、大阪は近代商人発祥が最も集中した地区であり、商人道徳教育の発祥地でもある。俗に言われることだが……京都には天皇が、東京には将軍（幕府）が、そして大阪には商人がいる。道徳倫理は有用か否か、法律には制御力があるか否か、と尋ねられた時、湯浅教授は、地元の人が言うには……大阪人は軽々しくお上の政令を聞いて信じようとはしない、むしろ〝説得〟する。倫理と商道は商人が誠意を以って説得する正道である。彼らは明らかに正道によってのみ長期生存発展できるとし、財富を保持しこの路線を追い続ける。

現代人、とりわけ利益にのたうち回る商人に対して道徳倫理を遵守させるか？　聖人の教えは重要だが、如何にしてこれら倫理学説を商人に理解させ実践させるか（知行合一）？　日本の古法訓練には価値がある。それは功利的なビジネススクール教育（ケースメソッドは企業が如何に競争し利益化するかを分析）ではなく、それは、討論、座学、故事等を含む教育である（明誠舎課程のように……道話、すなわち故事……前訓は和講義で組成、修養部分は静坐と会補（討論）で組成）。討論の主題は実際興味深い。たとえば、人は如何に路上で他人を妨げないか。これは人としての原則であり、まさに商人の大道である。

第三章　百年老舗：その独自性と研究の意義

一　企業の時間的次元：歴史と寿命

今日、企業研究の主流は、戦略、組織と構造、財務投資及び職能別マネジメント、たとえば人事管理、マーケティング、生産オペレーション、情報システム等であり、企業の時間的な次元展開や軌跡、数年ないし十数年の発展戦略の考察などは少ない。その原因は、一つには企業発展に対し長期に亘る追跡ができる研究が少ないこと。二つには企業による長期状態に対する関心が、比較的低いことからである。将来の技術と市場情況は予測しがたく、歴史などは塵埃の中に埋没し、人々の記憶から消え去るものと捉えられる。それ以外にも、絶対多数の企業の寿命が、相対的に短いこともある。完全とはいえない統計だが、米国企業の大方の平均寿命は八年を超えず、中国の複雑な市場性はさらに寿命を縮め約六年強である(1)。企業寿命の体系的分析や統計の不備があるとしても、直感で事実を観れば明らかに、絶対多数の企業は新創業時代（八年以内）に消滅している。一方、同族企業が一般組織の寿命を超越することがあり、事実いくらかの企業は数百年から一千年以上続いており、それは代々受け継がれる責任や使命などに依拠するようだ。たとえば、日本に大量に存在する老舗企業（一〇〇年以上）のように。但し、老舗企業による、企業総数に占める比重は経済体の中では非常に小さく、大量の同族企業は、〝三代で終わり〟ないし、〝富は三代続かない〟という呪縛に縛られる。或るデータに拠れば、同族企業が二代まで成功する比率は三〇％、三代は約一〇％、四代は僅か四％だった（Frank Hui, Pramodita Sharma, 李新春・朱沆 二〇一〇）。

百年老舗（老舗企業）について、人は、長寿企業というのは、企業の歴史や人類個人のメタファーだと思うかもしれないがそれは誤解を招きやすい。企業の寿命は意味深長であり、人類個人の寿命以上に多くの内実と意義を持つ。その意義の第一は、代々継承であり、時間上の連続性はあるものの、異なるリーダーと時代の痕跡があることだ。その中に必ずや長期伝承のための何か、たとえば、技能、文化あるいはものづくり製法などが存在する。しかしそれらは同時に、不断に〝進化〟（〝進化〟この生態学的概念がさらに的確だと思われる）を遂げている。意義の第二は、老舗企業の時代を超越する生存能力のことだ。その意義は、異なる政治や文化、経済や技術発展の時期を経ながら、その深い歴史的軌跡を留めおいたことにある。人類がその組織を、時代を超えて存続させるのは極めて難しいことだ。しかし百年企業は、鮮やかに活き活きとした歴史を存続する一方、時代代わりの中で、不断に新展開を実践している。この意義の上で、百年老舗は、企業の存在を超越し、長短の時間進化の中で、ひとつの歴史と文化の記号となっている。さらに特定の歴史と地区の間に緊密な相互嵌入関係を形成し、消費者と社会の間の密接な依存関係を代表している。よって、老舗は、社会生活と文化伝統の一部分となり、伝統と文化の歴史遺産の継続者となる。老舗企業は社会、とりわけ商業道徳と伝統価値継承者の代表であり、物欲横流の今日の時代においては極めて珍しく気高いものだ。さらにこれら多くの老舗は、伝統産業と都市郷村の日常生活領域にあり、その道徳水準は、社会の基本的消費と幸福状態を決定してきた。その提供する製品やサービスの多くは社会日常生活の必需品、たとえば飲食、小売交易、伝統酒や調味料、菓子や伝統薬などであり、一切がごく普通の消費者の幸福水準を決定してきた。もし、街中の蕎麦屋や食事処が、その伝統品目や味やもてなしの精神を喪失し、偽物や粗悪品にとって代わり、機械による大量生産や冷淡な現代メーカー品に替わり、品質が低下し情趣がなくなり、現代社会消費の疎外感と無関心を産み出したならば、民衆の消費は消失し情感と文化的連携は空洞無物と変貌してしまう。なのに、我々はこれら伝統と文化の価値と現代社会的存在意義に対して、なんと真剣に思考しようとしないことか。

我々が日本を訪れ、気軽に小さな居酒屋や、食事処、旅館、温泉などに入ると、優しく柔らかなおもてなしや精美な食事を供される。百年歴史を有する零細店舗にたまたま入り、清酒や醤油、香料、抹茶や陶器、墨汁を購入すれば、その製品の精美さとおもてなしの周到さと細やかな気配りに一種、幸福感が込み上げてくる。これが日本の万を超える百年老舗と、数え切れない小さな店舗が与える全てである。日本にかような百年企業が一切なくて、戦後成長した大企業、たとえば家電、自動車、化粧品等各方面で賞嘆を集める各企業のみだったならば、日本の消費にまたどれほどの幸福感があっただろうか。まさにこれら老舗の存在と堅持によって、日本の伝統商業精神と文化伝統は継承されており、当代ビジネス社会中でも桜の如くに鮮やかに咲き乱れているのである。

二　百年老舗：長寿の道徳統治の〝遺伝子〟

長寿企業研究に取り組んだ後藤俊夫は、大量のケース中、百年老舗の生存の〝長寿遺伝子〟を探し当てている。彼は、長寿の原因を、長期視野の企業経営理念に立脚する、〝身の程経営を実践する〟、持続成長を重視する、自らの優位を構築し強化する、長期に亘り利益相関者と良好関係を重視し保持する、企業自身の安全を確保する、と帰結した。これで後進に強烈な承継の意志を持たせるようにしたと指摘する（後藤 二〇一七、中国訳、一〇～一一頁）。異なる学者が異なる結論を出すが、重要なことは如何にそれを成し遂げるかである。たとえ一、二代の同族経営者がこの原則を堅持したからといって、その長期発展中ずっと堅持できる保証はどこにもない。しかし後藤は一歩進んで、「以上の六つの要素を支える根源は価値観にある」と指摘し、「日本の価値観こそがその根源の所在」とした（後藤 二〇一七、中国訳、一一頁）。実際、長寿企業について重要なのは一時の栄枯盛衰ではなく、企業の持続発展と、各種の危機や災害を回避し抗う能力である。大量の百年老舗のケースから容易に観てとれることは、「長寿企業が百年から二百年存続できている事実と、少なくても四種の危機の回避に成功していることである。それらは、人事危機、業務危機、地震火災等の不可抗力の危機、および倫理危機である」（後藤 二〇一七、中国訳、一二頁）。これら災害、危機と不確性の下で生存してきた企業こそが、さらなる持続発展の実現を可能にした。

これが意味するのは、日本の独特な企業価値とガバナンス体系が、日本を世界の中で最も多くの老舗企業輩出国家にした重要な〝遺伝子〟であることだ。後藤俊夫は、「日本文明或いは日本精神が包含するものは、共同体意識、文化相対主義と進取主義である」と言う（後藤 二〇一七、中国訳、一一頁）。その〝共同体意識〟とは、同族企業の認識と価値観である。それらは、血縁を超えた疑似家族制度や、企業は社会的〝公器〟であり、個人や家族の利益獲得の道具ではないという意識を指し、これらは世界のどの地区文化でもごく稀なものである。日本商業文明の発展の中に、所謂、売り方、買い方と社会の三方がともに利益を得るという、〝三方良し〟文化があるが、これがさらに一種の強烈な社会共生価値観へと導く。〝文化相対主義〟は、日本文化の包容性と外来文化の学習、吸収、自らへの結合、臨機応変な調整の実施を示していると思う。〝進取心〟は、すなわち〝在世修行〟から来る、職業精神と、儒家文化の〝誠敬（真心をもって敬う）〟心であると言えよう。

ここで容易に確認できるのは、日本企業の長寿〝遺伝子〟が、商業上の〝経営の智慧や技巧〟ではなく、本質的には一種の文化や道徳的遺伝子であることだ。そしてそれは、企業経営における認知や理想レベルの知識として止まるものでなく、社会と企業制度と実践の中で、日常経営管理として稼働していた。それは主に二種類の制度によるものだ。一つは、正式な制度構造であり、たとえば業界団体、商業団体の自律と規範であり、二つは、各々の組織内に制定された、家訓や家規が伝承する商業倫理や経営準則である。日本の商人は江戸時代以降、特に武士の指導を受けるか、或いは武士が直接商人と成るかで、武家が制定した家訓を連綿と模倣することがあった。

家訓はもともと武家に広くみられたが、江戸時代中期・元禄の大好況後から一転して享保の大不況になると、家業永続・商売繁盛を願い、武家をまねて理念を家訓や店則に定める商家が増大した。読み書きに長じた武士がコンサルタントのように商家の家訓づくりを手伝ったというから、その内容は武士道の影響を受けている（前川 二〇一五、中国訳、一二六頁）。

この一文は大変興味深いものだ、まさに武家が育んだ武士道精神と道徳理念が商業と混ざりあった瞬間であり、武士道は日本近代の商業文明と商人精神に深く影響を与えたと言える。これら家訓を深く考察していくと、鍵となる指針が経営謀利の智慧ではなく、道徳倫理の先人遺訓と原則であることが容易に分かる。前川洋一郎は先行研究に基いて、江戸時代上方町人と江戸商人の家訓に七つの特徴があることを帰結した。

(1)　血統・分家を越えた同族・仲間支配の徹底
(2)　多角化・商売替えを禁ずる堅実経営の徹底
(3)　始末・才覚・算用の西鶴商法の徹底
(4)　独断専行の戒め、合議制の徹底
(5)　終身雇用・年功序列の家族主義経営の徹底
(6)　先義後利・自利他利の顧客満足の徹底
(7)　投機・一発勝負の戒め、本業専心の徹底

（前川 二〇一五、中国訳、一二六頁）

これら内容は今日においても、重要な社会価値を有している。堅守すべき原則には、社会共同体意識と、商業貪欲や投機行動への厳格な警戒心、社会と利益相関者への高い関心（たとえば先義後利、利己利人、従業員への長期に亘るおもいやり）、本業専心と倹約原則の推進が含まれている。

今日的にはこれらは保守的にみえるが、長寿経営の目標からみれば、間違いなく最重要原則である。ここにおいて、興味深いのは、第四条の〝独断専行を警戒、共同商議原則を堅持〟である。これは、我々の一般的理解における〝家族主義〟、特に中国の〝家長式リーダー〟を超越しているようにに見え、日本近世に、早くもこれら民主的決定管理概念が、百年老舗にとり入れられていたことは驚嘆に値する。日本百年老舗においては、伝統的な経験主義と権威制御ではなく、その道徳と権威統治には同時に、相当程度、現代企業的民主的かつ社員参加の歴史的遺伝子がみられるのだ。

三　百年老舗：伝統と地域が組み込まれた組織

我々は一般的に、企業の長寿と言えば、企業の伝統と文化との関連性を思い起こす。しかし、その企業が所在する地域の文化による影響について考慮することは少ない。もしも日本と他国の長寿企業データと比重を比較するならば、日本は商業文化伝統が最も古い国家というわけではないし、また商業が歴史と現代において最も発達した国家と断定するわけでもない。しかし長寿企業の絶対数量と相対的比例においては、日本は絶対的リーダー位置にある（後藤 二〇一七）。人を困惑させる問題として、何故日本はこれほど多くの長寿企業を産み出してきたのか？　これは企業自身の特徴だけをもって解釈できることではなく、その地域の制度文化と、精神特質の間に密接な関係がある。我々は、今回、本研究調査において、地域文化と長寿企業の間の関連性を調べた。実際、歴史上形成された商人の価値体系は、自らが選択する以上に、多くは地域文化の下における、規範性行為と集合的制約の結果でもあった。たとえ政治権力が直接商家を監督せずとも、商人共同体は各種形式を以って、自らを制御し規範を作り、商業の社会的正当性と社会的地位を構築していた。これら商道や原則に適格に従うことで、彼らは政治的にも社会的にも認められ、事業の営みの中で、長期利益と成果を獲得することができた。社会の価値体系は、商業を産み出す要素が植えられた土壌でもあり、日本長寿企業はこの土壌にあって社会的価値体系を享受してきた。彼らは同時に自らがこの価値体系の貢献者でもあり推進者でもあった。この制度的ロジックこそが、日本長寿企業の文化独自性を解釈できる鍵である。実際、長寿企業は、基本的に特定地域環境と資源賦存の下で成長しており、地区の伝統と文化に深く根をおろしている。地区特定の資源要素環境という意味では、マーシャルの〝地域産業集積[2]〟を形成している。すなわち、一地区において、特定産品やサービスの産業連関が形成され、長期的に安定したサプライヤーと顧客、産業知識と文化が当該地域で拡散。それが代々伝承、発揚され、多くの創業仲間や業界組織が形成され、熟練工や工匠などが不断に伝統を継承し、徒弟制度によって技能や伝統が蓄積継承されていく。その〝地域産業集積〟の形成、熟練労働力市場と産業伝統の間の関係、創業機密と知識伝播、新思想の形成や周囲の産業分布の建立について、マーシャルはさらに一歩見事な論述を展開する。

或る産業がその立地を選択すると、ながくその地に留まるようである。同じ技能を要する業種に従事する人々がたがいにその近隣のものから得る利便には大変大きなものがあるからである。其の業種の秘訣はもはや秘訣ではなくなる。それはいわば一般に広がってしまって、子供でもしらずしらずのあいだにこれを学んでしまう。よい仕事は正しく評価される。機械、生産の工程、事業経営の一般的組織などで発明や改良がおこなわれると、その功績がたちまち口にのぼる。ある人が新しいアイデアをうちだすと、他のものもこれをとりあげ、これにかれら自身の考案を加えて、さらに新しいアイデアを産み出す素地をつくっていく。やがて近隣には補助産業が起こってきて、道具や原材料を供給し、流通を組織し、いろいろな点で原材料の経済をたすける(Marshall 1938, 中国訳、二八四頁)。

これが所謂〝産業の集積効果〟であり、或いは外部経済効果と呼ばれるものである。この動的発展過程中、企業は不断に地域、伝統と文化に深く組み込まれ、産業伝統と発展の体系を形成する。それぞれの企業が特定地域内の隣人と、市場と地区ブランドを形成し、企業間には競争もあれば、相互合作と分業も成立する。企業は地域の発展に参加と貢献することでその影響を拡大し、地域教育や医療、宗教文化と郷村建設などへの寄付行為を通じて、社会に恩を返し名誉を獲得する。この凝集的組織形態は、今、グローバル化や物流、情報、といった、技術発展の影響がいかなる変貌を遂げても（産業集積はしだいに特定地域の地理的限界を超えていく）、産業連関や創業エコロジー系統の意義において、已然として重要である。

日本社会は相対的に安定し、天皇制度は一千年不変に保持され、基本的には外来の侵略戦争によ る破壊などを受けていない。この相対的安定環境のもとで、日本の百年老舗は、産業継承と発展に専念し、地域経済社会と緊密な連関を維持してきた。翻って、中国の歴史上では、多くの不安定要素（政治と戦争等）があり、巨大な人口と大規模な流動性が、企業活動を何度も中断させ破壊させてきた。日本と異なり、中国には百年老舗の長期発展生存の根底が欠乏していたことが容易に理解できる。地域と伝統産業、および文化との相互集積は、歴史上の各種不安定的要素によって容易に干渉され破壊されていった。大量の日本老舗企業の存在事実は、ある意味で、政治と社会環境の安定性が、商業活動と企業長期経営発展に対して重要であることを説明している。この長期に亘る地域資源集積伝統の中に存在した老舗は、長時間に亘り経営価値観と使命を維持することができた。日本企業独特の価値体系や商業精神は、実は地域と伝統のモザイク絵画のようでもあった。

注

（1）　各種異なる規模出所の中国企業平均寿命データをみると、それら間の数字の差は大きい。本書は国家工商総局二〇一三年『全国内資企業生存時間分析報告』中のデータによれば、「直近五年以内に市場退出した企業寿命は六・〇九年であり、寿命が五年以内の企業は六割弱」。同統計は二〇〇八年初頭から二〇一二年末間に工商登記総数中市場撤回した企業データとそ

注

の占有率で、最も権威あるデータである。

（2） マーシャル（朱志泰訳『経済学原理』一九九一年、二八〇、二八一～二八二頁）〝地方性工業〟の定義は、「文明の早期ステージにおいては、その地域で消費される重量のある産品の大部分は自己資源に依拠し……様々な要因が工業の地域分布を発生させるが、主要原因はその自然条件、気候や土壌の性質、付近の鉱山や石坑、水陸交通の利便性等である。

第四章　日本百年企業調査研究

一　ケーススタディと研究問題

二〇一六～二〇一七年、我々は相前後して、日本の二〇社ほどの老舗企業に訪問ヒアリング調査を実施した。それを遡る前に実は我々中山大学中国家族企業研究センターの研究員と学生達は、日本老舗企業に濃厚な関心を抱いていた。そういった中、二〇一五～二〇一六年、日本北九州市立大学特任教授の古田茂美が中山大学中国家族企業研究センターに訪問学者として訪れた(1)。彼女は以前、香港貿易発展局に長年勤務し、中国と日本の企業に相当に詳しく、大きなネットワークを持ち、さらに中国経営思想課程で授業も行っていた。彼女のセンター到着後、数度に亘って討論を重ね、それは我々が長年日本企業経営秘訣研究に対して抱いていた関心を多いに刺激した。近年来多くの学者が訪日し、中には日本で学習した研究者が、中国に日本老舗企業を紹介していた。しかし、その紹介物語や分析文章はおおかたが比較的簡単で分散しており、そこから何かしらの本質を見出すことは難しかった。加えて近年来、中国消費者が日本観光旅行時に家電、台所用品、化粧品、日常薬品等各種商品を多量購入するようになっていた。この商品崇拝は盲目的部分も多かったが、それは決して軽視することができない現象であり、この消費者購買行為は、明らかに日本商品やサービスや、その背後にある産業精神への賞嘆と受容を示していた。中国企業が日本製造を深く理解し学習するという重要性以外にも、学者として言えば、それ自体疑いなく、深い思考と研究の課題として多いに価値有るものだった。

如何に日本のこの百年以上の歴史を有する老舗企業を理解するか？　過去には多くの表面的なインタビューや訪問報告がされており、中国人は安易に物語を聞くのが好きなようだが、これら企業の内部に真に深く入り込んではいない。人はきっと言うだろう。何日もかけて企業訪問に行けばその状況を深く理解できるというのか？　確かに言葉と文化の障害は、我々が日本企業精神と経営管理を理解するのに最大の障害といえるかもしれない。しかし、もし日本企業の深い観察と研究を展開しなければ、日本製造、とりわけ、伝統と革新の中における意義を把握することできない。また、悠久の歴史を持つ老舗企業に接近すると同時に、日本の政治、経済、社会ひいては歴史と文化に至るまで一定の理解が必要であり、でなければこれら百年の歴史を有する老舗企業を理解する術はない。これが我々の訪日前の基本認識であった。

これら一切の障害をなくする為、我々チームはまず日本史および文化、制度、宗教等方面の著述読破を試みた。[2] 我々の今回の調査研究の出発点を次のような考え方に置いた。すなわち、日本企業の理解において、ただ企業が存在した時代、商品やサービス、家族伝承の現在を定点分析するのでなく、その文化と歴史伝統に対して一定程度の観察と認識を希求すること、そしてこの作業により、商学院のケーススタディに、一種新たな視野開拓を加えることを目指した。他国ないし地区の企業ケースを観察分析する際、常に忘れてはならないのは、企業とは、異なる制度文化と精神気質の組織であることだ。よってその経営管理の実践を理解する前に、その文化制度が組み込まれた情況を十分に重視し、その認識を自覚することが重要だ。さもなければ、我々の企業理解は偏見と誤解を免れなくなる。

今回は、ケーススタディの為の調査研究ではあったものの、我々は読者に対して単体として独立したケースだけを紹介するのでなく、これら具体的なケースへの、深度の深いヒアリングや、歴史資料、関連文献の閲覧学習、特定時期の産業、地区発展の歴史理解などを通じて、ケースの情況環境性に対しての認識を充実させることを目的とした。かような姿勢を通してこそこれら企業の、生き生きとした豊富な歴史事実と意義を、真に把握できると思われた。本研究の全体的方向については、まずケースと情況環境および日本制度文化に対して不断に深い理解を希求し、それを経た上で、資料収集と精緻化を進めることとした。我々の研究には当初から多くの好奇心と困惑心が混在していた。たとえば、何故日本はかように多くの長寿企業を産出したのか？　日本老舗企業の長寿遺伝子は何か？　調査が進展するうちに、我々の関心はさらに膨らんでいった。日本の制度文化の中で、一体どの独自性要素が、これほど多数の長寿企業を培養したのか？　これら長寿企業は、どのような誘惑や困難や障害を克服し、生存を持続したのか？　複雑多変の跨る時代を経て、数代から十数代へと事業継承し、企業とは如何に伝統と革新を融合して永続経営を実現するものなのか？今回は間違いなく我々の日本の家族企業理解への旅であった。

二〇一六年一〇月、我々六名のチームは東京、北九州等で一〇社ほどの老舗企業を訪問調査し、その調査研究は主に以下の問題に関わっていた。①家族文化、伝承と統治、②専業化と多角化や国際化、③伝統と革新。企業調査以外に、研究の支援者が十数社の日本橋老舗企業との座談会を設けてくれた。この第一次訪日調査は時間も短く、比較的表面的で総花的調査にとどまったが、主に日本老舗企業の現状、発展経過と構造や問題点などを理解するためであった。これ以降、我々は老舗企業へのアンケート調査票の設計を行い、日本帝国データバンク（ＴＤＢ）[3]と京都老舗の会の支援の下、両輪調査を推進した。京都府からの一三〇程の有効回答数を以って前期の統計分析を実施、これが後日の二〇一七年第二次訪日調査活動の基盤となった。

第一次訪日調査の基礎の上、二〇一七年七月一七日から八月三日までの第二次訪日調査では、第一次時よりさらに目標が具体化し、深く入り込む専門調査方式となった。主要問題として、日本老舗企業の伝統と革新に焦点を当て、これが最終的に本著の主要テーマとなった。この問題を中心にさらに幾つかの方面に深く入り込んだ。それらは、①家族文化、伝承と道徳精神、②家族企業伝統、技芸、技能と文化伝統、③地域資源構造と競争優位、④家族企業の革新、産品、サービスと文化、組織革新、⑤未来への挑戦と発展である。調査対象となった企業の選択は主に二地域に集中した。一つは、京都関連地域、つまり京都、大阪と奈良であり、これには、古田茂美教授と京都府庁、京都老舗の会が多大なる支援を提供してくれた。二つは、北九州市立大学王効平教授が選択した特色のある老舗企業である。標本企業の選択標準は以下のように分類した。第一規準は企業年数分布。企業年数を百年以上とし、その中でも異なる年代の標本、たとえば三〇〇年以上、また二〇〇年未満、一〇〇年以上の企業に分類した。第二規準は業種分布。伝統製造業、サービス業および現代製造業と分類した。その中には伝統的毛筆製造、制墨、清酒や醬油醸造企業が入り、また美濃吉等のサービス業や、島津やシャボン玉石鹸のように現代的気質の老舗企業（島津は科学技術発明を基礎とし、シャボン玉は伝統化工合成石鹸を天然無添加石鹸製造に転化した老舗）が入った。第三規準は企業規模。家族手工業式中小企業（香雪軒など）から大型企業（島津、キッコーマンや月桂冠など）に分類した。

今回の調査は日本老舗企業対象であったけれども、同時に、関係性深い業界団体、伝統的商人学舎、信用調査機構や政府機関等の調査も含めた。たとえば、京都、大阪、東京、奈良、北九州等の老舗企業団体、京都府庁、立命館大学、京都大学、北九州大学、などである。日本帝国データバンクは、我々に多大なる協力と支援を提供し、我々の企業訪問も受け入れてくれた。これ以外に伝統的商人学舎の石門心学明誠舎、大阪大学の懐徳堂研究センターを訪問した。これらは企業調査研究への我々の不足部分を大幅に補充してくれ、日本老舗企業の企業家伝統と文化精神についてトータルな認識と理解を増強してくれた。これら企業訪問以外にも、日本滞在中に接触した各方面のあらゆる人々が、我々の日本企業歴史と文化、産業精神などの理解を強力にサポートしてくれた(4)。

二　地域の歴史文化を理解する

本著は、ケース分析と論述という新たな試みであった。この研究を通じて中国読者が国外企業の理解に対し、まずは当地の制度文化の基本的了解を得ることを期待したい。でなければ、我々は何でも自己の立場から判断し、それでは容易に誤解と偏見を生んでしまう。今回の訪日調査では地域を比較的集中させ、主に日本関西地区の京都、その周辺の大阪、奈良など関連地域を訪れた。

近代、とくに幕府時代以来、商業中心都市は京都でなく、大阪とその後迅速に発展した江戸（今日の東京）にあった。京都は千年を超える歴史的首都であり、建都時代は唐の長安を模倣し、建築と道路は皇居御所を中心に配置した。その後、将軍（幕府）の二条城は不断に拡大し、皇族、将軍、貴族、武士、商人の居住と労働の場所としての都市構造が次々と展開していく。京都は、今に至るまで古い趣を絶やさず、滞在中は思わず一時長安に戻ったが如くの印象すらあった。

日本近代工業文明発展の歴史に対して、一般には明治維新以来の西方からの学習と革新過程に関心を寄せることが多い。確かに膨大で重要な、新たな制度文化がこの時期の対外開放と発展から発生している。しかし、もしも日本の伝統文化と価値観の基礎を遡のぼる必要性や、西方から学んだ日本が何故、完全に西洋と同じでない表現をしたのか知る必要性等があれば、これらに応える為には、さらに早い時期、とりわけ三〇〇年前の幕府時期に遡らねばならない。それは、この時期が日本の一時の和平と自己強化の時間であると同時に、後の日本近代の都市、工商業、および文化伝統形成の基本において、すべてこの時期の軌跡が感じられるからである。多くの歴史学者が日本近代について、農村経済が都市経済に転向した契機は幕府時代にあることを指摘しているがとても道理がある。(5) 以下は我々が引用したマクレーンの研究結論の簡略である。

徳川幕府時期の将軍執政期間は、その勃興時期から衰退時期、つまり一六〇三年皇室が徳川家康を将軍に任命し世俗政権をその家族に委託してから、徳川幕府最後の将軍が退位する一八六八年まであり、この二世紀半の間に日本は古代社会から近代社会への転換過程を経た。マクレーンの報告に拠れば、「二世紀半の時間の中で、農産品産出量は数倍に増大し、何百もの都市は郷村から崛起した。次第に新たな社会階層が形成され、商業が繁栄発達し、日本国民は世界最高水準生活を享受し始めた」(McClain 2002, 中国訳、一〇～一一頁)。一六世紀末から一七世紀初頭の比較的短い間に、日本には多くの城下町と商業都市が形成されているが、「今日の大都市の中で、およそ半分は、一五八〇年～一六一〇年頃にできた城下町から来ている」（McClain 2002, 中国訳、四八～四九頁）。

これら城下町は多くが大名や武士家臣、寺社などを中心に建設され、そこに商人と手工業者が集まって発展していった。そうして京都、大阪と江戸は全国の中でも最大級の大都市となり、京都は皇室貴族の居住地かつ歴史文化の中核都市となる。「一六八五年の人口登記記録には、京都居民の多様性と富裕程度が反映されている。そこには内科と小児科医師以外に、歯科、詩人、作家、京都居民および茶道、華道、能劇師以外に数百の商店が羅列され、それらの主な生業には、精美な絹刺繍、陶器、扇子、毛筆用紙、仏具（祭壇や支架）など製造販売業があり全国から名声を得ていた。その頃までに京都の人口は三〇万人を超えており、その中の多くが日本各地で製造販売される高品質な手工芸品に依存して生活していた」（McClain 2002, 中国訳、四九頁）。これは一枚の生き生きとした日本商業都市発展の風景画であり、マクレーンが名付けた〝都市革命〟でもあった。

幕府所在地の江戸はさらに日本近代商業発展の奇跡であり、そして日本封建社会はこの時期最高峰に達していた。将軍大名が核となり、その家族の旗本と御家人は直参と呼ばれ、江戸にはおよそ二万の、直参家庭に雇用された従者や下僕がおり、さらに一六三〇年代には参勤交代制度が固定化した（大名は定期的に幕府の都江戸城で事業報告し、その一部の家族成員は江戸に留め置かれていた)。こうして江戸は迅速に政治と商業中心となっていく。「一八世紀の二〇年代までに、江戸には同様に多様な手工業者、商人や武士等が居住し総人口は百万人に達していた。江戸はその時世界最大の都市となっていたのである」(McClain 2002, 中国訳、五一頁)。

以上の文章から、その都市空間について下記の認識が容易に導ける。

(1)　日本近世以来の政治構造は直接間接に商業と市場の発展を刺激し、封建政治の皇族、将軍、大名、直参などの制度システムが相互に連携し、さらに寺院やそれを顧客とした商人、工匠らが都市界隈に集積して商業都市を形成していた。数百年に亘る安定と和平は商業発展の為に良好な環境を創造した。日本の商業伝統と文化はこの長期安定を通して発展し、その発展と伝承に対して積極的な作用を及ぼしたと考えられる。

(2)　日本の近代化は幕府時期に遡ることができ、この鎖国時代は西方文化との交流を疎外はしたのだが、それは独特の商業文化と道徳体系の安定的発展をもたらし、西方の影響は微小に留まっていた。よって、日本商業精神は西方から独立した存在を成しており、そこから鮮明かつ独特な商業文明を形成する。今日に至り、日本は已然として中国と西洋文化の融合下で不断に自らを顧み自我を探求している。これは日本独自の儒教、仏教、神道融合文化伝統と緊密な関係があるようだ。これに比べ、中国は近代において強力な商業精神と文明を形成しておらず、西方列強によって市場開放され、商業は容易に西方に同化し、独自の商業精神と文化の内軸を形成することが難しかった。

(3)　日本は強烈な共同体と集合体意識を有し、伝統上、封建領主つまり大名や幕府、直参に忠誠をはかった。血縁社会は疑似化し、早くに血縁男系家族宗主制度を超越しており、これが中国と決定的に大きく異なる点となった。この疑似家族は、領主や藩への忠誠とそこに所在する郷村と都市への〝宗族感〟(これは西方とも違い、その重要な区別は政治参加ではなく、家族と同じように心を尽くし責務を尽くすこと)であり、これは日本商業社会に容易に共同認識を達成し社会に尽くす責任を実行させた。

(4)　社会道徳における、商人の顧客に対するもてなしの姿勢は、日本において最も強烈かつ恒久的であると言える。その源流は、長期に亘り固守してきた士農工商が産んだ職業観のみならず、職業における宗教的修行倫理の不断なる強化にも起源を観ることができる。この道徳を継承したのは商業共同体であり、武士道精神と禅宗文化の影響を深く受け、さらに近世以来の朱子学と陽明心学の商業領域での影響も同時に受けていた。これら文化的自覚遵守は現在も依然として現実的意義があり、西方の金銭至上文化の衝撃と滅亡に追従しなかった事はまさに一つの奇跡と言って良い。

三　日本老舗企業の一般的状況と本書掲載ケース企業の選択

日本の老舗企業数は二九、八一八社（日本帝国データバンク二〇一六年統計）であり、そのほとんどが、従業員三〇名以下の零細企業、中でもたった二人の夫婦によって営まれる老舗すらある（個人事業主が全体の一一・八％）。会社規模から言えば、資本金五〇〇〇万円以下の企業が八八・二％（図4―1）であった。しかし、軽視できないのは、その中に大規模なグローバル企業すらあるということだ。創業以来千年以上の企業があり、数百年或いはやっと満一〇〇年の企業もある。年齢分布は、一〇〇〜二〇〇年企業が九五・六％、二〇〇〜三〇〇年企業二・二％、三〇〇年以上企業が二・二％であった。業種分布から言えば、伝統的飲食産業などのサービスが最も多いが、ほとんどの領域で高度な新技術を取り入れた産業となっている。老舗企業の範囲は広く、異なる規模、業種、技術程度や異なる歴史時期や創業時の企業が包含されており、我々の調査研究はその一部を伺うに過ぎない。我々は、日本帝国データバンクとの共同アンケート調査を通して、老舗企業の実態数字を獲得し、これを活用して、日本老舗企業の一般性状況、とりわけ伝統と革新、国際化戦略方面におけるその認識、価値観、戦略理念、戦略行為と業績等を分析した。その分析結果を第一四章で紹介している。

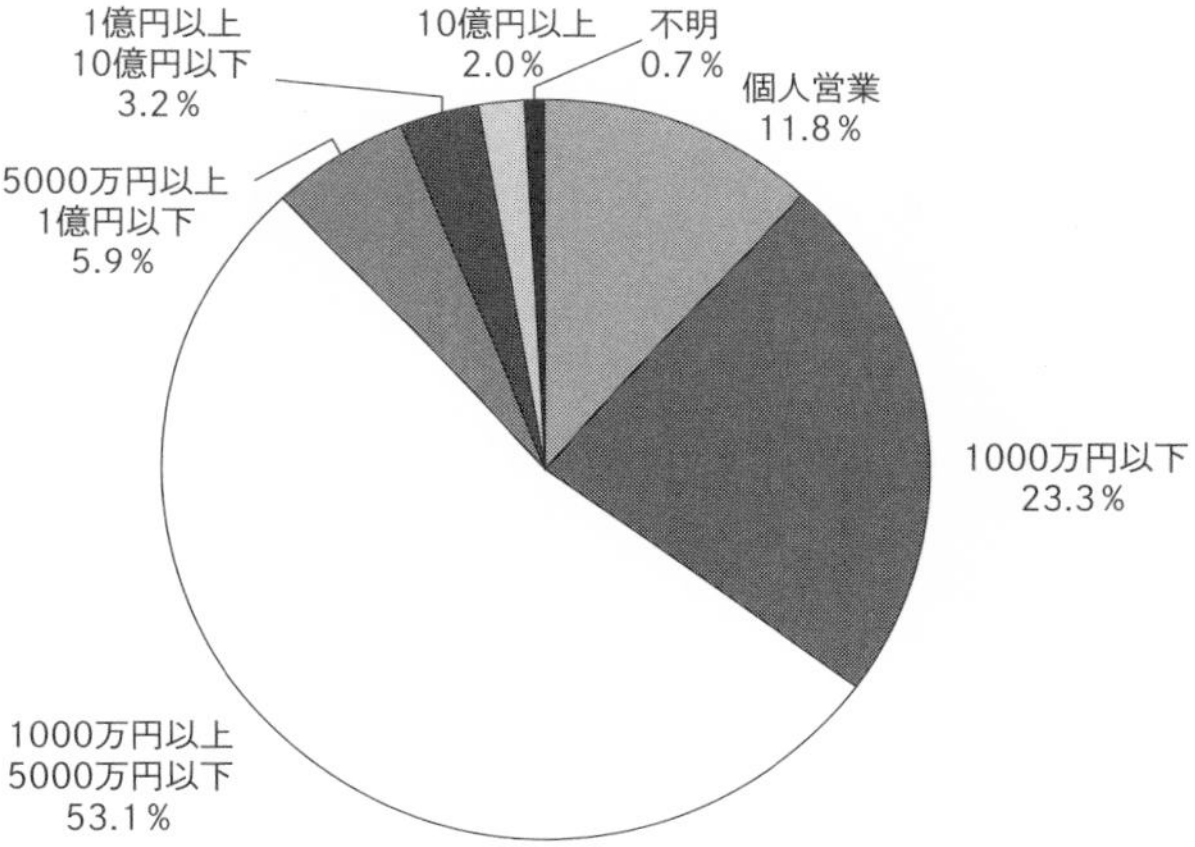

a. 規模

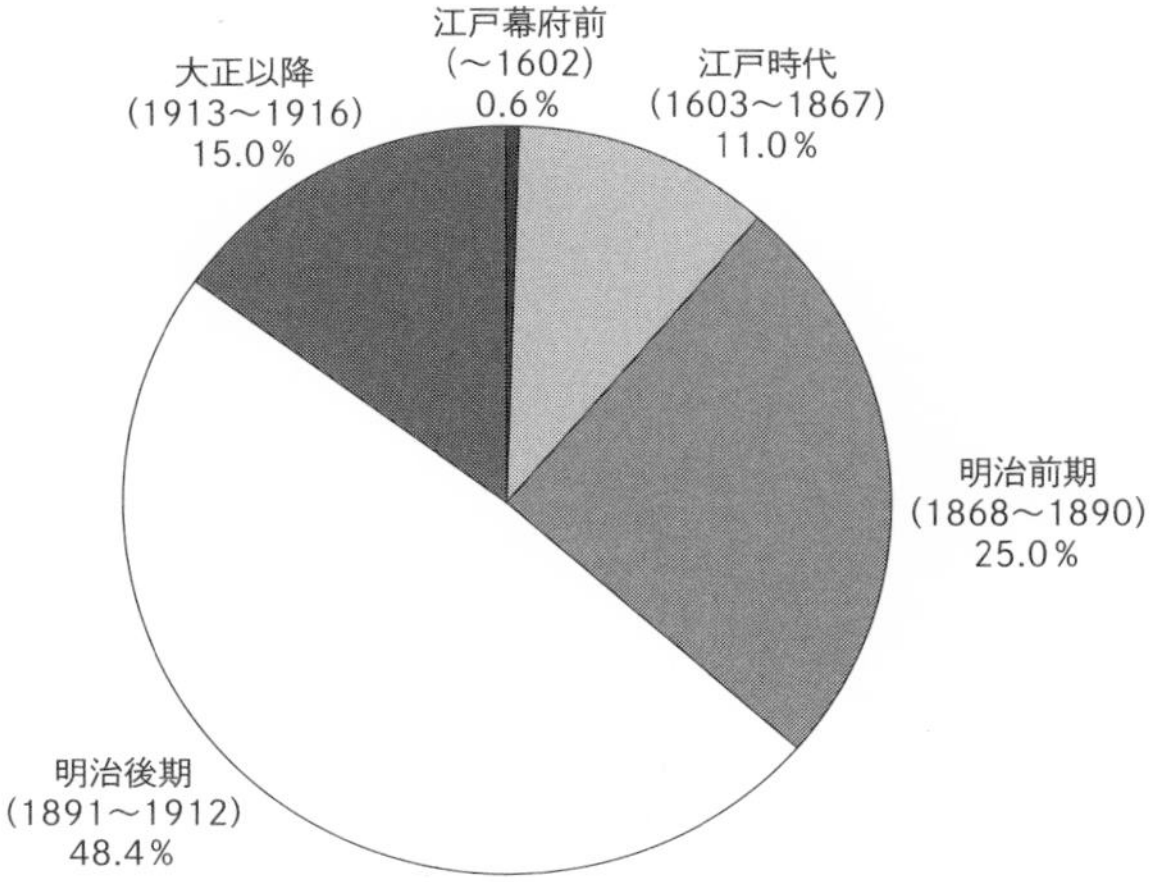

出所：日本帝国データバンク（2017）。

図 4-1　日本の老舗企業（百年以上）の分布：規模・創業時期

我々は老舗企業ケーススタディには一定の代表性を伴う企業選択をし、次のような経過を経て選択に至った。一、規模、業種と創業時間が異なっても一定の代表性を伴う企業の選択、二、日本の地方政府、老舗団体あるいは大学等と協力し、たとえば京都府庁、京都老舗の会、北九州大学、東京の百年経営の会など、彼らが推薦する的確な企業選択、三、調査受け入れが可能な企業選択、である。これら前提を以って、我々は二回の訪日調査でおよそ二〇社強の老舗企業を訪問し、幾らかの企業では複数訪問（二～四回）を実施、事前作業としては企業資料の収集、整理と学習、また、調査後は二四時間以内に、ヒアリング録音のテープ起こし、映像資料の整理を素早く行うことで情報忘却のリスクを予防した。調査終了後は、調査報告や企業史を持ち帰り中国語翻訳作業を行い、手分けして事実性報告（主要は企業史、経営と組織、伝承、統治に文化的事実性の整理）を実施した。

本書では七件の老舗企業ケースを掲載したが、この七社を選んだ主旨は本書の重要論点――長寿企業の伝統と革新にある。これら七社の創業期は異なり、いくらかは三〇〇年以上の歴史、いくらかは一〇〇年を超えたばかりである。企業規模では極めて小さい古梅園から比較的大規模かつグローバル企業の月桂冠等、清酒、制茶、制墨、繊維等の伝統的製造業があり、また典型的サービス企業として、たとえば日本料理があり、かつまた現代技術革新が導いた企業、島津製作所などがある。これら異なる規模、創業時期と業種、及び技術内容を包含する老舗企業を選び、それらの描写と分析を通して、日本老舗企業の伝統と革新の融合とそのこだわりの豊かさ、それぞれ異なる戦略と価値理念、企業が数百年発展する中での組織と文化の進化やその発展を、すべて描き出したいと希望する。これらケース企業の性格や形式が異なるため、我々は一つの統一的、ないしは標準的なフレームワークで企業分析をすることは困難であった。本書はあくまでも作者自らの認識に基づくもので一定の限界性を否めないし、読者に対し普遍的に供与できる結論とはなり得ていない。しかしこれらケースが産み出す豊富な経営学と歴史文化の内実が読者の思考を刺激するならば、作者として望外の喜びである。日本老舗企業は、疑いなく、得難い歴史と現代融合発展ケースの宝庫そのものであり、今日の経営と革新に対して、かけがえのない歴史的経験を提供し、我々のさらなる思考と研究に価値を与えてくれる。

注

(1) 第一次訪日調査は二〇一六年一〇月三〇日~一一月五日で、李新春教授が引率、成員は中山大学中国家族企業研究センターの朱沆教授、劉光友副教授それに博士課程の葉文平。日本調査研究企業の協力と按配は日本北九州市立大学工商管理学院王効平教授(当時院長)と古田茂美教授が担当した。具体的訪問調査企業は安川電機、香蘭社、ツカキグループ、宇佐美松鶴堂、京山城屋、松栄堂、半兵衛麩、懐徳堂、等であった。第二次訪日調査は二〇一七年七月一七日~八月五日。同様に李新春教授が引率し、成員は基本的に同じだが、博士課程の鄒立凱とセンター助手の張琳が加わった。調査訪問地区は主に京都、奈良と大阪に集中した。調査研究企業は月桂冠、美濃吉、福寿園、大同生命、島津製作所、川島織物、シャボン玉石けん、香雪軒、古梅園、石蔵酒造等であった。

（2）我々は主に中国語訳著作を読破した。残念だったのは我々の外部にのみ幾らか日本語を理解する者がいたことだった。しかし幸いだったのは、我々のチームに、長年中国や華人家族企業研究に従事した学者のみならず、北九州市立大学の王効平教授と古田茂美教授が加わったこと、さらに中山大学で長年教えた濱下武志教授が一途に交流とコミュニケーションを継続してくれたことである。さらに、香港中文大学文化研究所の官文娜教授は日本文化人類学の学者であり、日本の家族文化、茶道を深く研究し、彼女の博士論文体系は日本家族的概念と内部構造および進化に及んだが、その研究は日本家族企業の人類文化学の基礎ともなり、我々の長寿企業研究に対し同様に重要な意義を有した。

（3）日本帝国データバンクは一〇〇年前早くも民間信用調査機構を建立し、後先通して、個人信用調査、企業信用調査に対し歴史的貢献を行った。それ自体が百年老舗であり日本老舗企業の成長過程を検証していた。目下、同社は老舗企業の信用調査統計に関して、百年以上の老舗企業三万社を有している（二〇〇七年データ）

（4）たとえば、京都府庁は我々の研究に多大なる支援を与えてくれたが、さらに、毎日一人の担当課長が、我々の滞在ホテルに足を運び、調査活動が順当に進んでいるか、さらに必要な支援が要るかを確認していた。彼は、一日一人の学生助手を引率して到来し、その姿は生真面目な背広とネクタイ、平日、週末を問わず、毎朝七時、時間厳守でホテルロビーにて我々が降りてくるのを待ち、その日の日程、訪問資料を一点一点丁寧に説明する。彼の助手達は、京都中日友好大使制度下の留学生で、中国大陸や台湾人であったが、彼らは我々の調査活動に同行し、様々な場面で手伝いをしてくれた。この時、彼を通して観た、日本人の木目細かくて生真面目な仕事ぶりは我々を驚嘆させ、これがまさしく文化と精神の一部分だと思い知らされた。同時に、京都滞在中、偶然にも京都祇園祭に遭遇し、山鉾が鎮座する場所を観て、毎晩明かりに灯された祭最中の街路地を歩くと、地元商人達がその伝統家宝や珍しい字画や骨董品を、誇らしげに自宅客間からガラス窓越しに通り客に披露する場面を観た。週末我々は稲荷神社を観光訪問し、鳥居の一つ一つに寄贈者や企業名と祝辞が刻印されているのを観た。

（5）たとえば、マクレーン（『日本史（一六〇〇～二〇〇〇）』二〇一四、四〇～一〇六頁）が、日本幕府時期以来の〝都市、商業と生活方式〟について専ら論述しておりその内容は生き生きとし豊富であり、参照してほしい。

第五章　月桂冠：伝統から現代に向けて

一　月桂冠：ケース背景と研究意義

月桂冠は日本清酒業の翹楚（ぎょうそ）であり、一六三七年創業、今日まで一四代を数え、すでに三八〇年を超える歴史を有する。この老舗の最初の困難な創業過程は、そのまま日本伏見地区醸造業の縮図でもあり、創業者大倉家族創業精神の体現でもある。明治以降、月桂冠は、一介の地方酒造商から迅速に成長して、品質、規模とブランドにおいて重要な影響力を有する清酒メーカーとなり、現在は、国際市場に拡張し、世界に清酒を広め続けている。この三〇〇年強の歴史を誇る伝統酒造メーカーが、如何にして近代転換型現代グローバル企業となったのか。この一切の問題に、月桂冠の革新と科学管理が関連している。現代転換して株式会社化しても、家族が依然として事業をコントロールして直接経営に関わり、伝統と革新の結合を起こし続け、月桂冠を現代意義における一つの伝統企業と成している。我々は、この一過程の中から、日本老舗企業の学習と革新精神、伝統堅守、文化伝承の責任と責務の維持を抽出し、そして、家族の一代一代の承継者が清酒醸造と販売事業を固く堅守し、日本清酒を世界に推進する事実を確認し、月桂冠が、すでに日本文化の一人の伝播人となっていることを検証した。

一地域の酒造業は、歴史と文化の蓄積が最も典型的に代表される業種であり、一般的に、百年老舗はまさにこれら伝統と共に存亡してきた。しかし、伝統とは、異なる時期に、環境変化に従って異なる影響を受け、一般の企業と同じである。酒造業は深く厚い伝統を有する産業であり、環境変化に合わせ調整が起こる業種であり、人々の生活習慣、嗜好や時流が変化すれば、新たな商品やサービスがもたらす競争によって業界にも変化が起こる。日本清酒業は現代において如何に発展したのか、同時に、それは伝統と革新の問題でもある。月桂冠はその中の代表的意義を有する老舗企業であり、現代においても不断に革新し規模を拡大し続け、国際化に向かっており、その発展過程は我々に対して巨大な吸引力となった。一つの家族が経営してきた伝統企業が、如何にして現代化し国際化していったのか？　伝統の継承と現代的革新、国際化間は如何に契合フィットしていったのか。その中で、日本的商業精神と文化優位は如何なる作用を発揮していったのか？　これら課題を以って我々はこの老舗企業を訪問した。

［月桂冠の重要発展過程］

一六三七年（寛永一四年）　初代大倉治右衛門は、笠置の小村落（現在の京都府相楽郡笠置町）から伏見に来て酒造業を始め、店名を〝笠置屋〟、酒名を〝玉の泉〟と命名した。
一八六八年（慶応四年）　鳥羽伏見の戦いで、大倉家本宅と酒蔵が戦火を免れる
一九〇二年（明治三五年）　ハワイホノルルに清酒を輸出した最初の記録
一九〇五年（明治三八年）　〝月桂冠〟の酒銘を商標登録する。
一九〇九年（明治四二年）　〝大倉酒造研究所〟創設（現在の月桂冠総合研究所）
一九一一年（明治四四年）　業界に先駆けて防腐剤不使用瓶詰め清酒販売を開始
一九六一年（昭和三六年）　日本初四季醸造酒蔵〝大手蔵〟設立（現在の1号蔵）
一九八七年（昭和六二年）　会社名を〝大倉酒造株式会社〟から〝月桂冠株式会社〟に変更

二〇一二年一月京都同志社大学で重要な討論会が開かれ、その主題は〝日本企業の長寿秘訣を探る——老舗大国日本の事業承継〟であり、京都老舗企業の承継者三名が招聘され、そのうち一人が月桂冠の社長大倉治彦氏であった。彼は月桂冠を簡単に次のように紹介した。

月桂冠の創業は、一六三七（寛永一四年）です。徳川三代将軍家光のころです。伏見で創業して、現在もその場所に本社をおいてお酒を造っています。月桂冠という名前だけは皆さんよくご

存知だと思いますが、日本で一、二を争うような大企業になったのは、割と最近のことです。江戸時代二五〇年間を通じて、ずっと伏見の小さな地酒です。今、危機と転機と言われましたが、江戸時代はずっと継続の危機の中で仕事を続けてきたと思います。一六五七年には、伏見には造り酒屋は約八〇軒あったという記録が残っていますが、その一〇〇年後の一七八六年には三〇軒ぐらいに減っています（『経済学論叢』第六十五巻特別号、一一五頁）。

酒造業は多くの生存危機に直面した、大倉治彦が指摘するように少なくても三種の危機が倒産可能性を引き起こす。これが大まかに言って、長寿が容易ではないことを、側面から説明している。一種は、酒造には常に火がつきもので容易に火災を引き起こすため、厳しい管理制度が設けられていること、二種は、酒が容易に変質腐敗し、よって技術と品質問題が企業生存発展の鍵と考えられたこと、三種は、外部要因であり、稲作の収穫状況や他の経済的要因が酒造に制限を加え廃業を迫ること、である。長い歴史の中で、長寿企業は一つ一つの危機を乗り越えていかねばならなかった。月桂冠は江戸時代から伏見の小酒蔵であり、明治にいたって伏見ないし日本の酒造業の翹楚に成長した。それには同社の革新と国際化戦略が寄与しており、また家族歴代伝承のもと、伝統と文化への専心が不可分にかつ密接に関係していた。本ケースにおいて、正にこの生存と発展の秘密を探っていきたいと思う。

同社は創立三六〇年時に企業史『月桂冠三百六十年』を出版し、多くの大学教授による専門的な資料収集と整理を以って編纂されている。第一四代承継者である大倉治彦が〝前書き〟の中で、本書編纂著者らに感謝の意を述べており、彼らは、同志社大学名誉教授安岡重明氏、教授岩下正弘氏、元教授斉藤尚久氏、教授藤田貞一郎氏、大阪学院大学教授瀬岡誠氏、同志社大学教授石川健次郎氏、京都学院大学教授上川芳実氏、和歌山大学教授上村雅洋氏、阪南大学副教授千本暁子氏などである。これは一企業が名声を挙げた後に出す宣伝書でも称賛本でもない。清酒醸造業における専業と歴史知識の提供と多くの時間を裂いて一部歴史を表現したものであり、清酒造の重要な商業史そのものである。大倉治彦は本書編纂に対して下記の初心を述べている。

当社は平成九年、創業三六〇年を迎えたのを機に新しい基本理念を制定し、二一世紀へ向けての組織の適応と強化を進め、心をあらたに発展をめざしております。最近、私ども酒造業界を取り巻く環境は予想以上の変革の中にあり、きわめて厳しい取り組みを迫られているところです。こうしたなかで、このたび『月桂冠三百六十年史』を発行いたすことになりました。月桂冠のこれまでの歩みとその志すところ、ならびに日本酒の歴史的変遷を概観いただき、ご参考の一助となることができますれば、誠に幸いです。……（『月桂冠三百六十年』前書き）

これ以前には、第一一代承継者である大倉恒吉の『大倉恒吉手記』があるが、それは本人の回想録のようなものだった。家業と経営を承継した数十年間の同社の発展過程を詳細に記載していた。同時に、一九〇九年築の酒蔵を改装し設立した月桂冠大倉記念館は、同社の歴史と酒造業発展の重要な出来事の保存館であり展示館でもある。これは社会に対して公開された、伏見の一つの重要な風景でもある。記念館では、活き活きとした清酒の歴史をそこに観ることができ、完璧なまでに清酒造の製造プロセスと伝統が展示されている。数百年来のあらゆる技術の改善、産品革新、販売方式の変革と匠の伝統などのすべてを、その中に探し当てることができて、我々を感動させた。日本老舗企業はすでに伝統産品やサービスの歴史伝承者、伝統産業と文化の伝播者となり、伝承と伝統発揚の社会的責任を負っているようだ。後日、我々は、多くの老舗企業がこのような創立記念館や展示館を創設し、伝統と文化を記念し、伝承していることを知る。

日本社会と企業は、伝統文化の保存に多くの努力を払い、企業は伝統産業と製造工程の守護者となり、史料整理と記念館建立とその開放の中に彼らの姿勢の一端を垣間見ることができた。史料及び訪問ヒアリング調査に基づいて、月桂冠三八〇多年の創業発展の歴史過程を下記に掲示してみたい。

二　地域文化、資源と清酒醸造

清酒は日本の伝統的醸造酒であり、色合は澄明、芳香は心安らぎ、綿のように柔らかく口当たりは爽やか、その製法史は悠久で、紀元一、二世紀頃まで遡ることができるという。人々は普遍的に、酒造が始まった目的は神への敬いにあり、神道の典礼と節日供用であると認識していた。後日酒は貴族の享用となり、次第に平民階級へと浸透していく。酒造は地域特色が濃厚に現れる業種であり、各々の地域の気候、産出する稲米と水、そして酒造工程上の違いがそれぞれの地域特色と文化を形成していった。日本清酒は地域によって明確な風格の差異を観ることができる。著名な産地として神戸と西宮があり、日本第一の酒郷、〝灘五郷〟と呼ばれる。〝灘五郷〟に続くのが京都伏見である。今日の大方の状況は、伏見と灘五郷で全国酒造産出量の四割を占め、関西地区は全国出荷量の五割を占めるという。著名な清酒企業は神戸の白鶴、宝酒造、菊正宗、西宮の日本盛、大関、そして京都の月桂冠、黄桜などである。

伏見は日本近世以来主要な歴史的都市であり、現在は京都と一体化している。一五九二（文禄元）年、豊臣秀吉はここに居所を建て、伏見は次第に政治の中心と成っていく。城下町、河港口、宿場そして村郷が迅速に発展し始め、商業が盛んになる。一四〇〇年前後に、京の洛中・洛外酒造はかなり発達しており、四〇〇近い酒蔵があったと伝えられる。利便な交通によって良質な米が運ばれ、それを支えたのが〝名酒を産む名水（名水産名酒）〟で——地質が軟水の伏水（鉄、マグネシウム含量が極めて低い）は、芳醇で淡く上品な清酒を醸造し、一九世紀、伏見の清酒は全国に行き渡る。伏見は徳川幕府時期と明治維新時期に迅速に発展し、京都はさらに千年を超える古都である。そこでは商業が発達し、人口は増大、長期の平和と繁栄は酒造業に最高の条件と市場をもたらした。

月桂冠の前身、〝笠置屋〟は一六三七年創立で、当時の日本はすでに江戸時代に入り、都市経済が迅速に崛起し、江戸、大阪、京都を中心に幕府、大名、直参や大量の貴族、武士が凝集して都市商業が発達していた。酒造業の需要は極めて大きかったが、同時に幕府の米に対する管理制度にも直面しなければならなかった。酒造業は日本の伝統産業であったが、米と酒造業への制限、徴税などの面で酒は依然として奢侈品とみなされた。それに因り酒造に対する品質には高いものが求められ、異なる産地から品質の異なる清酒が江戸、京都、大阪に輸送され、市場競争は熾烈を極めた。米の豊作時には酒造は基本的に自由であったが、一旦、凶作ともなればその年は生産制限を受け、ある時には通常の酒造量の四分の一、さらに低い時も（一六分の一ないし三二分の一にまで達することも）あった。幕府は酒造商に対して酒造株による制限を実施し、その酒造や販売規模は酒造株で認められた範囲でのみ可能となった。同時に農村の農家が自由に酒造を営むことを制限、一六四二年以降、幕府は領地内の農村酒造を制限し、都市の中で酒造株による酒造権利（許可）を有する酒造商のみがその制限範囲内で酒造業を営むことができた。
興味深いのは、この時期、酒造業に地域凝集性が現れ始めたことである。産業集積は酒造資源が豊富で酒造伝統と消費人口が集中する地域、すなわち大阪、京都等、そして米産地に近く、酒造用特殊な水や輸送が便利な地域に起こった。その結果、大阪が、江戸に向けた酒輸送の重要な産地であり販売箇所と成ったのである。また、酒造業間競争は単に業者間の競争でなく、時には地域間競争にもなった。たとえば灘区、神戸、大阪の酒造商間の競争はその地域の地方特色ある伝統技能技術間の競争にまで及んだ。当時、所謂〝革新〟とは、一つの企業が秘訣を独占するのではなく、その地域に広範に伝播し皆が使用する公共知識であった。酒造商地区は共同で革新とプロセス改善を進め、相互学習と競争を通して不断に発展したのである。『月桂冠三百六十年史』の中にこの革新と競争の状態が描かれている一段がある――。

次いで江戸中期から灘、西宮が台頭した。六甲山系から湧き出る伏流水「宮水」が発見されるのは、江戸後期の天保一一年（一八四〇）のことであるが、西宮の西方に広がる灘地区の伏流水も質がよかった。また六甲山系の急流を利用した水車が菜種油の製造に利用されていたが、それを米の精白にも使うようになった。それまでの足踏による精米では、一日で一軒六石前後の能力しかなかったが、水車の臼一基で一日四斗、一つの水車に四〇基の臼《うす》を備えると、一日一六石の精米が可能になった。足踏では八分つき程度であった精白度も、水車では一割五分から二割五分づきが可能になった。これにより酒造精米は、質量ともに飛躍的な発展を遂げ、酒そのものの質も大いに向上した（『月桂冠三百六十年史』一二頁）。

灘区が産出する〝宮水〟と激流は水車による精米を可能にし、これは他の地域が実現不能な材料と工程の改善となった。同様に、その後の伏見でも〝軟水〟と河口港の運搬利便性が、〝地域〟競争力を創造し、他の地域が模倣できない独自優位を確立した。さらに、伏見は京都という悠久の幕府所在都市に隣接することで、さらに有利な条件に恵まれていた。当時、経験と伝統のみが基礎的酒造手法であった時代、相互学習や、人を以て鑑と為すというふうに学ぶことは重要な過程であった。製造工程の伝統的機密は基本的に公開されており一介の家族が独占的に保有する要諦ではなかった。酒造商にとって最も重要なことは、如何に心を込めてこの工程を活用するかであった。酒造師は酒造の伝統的要諦を有していたが、決まった一軒の酒造商でのみ働くのでなく、酒造師と酒造商の関係は協力関係にあった。一つの酒造地区が製造する酒の特色はその特定資源（水と米）と加工工程の差異に依るもので、これは一部の家庭や商人間のみで保持される製造要諦ではなかった。皆が心を開いて共に計る精神であり、日本清酒造り商の間に良好な競争生態——つまり、相互協力と伝統技術共有を醸成し、相互軋轢が極めて少ない地域間競争と協力体制を形成していった。百年老舗とその所在地域との関係は重要な討議テーマであり、日本の大量の老舗企業は、悠久な歴史を持つ深厚なる伝統都市、とりわけ商業と政治の中心都市、たとえば京都、大阪、東京（江戸）やさらに歴史の古い奈良、あるいは神戸等に集中している。二〇一二年に同志社大学が開催した〝日本企業の長寿秘訣〟討論会上で、大倉治彦は次のように述べた——。

京都という土地柄と老舗の関係について、最初にお断りしておきますが、われわれ月桂冠は伏見の酒屋ですので、もともと京都の企業ではありません。伏見区が京都になったのは昭和の初めで、それまでは別の町なので、厳密に三〇〇～四〇〇年単位で見るとわれわれは京都の老舗には当たらないと思います。最近はしかし京都の老舗企業の方あるいは京都の大企業のオーナーの方々とお付き合いすることが多くなって気が付いたことは幾つかあります。ほかの町と違って、物事を非常に長い目で見るという習慣が、経営者の方にも庶民の方にもあるのではないかと思います。……短期的な利益を得るよりもむしろ謙虚に、堅実に、やらなければいけないということが身に付いているのではないかと思ったりもします。

二点目は、消費者の目が非常に肥えていて、京都の消費者を満足させることができたら、京都以外の町のどこに行っても大体安心だということもあると思います。例えば陶芸などでいうと、伊万里焼や備前焼、あるいは瀬戸物など、有名な陶芸の産地がありますが、あれは大体いい土が取れる場所が産地になっています。しかし、京都の清水焼だけはいい土が取れる場所ではありません。京都という大消費地、しかも目利きの方たちがたくさんいて、厳しい目で物を選んでくれる消費者がすぐそばにいるから、彼らに鍛えられて、日本中どこでも通用するような素晴らしい陶芸になっているということだと思いますので、そのような消費者の視点ということもあると思います。

それから、京都の経営者の方たちと付き合って、よく思うのは、京都独特の付き合い方をしていて、同業者同士、ライバル同士でも非常に仲がいいのです。お互いに情報交換して、何でも気楽にしゃべり合って……品質や価格を吟味せずに、友達だから使うということをやりだすと、絶対に長続きしない。商売が長続きしないだけならいいけれども、そのことが原因で、友達関係が長続きしないということが、よく身に染みて分かつているのだと思います。そのように、仲がいいけれども独特の付き合い方をしているということが、京都の経営者にとつて非常に有利なのではないかと思います（『経済学論叢』第六十五巻特別号、一三九～一四〇頁）。

月桂冠は京都に隣接した伏見で創業し発展すること三〇〇多年、ゆっくりと京都の文化と精神に染まっていった――一種の貴族気質と文化である。人づくりと仕事において、その眼光は長く遠く、選り好みが厳しく品位ある京都顧客需要の中で産品とサービス精神を叩き上げ、同時に、同業者間では、一種の相互扶助的友好関係を築き、互いの陰謀悪事には染まらない。これは一種の得難い商業文化であり、日本の他の地区においても、観ることの少ない貴重な地域文化である。およそこれら地域の独特商業文化伝統が、京都に最も多くの百年老舗を保存した要因になっており、百年老舗長寿の基因中軽視できない重要な要素であると言えよう。

三　月桂冠：歴史的伝説の形成

保存された『大倉家系図』に依ると、大倉家族はもともと武家出身の家族であり、第四一代大倉は〝無足人〟（領地のない武士で苗字帯刀を許可された）で、すでに武士または役人であった。彼は故郷の笠置村に戻り農業に従事し、同時に商業と酒造業などに従事する。この伏見大倉家初代、治右衛門は、二三歳（一六三七）で故郷笠置村を離れて伏見に向かい、そこで酒造事業を始める。この京都に隣接する伏見を創業の地に選んだその眼光と機会把握は独創的である。『月桂冠三百六十年史』中当時の伏見の説明がされている箇所を観れば一目である――。

伏見についていえば、治右衛門出郷の二年前には、参勤交代の制度が確立され、伏見は交通の要衝としての重要性がいっそう増し、人や物の流れがますます頻繁となった。大坂と淀川で結ばれ……伏見の地は、さまざまな物資が大量に集散する港湾都市として繁栄した。また多くの大名屋敷が設置され、新たに商工業者などの町民が急増したため、消費地としての重要さも増した。洛中は王城の地であり、何かと政治的、経済的制約が多かった。幕府は公卿と大名の接近を危惧し、洛中を参勤交代のルートからはずしたほどである。これに比べ、伏見の町は比較的自由な雰囲気を備えており、他所からの人や物の流入が容易であった。平和な社会の到来で経済が新たな展開を見せようとする時代に、伏見は意欲ある商人にとって恰好の活躍地となった。このような状況下で、治右衛門の伏見への進出が実現したことになる（『月桂冠三百六十年史』三六頁）。

一六三七（寛永一四）年、初代大倉治右衛門は山城笠置庄（現在の京都相楽郡笠置町からできて伏見区本材木町に月桂冠の前身、〝笠置屋〟を創建し，清酒造りを開始、最初に創立した酒品名称は〝玉の泉〟であった。これが月桂冠の創業開始の源であり、現在に至るまで、伏見の酒造地で依然として同社の主宅と歴史を存続している。その業務がそれ以降、拡張して灘、大阪、東京から全国に及んでも、伏見の主宅は一途にその商業歴史の源泉と企業の本社として、一九〇九年築の酒藏を改装し設立した月桂冠大倉記念館とともに、企業の歴史と伝統文化を完璧なまでに保存していている。

同社の発展は基本的に二段階に分けられる。一は、創立から明治前まで、笠置屋が伏見地区の一介の中小酒造り店として存在した時期である。数代継承者の努力を経て、不断に市場を開拓し、灘に酒蔵を建立し、江戸に販売を拡張した。二は、明治以降であり、西洋への開放政策に転じた社会で、科学的醸造、技術研究開発が伝統の酒造業に移植された。醸造過程技術とそのほかの方面で飛躍的な革新と現代醸造の発展を推し進める時代である。とりわけ、一九〇六年笠置屋が株式会社に改組して以降は、さらなる大規模化、多商品化と地域を超えた高速発展が始まり、月桂冠へ改名した。二〇世紀に入ると、醸造品の品質は社会から高い評価を受けるようになり、清酒醸造業の翹楚となった。この二段階発展に対して、それぞれ説明と分析を行う。

四　伝統工房

笠置屋の創業初代は笠置村時代の醸造伝統を継承し、伏見醸造酒は主に旅人や運輸商土木関係者ら対象に販売していた。『月桂冠三百六十年史』の記載に拠れば、当時の事業は小規模経営であり、個人的な奮闘と誠心誠意の努力以外にも、幕府時代の伏見は日増しに繁栄し清酒需要は不断に増加していたという。しかし政府からは時に減醸令が発出され、その製造は常に波がつきまとうものであった。

天明三年（一七八三）の笠置屋の造石高は一四八石八斗で伏見の平均石高二四六石を下回っており、その後も漸減傾向にあったが、文化元年（一八〇四）と弘化三年（一八四六）には、二四〇石台に増加した。明治二年（一八六九）には伏兄酒造業界の低迷にもかかわらず、合計五八〇石の造石高となり、酒造仲間で第三位となった。なお買酒については、享保三年（一七一八）に、洛中の酒造業者より二石四斗を買い入れた記録が最も古い。慶応四年（一八六八）には、灘・西宮の業者から一九七石一斗九升五合を買い入れている。これは、同年の鳥羽伏見の戦いによる造石高の減少を補うためであったろうが、この買酒高は伏見酒造仲間で第二位の多さであり、笠置屋がこの時期かなり積極的な経営を行っていたと推察される（『月桂冠三百六十年史』四二頁）。

企業史料の中で初代から第一〇代までの記録は簡素な内容であり、おそらく史料不足と長い時間が経過したことによろう。そうであっても幾らか重要な事件が記録されている。たとえば各々の経営時間だ。はじめの四代は基本的に長寿であり、それらの努力を通して第四代に至ってはすでに伏見酒造業行事（商会会長に相当）に就任しており、一定の社会影響力を有していた。しかし第五代から第八代の承継者は全て早くに亡くなるか、兄弟に移行、ないしは幼いまま承継している。いずれにしてもこの家族は観るところやはり特別のようだ。一つに子孫が繁栄しており、養子や娘婿承継が無いこと。二つに、長子継承でないこと。つまり長子が病死したり、歳が小さい場合には、前の代の子息が継承するといった具合だ。第五代と第六代承継者はいずれも早くに亡くなり（それぞれ三三歳と三〇歳で逝去）、家業は停滞か衰退の状態にまで陥っている。しかし第七代承継者が振興を開始（一三歳で承継）し、二五歳時には年次行事にまで推挙され、これがその後の家族事業復興の基礎となる。この期間は承継者を早く亡くし、なお幕府の減醸令の影響もあったが、家業は一代一代承継者の努力によって不断の発展を遂げている。また同業者や社会からの尊敬も受けており、社会的責務も少なからず果たしている（たとえば業界行事であるが、表5―1中の〝職務〟一覧を参照）。このように承継者が社会的地位を上昇させているのが容易にみてとれる。表5―1からは、この家族が仏教信徒であることが読み取れ（家主がすべて〝戒名〟を持つ）、企業主は、社会的職務と人々や家族からの承認を受けることを重んじ、それが社会責任の一種の表現であった。

月桂冠創業三〇〇年余り。企業の主はすべて大倉家への直系の血族であり、養子承継といった情況もない。始めの一〇代においては多くが父親逝去後その子息が継いでいるが、ただし長子継続制度を遵守したわけでなく、才能と興味がある者に任せている。享年が短命の場合、〝兄終弟及〟（中国の古代世襲制の一種）となり、第五代、六代、九代、十代が承継は兄弟間であった。その他は父子間承継であり祖父孫間承継もなかった。さらに観られるのは家族が企業経営に多く従事していることであり、承継者以外に多くの一族成員が企業の職位についており、これは株式会社移行後も同

表 5-1　大倉家歴代当主一覧

代	姓名	幼名	戒名	出生時間	去世時間	職務
1 代	治右衛門		浄保	元和1年(1615)	貞享1年(1684)8月15日 70歳	
2 代	治右衛門 初代の7男		聖圓	慶安2年(1649)	正徳6年(1716)2月15日 67歳	
3 代	治右衛門 2代の4男		圓智	貞享1年(1684)	宝歴8年(1758)8月8日 74歳	
4 代	治右衛門 3代の5男	又七	圓説	享保7年(1722)	天明2年(1782)7月11日 61歳	行　事　安永9年(1780) 59歳
5 代	治右衛門 4代の2男	要助	圓貞	延享3年(1746)	安永8年(1779)1月17日 33歳	
6 代	治右衛門 4代の3男	弥右エ門	圓実	宝暦6年(1756)	天明5年(1785)8月6日 30歳	
7 代	治右衛門 5代の長男	仙藏	圓徳	安永2年(1773)	文政4年(1821)9月29日 49歳	年行事　享和1年(1801) 29歳
8 代	治右衛門 7代の2男	恒治郎	融圓	寛政8年(1796)	安政3年(1856)8月22日 61歳	惣中代　文政5年(1822) 27歳 年　寄　天保11年(1840) 44歳
9 代	治右衛門 8代の2男	恒治郎	圓寿	天保3年(1832)	安政5年(1858)7月2日 27歳	年行事　弘化3年(1846) 15歳
10 代	治右衛門 8代の7男	菊松	圓通	天保8年(1837)	明治19年(1886)10月17日 50歳	年　番　慶応4年(1868) 32歳 肝　煎　明治2年(1869) 33歳 取締役　明治4年(1871) 35歳
11 代	恒吉 10代の2男		圓明	明治7年(1874) 1月28日	昭和25年(1950)11月17日 77歳	伏見酒造組合 組合長 明治44年(1911)　38歳 全国連合会 名誉顧問 大正5年(1916)　43歳 全国酒造組合連合会 副会長 大正13年(1924)　51歳 日本酒造組合中央会 相談役 昭和4年(1927)　56歳
12 代	治一 11代の長男		圓治	明治32年(1899) 1月10日	平成4年(1992)4月5日 93歳	伏見酒造組合 組合長 昭和16年(1941)　42歳 日本酒造組合中央会 副会長(理事) 昭和30年(1955)　56歳 京都府酒造組合連合会 会長 昭和31年(1956)　57歳 日本酒造組合中央会 顧問 昭和44年(1969)　70歳
13 代	敬一 12代の長男			昭和2年(1927) 3月25日		京都府酒造組合連合会 会長 昭和59年(1984)　57歳 日本酒造組合中央会 会長 平成4年(1992)　65歳

注：“行事”“年行事”“惣中代”“年寄”“年番”“肝煎”“取締役”などはすべて組合の役職名。“惣中代”は組合事務処理、“年寄”は組合の最高責任者であり事務統括をした。

出所：『月桂冠三百六十年史』42 頁。

じ情況であった。たとえば第一三代承継者の大倉敬一には四人の男子がおり、三人は現在月桂冠に務め、そのうち社長（長男）、常務（四男）、および特別顧問（三男、大倉産業社長）がいる。これら家族企業主は教育に恵まれ、第一二代から一四代企業主はすべて経済学専攻で卒業し、企業入社前は外部で職業経験を積みその多くは銀行である。現在の社長――第一四代企業主大倉治彦は一橋大学経済学部卒、現在三人の男子を養育している。

史料記載に拠れば、「江戸後期、笠置屋は御所御用株（醸造許可ライセンス）を継承し、皇宮御用達商人となった。一六九八（元禄一一）年以来、近衛公の領地伊丹以外の酒は洛中への出入りを許されていなかったが、笠置屋の酒は出入りが許されたと伝えられ（原典不詳）、新たな市場としての皇宮御所と太上天皇御所は笠置屋にとって重大な意味をもった」。江戸後期に至り、笠置屋の酒造りは品質と影響力においてトップクラスに位置し、でなければ御用商人の列に加わることはできなかったであろう。これは業界最高の栄誉であった。数代の努力を通じ笠置屋の〝玉の泉〟酒は伏見清酒の代表的産品となった。

この一過程中、注目に値するのは大倉家の帳簿である。古くは一七一八年の、大倉家の帳簿記録を今に至るまで保存しており、これが酒造商中最も古い帳簿の一つであると言われる（今一つが鴻池家の帳簿でほぼ時代を同じくしている）。帳簿は経営と販売、協力等の情況を記録する。後日大倉恒吉は複式簿記を学び、比較的早い時期にこの会計制度を取り入れた商人である。日本商人の会計重視は現代管理学導入を象徴している。残念なのは、第一〇代以前においては、大倉家の帳簿以外、先代に関する具体的創業の物語や後代の〝家訓〟が残っていないことである。おおむね各代々の継承者はその一代前の継承者から薫陶を受けて成長してきており、〝家訓〟で規範を明文化して伝承していない。後日、第一四代大倉治彦は〝家訓〟について次のように述べている——。

事業承継について、いろいろな方から質問を受けまして、私はその質問に対しては答えにくいです。なかなかうまく説明することができなくて、私がいつも使う言葉は、暗黙知だということです。親から子へ伝えるのは暗黙知であると。では、暗黙知とは何かというと、それは暗黙知だから説明できないのです。説明できないから暗黙知なのです。……私のおやじから私へ引き継ぐときはもっとひどくて、一言も引き継ぎはありません。ただ、社長になって、うちの親から、何かしろ、これをしろとは一度も言われたことはありません（『経済学論叢』第六十五巻特別号、一二七頁）。

伝統工房時期における最も重要な特徴は工匠の伝統である。清酒醸造業は外部の専業化サービスである醸造師（杜氏）を登用し、長期自前で醸造師を雇用するのではない。所謂〝杜氏〟は企業の番頭が如く、酒造蔵中酒造技術を掌管し、一切の労務の最高責任者でもあり、異なる地域から集まった、酒造伝統製造を掌握する社会的組織である。企業とこの組織は契約を交わし、杜氏は醸造時期に到来して、醸造とその関連事務を請負い、時には杜氏家族が代々で特定の酒造メーカーに労務を供することもある。この日本独特な工匠醸造伝統の意義はさらなる討論が必要であるが、その目的は、ひとつには、醸造伝統技術（製造プロセス）の専業化と地域伝統の延長の為であり、二つには、一家一戸の酒造商がその製造工程や技能を断絶しない為の予防であり、よって醸造伝統技術は一種の社会的技巧となって拡散や伝承に大いに寄与したのである。

従来、社氏は播州・灘の出身者が中心であったが、天保期以降に丹波出身者へ切り替えた。丹波杜氏は、「ぎり酛」という技術を導入し、酛立期間の短縮に貢献した（『月桂冠三百六十年史』三一頁）。

酒造師は〝杜氏〟[1]と呼ばれている。杜氏の起源は古く、日本では農家の農閑期には酒造蔵に短期間労働を求めて働く農民がおり、酒造の伝統を維持していた。各地域では異なる杜氏が異なる工程技術を持っていた。しかし二〇世紀の六〇～七〇年代の高度成長期に入ると、匠人は各地に配置していた酒蔵に就職するようになり、杜氏の承継者数は激減していった。企業関連資料に拠れば、月桂冠はその発展期間、不断に新技術を研究開発し、全国の優秀な〝杜氏〟を広く採用し――

たとえば南部流、但馬流、越前流等と切磋琢磨し、彼らは多くの品評会で栄誉を獲得していった。一九六〇年から、月桂冠は四季醸造工程を完成させ、一方で、社員やその部署で醸造工匠の訓練を進め、一方では外部〝杜氏〟を雇用して、この二者を互いに競わせた。その結果、月桂冠は多くの高い技能を持つ〝杜氏〟社員を醸成し、その結果、新種類の酒——糖質ゼロ清酒や低アルコールの新たな日本酒を産み出したのである。

五　〝中興の祖〟：百年老舗の非凡なる発展

第一〇代治右衛門が受け継いだ家業は、まさに江戸幕府末期と明治維新初期の激動社会の中にあったが、彼は堅強な意思を以って家業を守った。記載に拠れば、彼は積極的にこの時代の発展を把握し、大量の政府官報を購読し、明治維新の新知識を吸収して、伏見醸造業は東京や他の新市場進出の先頭に立っていた（彼は〝年番〟と呼ばれる年度替わり会長に相当する公職に就いている。『月桂冠三百六十年史』四一頁）。しかし彼が承継者として厚い希望を持っていた長男（一九歳）を早くに失った衝撃は大きく、五〇歳にて彼自身も逝去した。不幸が突然この家族を襲い、もとからあった継承計画は改変され、すでに分家されていた次男恒吉が改めて家族事業に戻ることとなる。母親の積極的支援のもと、わずか一三歳の次男恒吉が第一一代当主となり、家族事業の承継者となったのである。

興味深いことは、当初、父親があまり期待をかけていなかった次男（父親からは嘗て〝重任はとても委ねられないと言われた）恒吉が後日家業振興を実現し、人々の想像を遥かに超える事態を創造することだ。理由は多くが彼に期待されなかったこと以上に、長兄が早く亡くなり継承情況が非常に困難であったことが、恒吉をこつこつと真面目に働くことを余儀なくし、家族事業を自分のせいで失敗させてはならぬと決意させたことにあった。記録に拠れば、一三歳で事業継承してからは何事も自ら行い、米の購入、醸造、使用人と住を共にし、同じ釜の飯を食べる生活をした。この彼自身の体験と、高い危機意識から、彼は一途に技術革新と企業成長を目指した。月桂冠の重要な発展期間は明治維新後であり、とりわけ一九二七（昭和二）年五月一五日、個人経営の〝笠置屋〟が〝大倉恒吉商店〟に改組したときからである。一九四四年、それは〝大倉酒造株式会社〟と改名され、これが伝統的酒造工房から現代企業への変貌の象徴となる。この間、商品革新は目覚ましく、一九〇五（明治三八）年日本では清酒品評会が実施され、優秀酒蔵は最高栄誉の象徴である桂冠を得ることができた。この清酒の最高栄誉を獲得するべく〝月桂冠〟商標を登録し、一九八七年、正式に〝月桂冠株式会社〟と改名する。これより、月桂冠は迅速発展の途に突入する。笠置屋が伏見のみで影響力ある酒蔵だったとしたら、一一代目の家業継承以降、月桂冠は全国的に発展し、その後の世界に羽ばたく基礎を造ったと言える。彼が大倉家当主であり社長であった時期に、月桂冠の生産量は約一〇〇倍に増大し、年間醸造販売量は五万石に達していた。この発展成果に基づき、第一一代企業主――大倉恒吉（一八七四―一九五〇）は月桂冠から〝中興の祖〟と称されている。

恒吉が〝中興の祖〟となり得たのは、天の時、地の利、人の和など多方面の要素が働いた。それらは、明治時期の日本経済の迅速な発展や、清酒需要開拓に対する大衆化した給与所得層の到来、東京等の都市発展などが、清酒の消費増加を大きく推進したこと等である。月桂冠はこの得難い発展の機会を掴んだのであり、灘においても醸造規模を拡大していった。その他、恒吉は醸造事業に身を投じる中、〝杜氏〟と共に清酒醸造技術を進化させ清酒の滅菌防腐等方面において特別な貢献をした。言及に値するのは、彼が醸造技術高度化と品質の科学技術を極めて重視したことであり、それは大倉酒造研究所の新設に現れ、不断に醸造技術を開発していった。彼は企業家であり、革新者であり、また醸造技術発展の積極的推進者でもあった。さらに、企業史の記録の中に、恒吉の〝非凡な処〟の記載があり、これについては一節を割いて触れてみたい。その帰結は概ね次の二点である。一は、自ら行うという姿勢である。米購入、醸造と販売等のプロセスを彼はすべて自ら行った。企業主自らのかような行動は稀であり、単に家業を担う責任感のみならず、家業とその未来への意識を体現していた。二は、恒吉の労働に対する勤勉性である。それは十分に得難いものであった。「恒吉は毎日未明に起き、進んで醸造技術を学んだ。恒吉のこのような行為は明らかに大きな決心のもとにあり、ここに彼の非凡性を観ることができる。……先進技術の導入の為専門技師を採用し、西洋式簿記を取り入れ、恒吉が経営に大変な意気込みを投入していたことを表している」（『月桂冠三百六十年史』三七一頁）。最も重要な〝非凡な処〟は、恒吉の大胆な革新と新しいものの受け入れであり、その眼光と度胸と知識、および革新精神が月桂冠を燦爛たる方向へ導いていった。

しかし、このような恒吉の生活信条から、どうしても考えにくい一面がある。それは大胆さである。恒吉は経営発展の歴史のいくつかの局面で、実に思い切った手を打っている。すなわち、東京市場への進出と資金調達（銀行借入金と退蔵金銀貨の売却）、技師の採用、帳簿の合理化、灘への進出、壜詰化、防腐剤なし清酒の発売、明治屋との提携などであり、さらに昭和期に入っては、冷房装置を施した鉄筋コンクリート造りの酒蔵の新設や、自動化された慢詰プラントの導入とドーム（無柱）構造の工場建設などであった。

大胆な方策の採用は、一時的な思いつきではない。醸造法の改善、経理の改善、市場開拓など、いずれも当時の伏見酒造業ないし月桂冠が改善をせまられていた問題であった。恒吉は問題を先送りすることなく、それらの問題に正面から取り組み、それぞれ相当の成果をあげた。非常に革新的に見えるが、彼としては、改善すべき課題にまともに取り組み、結論を得たうえは、ひたすら実施に移したのであって、単なる新しいもの好きではなかったといえる（『月桂冠三百六十年史』三七八頁）。

家族企業の発展は平均速度で進行するものではなく、迅速な発展は多くが世代の交代間で起こっている。月桂冠は第一一代家族リーダーが高速な発展を起こし、それまでの規模を一〇〇倍近くまで拡大し、一二代は清酒のトップブランドに押し上げ、第一三代は国際化を実現し、中国、韓国、米国、欧州へ進出し、現在は吸収合併や多角化で発展し、一四代が経営にあたっている。第一一代は早くに苦難を経験し――父親と兄弟の早逝、母親の支援下一三歳で家業承継……その上で突出した成績を挙げた、主なものは、一、明治維新時期、家族企業持続発展の重要なベクトルを探し当てたこと――それは革新であり、研究所設立によって技術と発展推進管理を行った。二、技術のみでなく、市場開拓を重視し、後の承継者全員を経済学専攻で卒業させ、後日の市場開拓、新製品開発、吸収合併、国際化への基礎を打ち立てたこと――である。

六　伝統と革新

革新はこの伝統酒造企業の持続的新生と発展の鍵である。とりわけ第一一代後の世代における、各種研究所設立や販売、環境保護方面における革新が、この企業を時代の最先端を走らせている。

革新はさらに事業規模を不断に拡大させるとともに国際化拡大路線に向かわせ、その中で代々革新精神が伝承されており、いずれも極めて貴重なものだ。以下、第一一代の恒吉から以降世代も含めて革新の流れをみていこう。

第一一代当主恒吉の積極的革新

一、技術革新。彼は現場で労働し、清酒の腐敗を経験し、科学技術的にこの問題を解決しようと志を立てる。一九〇七年、大蔵省醸造試験所の技官と企業交流を行い、恒吉はその啓発を受けて大倉酒造研究所を設立する。日本の自前で研究所を有する酒造メーカー第一号となった。後日、恒吉の会社は酒の瓶詰め充填を発明し、全国の鉄道駅で〝大倉式猪口付瓶〟として販売する。商品に防腐剤は使われず、微生物とその他殺菌技術によって鮮度を保った。当時の大正時代はまさに給与所得階級の消費崛起時代であり、健康飲料への意識は高まり、戸外へ持ち出す便利包装が重宝され、月桂冠の清酒は広く受け入れられていった。

二、運輸の革新。一九〇五年、大倉恒吉は新規の〝月桂冠〟商標登録をして、その後連続して〝鳳麟〟と〝大賞〟のブランド商標を登録した。これらブランドが消費者から好評を受けたことで、彼は科学研究機関を呼び入れて商品の品質について検査と認定を進め、積極的に各種酒類品評会に参加して、〝品質第一〟の経営理念を広めた。月桂冠の清酒は米国サンフランシスコ万博で賞を獲得しており、その後日本全国新酒鑑評会でも独占的に上位を占めている。

三、市場ルート拡大。国内流通チャネル拡大以外にも、清酒を普通の家族へ到達させるべく、恒吉は早くから海外事業に着手した。一九〇二年、月桂冠の清酒輸出は米国ハワイ州ホノルル向けから始まり、その後陸路シンガポール、中国台湾、青島、瀋陽、撫順、北京等国家や地域へ拡張し、中には現地生産化もあった。第二次大戦後、月桂冠は最も早く輸出事業を再開した会社でもある。

第一二代当主の積極革新

第二次大戦後経済高度成長に従って、清酒の需要は迅速に増大していった。月桂冠第一二代当主の在任中、一九六一年に日本で最初に四季醸造体制の酒蔵を建立、通年の職員雇用制度をとり入れ、安定製造と高品質清酒の基礎を打ち立てた。

第一三代当主の革新と地域への貢献

第一三代当主――大倉敬一（一九二七～二〇一六）は同志社大学（京都南部の、関西四大私大の一つ）、で学び、卒業後銀行で四年の修行をし、その後同族企業月桂冠に入社する。彼は一九七八年に社長を継承し、一九九七年には会長に就任、二〇〇八年に引退した。彼は広い視野を持ち、不断の新商品開発を統率していた。

彼は市場開拓を重視した。一九七五年頃、彼は品評会で何度も展示した吟醸酒を強力に推進し、普通民衆市場への拡販を開始した。たとえば紙箱包装となった高級酒〝鳳麟〟などで、市場の多様な需要を満足させた。また、技術革新を強調し、――一九八〇年代、月桂冠は日本清酒業で醸造用糖類の使用を完全停止し、業界で初めて生酒の常温保存の販売を開始した。

第一四代当主の積極的革新

月桂冠の第一四代企業主大倉治彦の時期となると、月桂冠はさらに国際市場拡大を目指す。二〇一七年四月一日、月桂冠は四〇七名の社員を有し、二〇一六年度販売額は二七四億円に達した。月桂冠の国内市場は主に組織小売業への拡販に注力し、海外市場は比較的大きく、米国には現地生産設備を有し、製品輸出は米国、欧州、南米、アジアに及ぶ（東南アジア、韓国等を含む）。中国では上海に販売会社を設けている。現在の月桂冠は技術、ブランド知名度はトップクラスであり、販売量において、日本清酒トップ三位内で安定している。

七　月桂冠の家訓と文化伝統

大倉家には明文化された家訓や家法はない。父親は子に対して多くを委嘱しないが、自分は会長となり、子には社長を譲って一緒に数十年仕事をし、知らず知らずのうちに暗黙知を継承していく。社員はこれを〝二人三脚〟と呼んでいる。[2] 家族の核心的価値は、第一四代当主のお別れの会での発言にまとめられている。二〇一六年第一三代当主が逝去しお別れの会が開かれ、その席で第一四代は言った。「父に関して言えば、経営上何を学んだとも言えない。しかし経営以外で学んだことは非常に多く下記の四点が含まれる。一は、絶対に嘘をつかぬこと、二は、人から頼まれたことは全力で全うすること、三は、個人利益だけを考えないこと、四は、自社利益だけを考えないこと」、彼はこの四点を学んだといい、今後の経営に活かしていきたいと述べた。

大倉家族は一直に祖先から伝承してきた伝統を堅守している。その一は、〝質素倹約〟、二は、〝慎重〟、である。家族一代一代伝承する中、素朴、倹約、第一〇代当主は木綿の着物しか着なかったという。何故素朴、質素倹約なのか？　一には、酒造は火を使う為火災のリスクが大きく常に慎重が必要なこと、二には、当時微生物技術がなかった時、酒は容易に腐敗したこと、三には稲の不作時には原材料による制限が出ることであった。これらリスクの為経営者は常に倹約を強いられた。〝倹約の智慧で苦難を乗り越えられる〟。現在確かに業績は上向いているが、経営者は決してこれら伝統を忘れてはいない。家族財産に対しては〝慎〟の姿勢である。自ら慎重に、かつこれら精神を後進に伝えていく。大倉家では極端な投資（投機）行為を制限していることも特筆に値する。

『月桂冠三百六十年史』中、家訓問題が討論されている――。

大倉家が、三〇〇年も連綿として続いてきた理由を箇条書きにした、と思われる（第一一代当主大倉恒吉の）メモも残されている。祖先以来、質素倹約を守り、営業には勤勉であって、報恩を忘れず、祖先の供養を怠らず行ったことをあげている。

一祖先来質素倹約ヲ守り一方営業上は勤勉
一報恩
一祖先の祭ヲ厳しく、墓参
一僧之供養

さらに生活態度の総括は以下の五点。

・父ノ平素の生活極テ質素倹約、奢侈を戒メ
・衣服ハ木綿・粗食
・子女ニハ極テ厳格、自分等ハ弟ノ為雇人ト同様
・食事モ庭ニテ粗末ナ木製の「クラカケ」ニテ
・日々便所之掃除、風呂焚、最下之生活

（『月桂冠三百六十年史』三七五〜三七六頁）

月桂冠の文化を一歩進めて理解するため、家族の宗教信仰から従業員政策や地域奉献等に亘って簡単に紹介しておく。

宗教信仰と家族祭祀

大倉家族は第一代から仏教浄土宗信徒であった。同時に酒造神を崇拝し、なお神道なる神様も信奉した。大倉家は初代治右衛門から始まって、家族は京都の浄土宗松林院を菩提寺とする。当主が亡くなると松林院の住持職が相応しい戒名を賜え、位牌は寺廟内に供奉され香火を享用した。『大倉恒吉手記』記載に拠れば、松林院と大倉家は嘗て経済的往来があり、松林院が大倉家から借金をしたことがあると記されている。

家族による祭祀活動は豊富であり、神道祭事では先人や優秀な従業員を偲び、次のように供養する。①毎年春分と秋分（三月、一〇月）には会社の南側にある松林院で家族成員と亡くなった社員の供養を行いそれは第五〇回忌まで続けられる、②醸造祈祷行事には酒神を祭る松尾大社と梅宮大社に参拝（一一月）、③醸造季節が終わると返礼、④歴代承継人の命日供養、⑤火の神様の愛宕山参拝等、様々な祭祀活動を行う、⑥現在の当主は、毎日仏壇参拝後に出勤し、歴代主人はすべて非常に敬虔であった。

大倉治彦は曾て〝日本企業の長寿秘訣は何か〟の検討会上で語っている。「私は父親から会社社長を継承した後、会社の多くの伝統儀式活動を取りやめた。特に多くの伝統宗教活動だ。酒の安全のため、良い酒を造り商売繁盛のため神明参拝をしている。私はこれら活動の三分の二を取り止めていこうとした。そして父から激しいかみなりを受けたのである。私はじっと少しも動けず、全く父と言葉をかわせなかった」。

和醸良酒

月桂冠が提唱する〝和醸良酒〟。労働に従事する人が言う、人に善を施す、集団で協力する、極力〝和〟の気風を形成する。〝和醸良酒〟には二つの意味があり、〝和〟は良い酒を造り、良い酒は〝和〟を造るという。〝和〟が指すものは、米を作る農民、酒造蔵、販売店等であり、これらの間の〝和〟をもって共栄する精神が酒造の伝統なのである。

家業成立以来、大倉家の経営者は一直に従業員を重視してきた。伝統に基づき、現任社長は〝人間本位主義〟の発展理念を提起する。〝従業員の知識、能力を高めることに努め、十分にその個性を活かし従業員の人生を充実させることが重要である。月桂冠社員の離職率は低く、従業員から言うと、一に、日本酒企業の技術は大同小異であり、離職後の職業発展においてはそれほど利益がない、二に、酒企業の社員は一般情況において企業ブランドへの承認度が高く、そこから出ようとする者は少ない。

企業から言えば、月桂冠は企業一体感と社員の職業訓練を重視する会社である。過去には社長が社員と交流する機会も多く、たとえば、新年度には賞与を自ら社員に手渡しする風習があったと聞く。社員の間は友好で、先輩は忍耐強く後輩を指導する。同時に、月桂冠は社員の専業知識と遠大な視野を重視しており、醸酒部門会では専門家を招聘し、製造現場で勉強会等を行う。若い社員の集まりでは他の部門業務を体験させ、他社の酒蔵見学等も行い、優秀な社員は大学院に派遣して学ばせることもある。

地域奉献

今日に至るまで、月桂冠は京都市街や伏見地区神社、祇園祭など地元の重要な歴史活動に清酒を奉納し、能劇や茶道、華道そして花街を支援し、また稲荷社や酒造神の賛助者でもある。月桂冠の一代前の社長大倉敬一は京都府酒造組合連合会会長と日本酒造組合中央会会長を務めた。これは先代の努力にもよるのだが、恒吉以来この二つの組織任職の社会的名声が蓄積した結果でもあった。これ以外に、月桂冠は欧州百年老舗組織であるエノキアン協会の会員にもなっており、世界の老舗企業経営者とのネットワーク交流を通じて新たな知識と力量を得ており、同時に国際的にも積極的に日本清酒文化と伝統を推進している。

地域貢献の強調は、月桂冠が一貫して堅持する社会原則であり、これが〝中興の祖〟恒吉が当時確立した〝恩に報いる〟思想に由来しているかもしれない。

現在も企業経営の中で〝共通価値の創造〟（Creating Shared Value）を体現し、経済価値を達成するとともに、その社会価値を実現している。月桂冠は地域の事業に不断に貢献し続け（就業や税収、伝統や醸造文化の伝承等）、京都伏見の歴史シンボルとなり、〝月桂冠大倉記念館〟は、地元観光協会が運営する〝十石観光船〟と共に伏見の観光名所的アイコンとなった。

八　月桂冠の国際化

『月桂冠三百六十年史』の最後の部分では、未来発展の思考について述べられている——。

日本における他酒類の浸透ぶりを見るにつけ日本酒も世界を視野に入れた市場開拓を真剣に考えねばならない。日本の長い歴史と高い技術力に基づく日本酒は、日本文化や日本食の普及にともない今後ますます世界に広がっていくと思われる。月桂冠としても、常に世界各地の市場の状況を把握し、販売努力を続けていけば、世界に飛躍する日本酒メーカーとなることも可能であろう（『月桂冠三百六十年史』三九七頁）。

日本清酒が如何に世界的酒に成り得るか、それは文化伝統のグローバル化であり、日本老舗の国際化であり特別に意義深い。戦後の日本経済の崛起に沿い、日本は自動車、家電、半導体といった現代的製品で世界を席巻したが、伝統文化的産品に至っては多くの要素影響によりその展開は遅延した。しかしたとえそうであっても、日本百年老舗は余力惜しまず伝統産品とサービスを推進し革新していく。数百年の伝統産品と文化を以って世界に向かい、それらは清酒、日本料理、醤油、漢方薬、日本茶や茶道が含まれる。グローバル化の中で百年老舗は新たな機会を見出し、革命的影響をもたらすであろう。

月桂冠は戦後、不断に国際化市場開拓を行っている。主に輸出を通じて実現していたが日本料理が世界で興起し始めたことにより、清酒はそれに沿って参入していった――。

戦後最初の輸出は昭和二四年（一九四九）九月、国分商店扱いでハワイに送られたが、同年一一月の第二回以降は山中商事株式会社（のちの京商事株式会社）経由でハワイのM・大谷商会へ輸出、同二六年、沖縄向けの輸出を始めるなどようやく海外輸出への取り組みが活発となった。

同三六年、四季醸造の大手蔵が完成した年には、販売石数も一〇万石を突破した。この頃世界各地の在外公館でパーティー用に月桂冠が使われ、その知名度は海外でも次第に高まっていった。日本酒を広く海外市場に浸透させるには、現地の事情に精通した流通業者との協力が必要となり、まず、アメリカについては、京商事株式会社の協力で、シカゴのサンダーコール、サンフランシスコのグロスマンとそれぞれ取り引きを始め、他にロサンゼルスの遠文商会やグアムのトプシー・リカーショップにも輸出した。ヨーロッパでは、西ドイツで東洋の食品類を扱っていたフランツ・ホネコップ社、東南アジアでは、香港のウォンキー商会などに、国内貿易商社を通じて輸出、さらにシンガポール、スペイン、イギリス、アルゼンチン、ベルギー、フィリピン、コロンビアと輸出先を全世界へ拡大していった。

同四六年、遠文商会の商圏を除いたアメリカ本土全域の総代理店として、ニューヨークのシドニー・フランク社との取り引きを開始した。翌四七年、カナダのフェザーストーン社を通じてオンタリオ州政府のリカー・コントロール・ボード向けに輸出を始め、順次カナダ各州へ拡大していった。シドニー・フランク社およびフェザーストーン社との取り引き開始には、京商事株式会社・羽津貞一専務の尽力が大きかった（『月桂冠三百六十年史』三二七頁）。

国際化の発展は主に第一三代当主（社長）大倉敬一時期に起こっている。彼は同志社大学修士課程卒業後、銀行で四年間の経験を積んだ後月桂冠に入社、一九七八年に社長、一九七七年に会長、二〇〇八年に相談役となっている。大倉敬一は月桂冠を世界舞台に推し進めた人物であり、グローバル化経営を目標に、一連の吸収合併も実施している。月桂冠の一里塚的発展段階があり、下記は我々の調査訪問時に、同社から紹介された内容である――。

（1）社長大倉敬一は米国に現地法人を設置し、味の素やメルシャン等食品企業の支援を受けて、最新醸造技術を伴う現地工場を創建し、全世界に向けた販売に尽力した。

（2）ドイツビール、フランスワインの輸入販売開始。

（3）上海月桂冠を二〇一一年に設置。月桂冠の在中販売を担うとともに、中国現地の酒造場に同社製酒の醸造と調合を委託し、できた清酒を中国市場に供給開始。

（4）Les Hénokiens 協会を通じて国際化交流ネットワークを構築。

注

（1）〝杜氏〟―言葉の解釈：日本酒醸造人は蔵人と杜氏より組成されていた。そのうち、蔵人は工場内職工を指し、杜氏は蔵人を統率する長。杜氏は清酒生産、品質、税務、計画など醸造の一切を請け負う。彼らは組織を形成し一地区に集中して存在しており（杜氏ネットワークや杜氏組合）、杜氏組織は教育訓練や証書発行、酒蔵は杜氏を採用して清酒生産と管理を請け負わせた。杜氏の採用は季節性であり、秋から春に亘り雇用され、杜氏は考査と評価を経て確定され、現在においても、杜氏の役割を持つ社員を要する酒造メーカーがいくらかあり、全国におよそ二〇〇の杜氏組織があると言われる。

（2）一種の遊戯で、二人の一脚を縄で縛り各々が他の一脚しかないので二人三脚で一緒に走る、二人の協力なければ前進しない。

第六章　美濃吉：伝統と現代

美濃吉は創業三〇〇年、京都懐石料理のモデル企業であり、経営管理はすべて創業者の家族によって行われている。継承はすでに第一〇代を数え、第一一代の二人の兄弟はすでに企業経営に参加している。重要なのは、同社がそもそも外地から来て、京都で小料理店を創業し、紆余曲折の中、五〇年代以降不断の発展を遂げたことだ。その後、米国ファストフード様式を学ぶものの、最終的には日本懐石伝統料理文化の伝承に回帰し、それが企業の使命だと帰結する。その間、多くの革新と変革を経て、時代の発展と需要変化に応えようとしてきた。

日本伝統料理は典型的な日本サービス産業であり、非常に深厚な伝統と文化を有している。その経営範囲は料理そのもの以外に、茶道、華道、接客道の作法から部屋にかける掛軸にも及ぶ。その伝統的料理人制度（工匠）は、料理技術伝承発展の道程でもあり、歴史上、多くが経営管理と合体していた。しかし現代では両者の分断が実現している。店の管理者は経営者そのものとなり、工匠制度と料理技能を不断にプロセス化、標準化、制度化し、多くの設備、物流、科学管理プロセスを導入し、美濃吉の地域を超えた拡張と業務多様化を可能にし、これによって同社は日本大型飲食業の領袖的存在と成っている。この変化は老舗企業の現代生存意義を考えるとき重大な意味を持つ。さらにこれは日本料理のグローバル化の基礎ともなり得たのである。

日本老舗企業の中では多くの製造業が伝統的工匠と伝統技能を継続していると言われるが、サービス業こそ老舗企業の主流ではなかろうか。そのうち飲食業はその典型で、料理技術を持った厨房職人による精神的ものづくりによって作られ、サービス精神を持つ接客の作法が含まれた文化と共に展開する。『三百年企業美濃吉と京都商法の教え』の中で、日本料理は日本文化伝承の重要なコンテンツであることが書かれている。

つまり料亭というのは、食に特化したスペースではなく、「日本建築」「日本庭園」「華道、茶道」「日本の芸術」「着物」「和のもてなし」といった、日本文化が凝縮された空間です。文化を楽しむ食空間を提供するのが料亭なのです。日本人のアイデンティティを体感できる場所であるといってもよいのではないでしょうか（『三百年企業美濃吉と京都商法の教え』一三三頁）。

京都府庁が我々の美濃吉訪問を評価し支持して下さったのは、美濃吉が京都の日本料理文化と伝統の代表であるばかりでなく、現代料理企業の模範でもあるからだろう。我々の訪問ヒアリングは最高級料亭である竹茂楼で行われた。第一回目訪問では第一〇代目当主にして社長（調査当時）[1]の佐竹力総氏にヒアリングした。彼は美濃吉三〇〇年強の発展経過について簡単に紹介下さり、その後には竹茂楼で懐石料理を賞味させて頂いたが、その澄みきった料理の品質と腕前、美味な食材、料理人、仲居による一つ一つの料理を丁寧に紹介するおもてなし、それらに加えて、部屋に飾られた調度品、部屋の外に広がる青翠の竹林、そしてさらさらと流れる小川のせせらぎ、などすべてにおいて、まるで現世の外にある桃源郷に我が身を置いた感覚すら覚えた。この後、幸運なことに、我々は〝女将〟（佐竹力総社長夫人で接待とおもてなしサービスを管轄）とその二人の子息（一人は経営を負う副社長の兄、一人は取締役で厨房と食材仕入れ総責任を負う弟）にお会いしてヒアリングを実施することができた。彼ら四人との対話は我々に深い印象を残した。残念なことは、美濃吉の企業史が未だ編纂中であることで、我々は一冊の佐竹力総社長が書かれた『三百年企業美濃吉と京都商法の教え』を頼りにした。余り厚くない本だが基本的には回想録であり、美濃吉の三〇〇余年の履歴、その父親世代以降の発展に多くの筆墨が割かれており物語性は極めて強い。本ケースの展開はこの回想録とヒアリング資料に基づいている。できれば将来一歩進んで更なる充実を図りたい。

一　日本料理：料理と文化

日本料理は実際、その当該地域をふんだんに表現する概念でもあり、これは悠久なる文化伝統を有するいずれの国家においても同様であろう。京料理は、京都が千年以上の伝統と都や幕府の歴史等を有することで、深厚なる伝統と文化を持つに至っている。外国人である我々には異国の地域間飲食の微妙な違いは分からないが、佐竹力総氏による京都と日本料理の紹介を借りてそれを垣間見ることとしよう。

◆「有職料理」＝御所・公家に伝わる。王朝の新嘗祭に代表される「大饗料理」が元であり、「式包丁」の儀式とともに受け継がれている。

◆「本膳料理」＝武家を中心として確立された武家社会における正式の饗応料理として、銘々膳で供され、日本における正式な食事の仕方となる。

◆「精進料理」＝寺院の斎食作法から生まれた。魚鳥の食事を禁じられたことから生まれた蔬菜料理。

◆「懐石料理（茶懐石）」＝茶の湯とともに発達した・侘茶の世界の一汁三菜を基本として桃山

時代に発展したもの。

（『三百年企業美濃吉と京都商法の教え』一五頁）

近代になるまで日本人は基本的に牛羊肉、鶏肉も含め食用しなかったし、さらに京の都は海にも面さず、川魚、野菜、豆製品が伝統的日本料理の主要食材であった。食材が乏しい中、京都の軟水と料理人の技術が、皇家や貴族、武士等に向けて最高品質の料理を造り上げたのであり、そこでは工匠精神と不断の改善技巧が常に要求された。懐石料理はその成果の代表事例であり、川魚料理と素食料理を結合した典型的模範日本料理となった。また、京料理は四季の自然変化と融合し、季節によって独特な食材と風格が変貌していき、顧客は飲食中にその自然を感じ、心身を季節に調和させている。

そして、こうした料理人の丹精は、都の気風と公家文化の中でどんどんと洗練されていくのです。料理の洗練度は、上品な味わいのだし、また、労働することがないお公家さん向けに塩加減を薄くした調味などにも表れてきます。

ただし、京の薄味といわれるものは、単に塩分や甘味を薄くした味ということではありません。その分、だしや素材の持ち味を引き出す手法を使って、味わいを深める。いわば「こくのある薄味」ということです。このように、京料理とは、まさに「丹精」と「洗練」のたまものだといえるでしょう（『三百年企業美濃吉と京都商法の教え』一九頁）。

また、京料理はその歴史文化のもてなし精神に基づき、単に食を楽しむ場所に留まらず、日本伝統文化が凝縮された精神的空間となっている。料理は飲食を基本としつつも、飲食を超えて精神と文化を融合させており、これが恐らく日本料理を発展させた重要な思想のひとつであろう。そしてその考えは日本料理経営理念に充分に反映されている。自ら日本料理経営者である佐竹力総のその精神文化の理解は深厚である。恐らくこれは日本伝統経営者の普遍的特性であり、商売の利益価値重視のみならず、彼は背後にある人文と社会の深く内面的な価値すらも人々に提供している。このようにしてこそ、一つの伝統産業の社会意義をさらに深く掘り込めるのである。そして商業経営者とは、金銭に容易に陥ることなく、仕事の真の意義と価値の所在を観ることができる人たちである。

料亭では料理の比率は50％、それ以外の要素、つまりしつらいであったり、雰囲気であったり、サービスであったりが残りの半分を占めます。

まずハード面ですが、割烹などがカウンターのみでも営業できるのに対して、料亭は座敷が必要です。京都の料理屋（料亭）の場合は、基本、庭もあります。

このような料理屋（料亭）は「屋形」と呼ばれますが、玄関から座敷へというアプローチ部分も含めて、建物自体に品格が必要であり、加えて、床の間の軸や花、器などにも価値あるものが用いられます。

また通常、サービスのスタッフは和装で、立ち居振る舞いが洗練されています。そして、日本料理における重要な要素である季節感が、料理はもちろん、しつらいでもたっぷりと味わえるのが料亭です。

この部分が価格の差につながるわけで、料理の価格差というわけではないのです（『三百年企業美濃吉と京都商法の教え』二二頁）。

日本料理業界の競争の中、単に新しいメニューや味わいや品質の革新は競争全体の半分を占めるにすぎない。今半分は、〝装飾、雰囲気、もてなし等の要素〟であり、日本的伝統庭園設計、茶道華道、掛軸字画、精美な食器、和服をまとった古典的おもてなし、言葉遣いと立ち居振る舞いなどである。これら伝統的文化精神が組み込まれた飲食の中にこそ日本料理の精髄が現れ、それは間違いなく日本料理の特質でありその意義の在り処である。

それ以外に、過去には、日本料亭は同時に茶屋を経営し、主に女将によって管理されていた。茶屋は客のために、舞妓と芸姑の芸を按配し、同時に旅行程や買物リスト推薦なども行いこれらは女将の仕事でもあった。料亭では女将は客のもてなし、食の準備、部屋の支度などの仕事をすべて担い、女将は今日の料亭で依然として特別な存在感を放っている。

お茶屋では女将の存在が大変重要です。いわゆるもてなし役としてだけではなく、予約によって部屋の割り振り、芸妓さんの手配、時には観光案内や土産物の手配まで、すべてお客様の好みや予算に合わせてセッティングします。つまり女将はプロデューサーでありコンシェルジュでもあるのです。しかも支払いは、その都度行われるわけではなく、トータルとして後日にというのが普通です（『三百年企業美濃吉と京都商法の教え』二七頁）。

二　美濃吉：郷土の食文化から始まった伝説

美濃吉は一七一六（享保元）年の創業で、秋田藩佐竹武士一族の後裔である佐竹十郎兵衛が美濃吉の創業者である。佐竹十郎兵衛は故郷美濃（現在の岐阜）の大垣から日本の西海岸を沿って京都に辿り着く。京都に着いてまもなく、三条河原町三条大橋の東側の十字路に、江戸時代にはよく見られる小さな伝統茶屋を開き、戸外に臨時に建てた小屋で飯、豆腐等の小皿と酒を提供した。創始者が美濃から来たので、店の名前を〝美濃屋〟とした。佐竹十郎兵衛の後裔である吉兵衛が継承した後、彼は常に〝美濃屋の吉兵衛〟と呼ばれ、それが簡略されて〝美濃吉〟となり、人々はこの店を〝美濃吉〟と呼ぶようになった。[2]

最も早い時期の主要客は下級武士であった。下級武士の多くは独身で、外食時にはこのような小さな飯屋をひいきにした。美濃吉は最初は簡食であったが、次第に変化して茶屋となり、その後川魚料理を主とした料理店に発展していく。何代かの継承後、店舗は京都の有名懐石料理店となり、京都所司代発行の許可証（川魚主体料理店と認定）を得るに至り、竹茂楼はこの許可証を当時獲得した八軒中の一軒であり、〝川魚生洲八軒〟と呼ばれ、現在もそれを保存し続けている。

元治元年（１８６４年）に出た『花の都料理屋繁盛競』という番付帳が明治時代になってから復刻されているのですが、ここにも美濃吉の名前が出てきます。いよいよ京の名店として広く知られるようになってきたわけです（『三百年企業美濃吉と京都商法の教え』三五頁）。

一九世紀後半には家族数代の努力が実り、美濃吉はすでに京都の有名料理屋に成っていた。川魚料理を極め、最高の品質と接客に尽力したことや、また、奈良への主要交通の要所に所在したことも有利であった。武士や貴族、商売人らが雲のように集まり、これが美濃吉の初期を形成していた。明治以降、日本経済の開放、交通建設と商業発展に伴い、大量の観光客と市民の外食需要が高まり、美濃吉は迅速な発展を遂げた。関連資料に拠れば、この期間、一部の美濃吉親族と番頭達が相継いで創業し、美濃吉の分店を設立していった。これは美濃吉の名声の広がりとさらに高めた客需要を意味している。

親戚筋が開いた「美濃佐」、従業員が独立して開いた「美濃庄」など、どちらも大正時代の初期まで、美濃吉の近くにありました。美濃吉のネームバリューが高かったので、そこから分かれたことがわかるように「美濃」の字を店名に入れたのだと思います。どちらも今は残っていませんが、現在、八坂神社（東山区）近くにある「美濃幸」は、大正時代に「美濃庄」から分かれた店です（『三百年企業美濃吉と京都商法の教え』四〇頁）。

美濃吉の継承関係は複雑で、『三百年企業美濃吉と京都商法の教え』中にはそれほど紹介されていないが、その中に現されている図表（表6―1）から視ると、承継の大多数は長子であるが、中には養子も継いでいる。第八代後の情況は比較的明確で、第八代吉兵衛には一男三女がおり、その

表 6-1　美濃吉の承継者たち

第 1 代	第 2 代	第 3 代	第 4 代	第 5 代
佐竹十郎兵衛	佐竹佐七	佐竹佐七 (2 代目の子)	佐竹加乃、 聟 吉右衛門	佐竹駒、 聟 吉兵衛
第 6 代	第 7 代	第 8 代	第 9 代	第 10 代
佐竹卯兵衛 (5 代甥)	佐竹吉之助	佐竹吉兵衛	佐竹才治	佐竹力総

表 6-2　美濃吉の家族が現在就いている役職（2017 年調査当時）

社長	女将	副社長	調理長
第 10 代 佐竹力総	妻子 (佐竹由紀子)	長男 (佐竹洋吉)	次男 (佐竹洋治)

注：筆者作表。

長男が第九代を引き継いだ。彼には一男二女がおり、長男佐竹力総が第一〇代目の継承者となり、妻は由紀子（淡路島の造り酒屋「千年一酒造」・武田邦夫の娘）である。二男一女を育てあげ、長男に佐竹洋吉（副社長）、二男に洋治（調理長）、がいる（表6―2参照、いずれも調査当時）。

三　現代的飲食業への変貌

一九二〇年代末（昭和年代）、美濃吉の店舗変貌は著しく、時代発展に呼応して、料亭も新装し、宴会室や会議室や舞台室も設ける。その後デリバリー販売も試して開始し、竹茂楼は鰻寿司や鰻重、お茶漬け等も増やしていった。美濃吉は伝統的川魚料理から転向し現代料理店と変貌していくが、これは第八代承継者の吉兵衛から始まっている。この変遷過程はかなり長い学習と模索の時間を経て、第九代と第一〇代に至り、遂に日本伝統領域と現代経営管理の相互結合道程を探り当てることとなる。

第一〇代継承者佐竹力総の眼中において、(第八代) 祖 (祖父) 吉兵衛は一人の、〝向上心に溢れた、各種各様の改革と努力を進めた人〟であった。彼は料亭の主人としての経営管理責任以外に、厨房に入って自ら料理し、これによって、彼は厨房や料理工程に変革をもたらすことができた。彼の考え方は、厨房と客間接客との間の間隔を埋め、料理作りと接客を迅速かつタイムリーに捉えて協調させることだった。同時に、彼は一連の厨房と食材加工処理設備を導入。たとえば攪拌機、ミートグラインダー、鰹節削り器、冷凍庫、ボイラー、器具消毒と供水汚水処理設備等であった。これらは厨房の機械化と近代化への重要な措置であり、省力効果のみならず料理の品質を保証したことが極めて重要だった。興味深いのは一九二三年、美濃吉は自らの情報誌『味覚時報』(月刊誌) を発刊していたことで、この時期早くも自らメディア媒体を造り、社会と文化サービスの機能を果たしていたとは、実に驚嘆に値する。

美濃吉という料理店の楽しみ方や、季節の味覚についての他、新聞らしく調理場の見学会が行われた様子のレポート、そして、家庭料理講座などの記事がありました。今の時代ならメルマガを送るようなものでしょうか (『三百年企業美濃吉と京都商法の教え』五四頁)。

一九四四～一九五〇年期間（第八代管掌時期）、敗戦後の米国駐留によって米軍は食料配給制を実施し、料理店は営業を継続できず、ずっと閉店廃業の状態が続いた。その間美濃吉は七年強に亘り、食料配給の仕事で生存を維持していた。

しかし、一九五八年、美濃吉は株式会社化しここから同社は重要な発展段階に進んでいく。それは中興の第九代から現代企業に向かった第一〇代が通過していく期間だ。第九代佐竹才治は聡明で京都大学で食品工程を専門に学び、将来は家族事業を継承するはずであった。しかし彼の卒業時店は閉店し、彼は東京大学法学部に進む。その後通産省官僚となり、さらにその後阪神百貨店に就職することになる。第九代は仕事と生活基盤が東京にあったが、父親の突然の逝去（五九歳）に直面する。母親は長男として家に戻り家業を継承するように説得するが、彼は同意せず店の売却を希望する。母親は言った。「〝暖簾〟[3]が泣いている」。そして、家族は伝統を捨てるに及ばず、かようにしてこの老舗企業は継続することとなる。

一九五八年、美濃吉は初めて百貨店内店舗を開業する。それは大阪梅田の阪神百貨店で、経営理念として誰もが簡単に日本料理を食することができることを目指した。百貨店内での料理は主に丼や鰻弁当等であり、価格は廉価であった。七〇年代に入りこれが大きく発展、ちょうど〝アンアン族〟[4]や〝ノンノン族〟熱の台頭にも当たっていた。この流れに沿って一九七六年、美濃吉はファミリーレストラン、米国マクドナルドやケンタッキー式ファストフード店を開始する。第九代継承人は父親の突然の逝去という情況下、通産官僚という政府キャリアから退出し、一方では阪神百貨店企業企画部長職に従事し、一方では家業の面倒をみる、という兼業生活を始めた。そうして彼は以前の就業経験から無意識にも、美濃吉をその後、全国市場と製品流通開拓に向かわせるのである。美濃吉は、まず阪神百貨店食品街に進出し新しい発展の道を開拓した。その後全国に店舗を広げて東京等の都市に参入した。特筆すべきは、伝統料理をファミレスと外食産業へ拡大する重大な転機を実現したことである。

同時に、民芸食堂を建立し美濃吉を大衆化させるという新たな展開にも着手する。六～七〇年代、外食はトレンドとなり、こうして美濃吉は伝統料理顧客減少の困難から抜け出ることとなる。

第九代佐竹才治は今ひとつ重要な貢献を厨房制度の中でも興している。それは伝統的な厨房料理人への技術依存と師匠徒弟状態から飛び出したことである。従前、料理人は専門の料理人組合から派遣され、店舗と契約を交わして、厨房の料理技術は師匠から徒弟に伝授されていた。料理は料理人の態度如何に左右され、店舗が雇用する料理人の品質は不安定で一途に経営者を悩ませてきた。佐竹才治はここにおいて、民芸食堂で料理人育成制度を建立し体系的教育課程を開設した。これは〝料理育成八年課程〟と命名され、それまでの、〝人間関係頼みの商売維持に依存〟する情況に徹底的改変をもたらし、その後の事業規模拡大の道程を整備した。

しかし、第一〇代当主佐竹力総はその後、美濃吉を伝統的日本料理に回帰させる主要方向を決める。美濃吉の伝統的ブランドと文化優位を明確に浮かび上がらせる新路線が始まる。佐竹力総は一九四六年生まれ、一九七〇年三月立命館大学法学部を卒業、一九七〇〜七四年米国に留学、サンフランシスコ市立大学ホテル・レストラン学科で学び、米国で新興していたマクドナルドの標準化ファストフード業に深い印象を受ける。一九七六年美濃吉常務取締役、一九八一年同専務取締役、一九八五年同副社長、そして一九九五年同代表取締役社長に就任する。第一〇代は家族の中で唯一の男子であり長男であったので、幼少期からすでに家業を継ぐであろうことは知っていたといい、大学卒業後直ぐに家族企業に就職したのである。

一九八五年、第一〇代当主は欧州に二週間視察旅行にでかける。ドイツ、英国とスイスを見て廻り、途中多くの飲食業を視察し、欧州に多くの百年企業があることを知って震撼したという。そして美濃吉の経営モデルの改変の必要を感じたのである。一九八六年は美濃吉の企業経営にとって一つの折返し地点となる。当時は日本バブル経済が始まったばかりであったが、飲食業は厳重な衰退と危機に面していた。同社は一九八六年経営戦略転換を決定する。それは米国式標準化サービスモデルから欧州式高付加価値かつ特色ある経営モデルへの変更である。すなわち、分店開設やファミレスから日本伝統料亭経営への回帰を意味した。この経営理念の転換について、佐竹力総社長は下記のように解説する――。

ヨーロッパのこのような企業のことを知る前、私はアメリカばかり見ていました。店を、事業を、やるからには大きくしないといけない、そのためにはアメリカ式のチェーン展開が重要だと思い込んでいたのです。

しかし、ヨーロッパの老舗ブランドの経営を観て飲食業界にとって規模の拡大やチェーン展開が本当に必要なことなのだろうかと疑問を抱くようになりました。本当に良いモノであれば値段が高くても売れ、喜んでもらえます。それがブランドということではないでかと思い始めたのですね。

だからこそ、当時で270年の伝統がある「美濃吉」というブランドの劣化を、何が何でも食い止めしないといけないと思い至ったのです。

わたしたちは「グレードアップ美濃吉」というスローガンを掲げました（『三百年企業美濃吉と京都商法の教え』一〇五頁）。

一九九二（平成四）年、同社は二五億円を投じて美濃吉本店を改築、現在の京石料理店に生まれ変わらせそれを竹茂楼と命名する。一九九四年、この竹茂楼はさらに京都市景観賞を獲得した。同社の経営理念も改変した。食を通じて日本文化を創造する。第一〇代伝承者佐竹力総のリーダーシップのもと、美濃吉は三〇〇年の懐石料理伝統文化と時代変革の中で、不断の革新発展をするという路線を最終的に探し当てた。あらためて自らの位置づけと目標を発見したのである。この決断は、その後美濃吉が不断に発展し、後日、日本料理の代表的企業となるための重要な一里塚となった。『三百年企業美濃吉と京都商法の教え』の中で、佐竹力総氏は会社の価値理念と使命について次のように説明している――。

美濃吉では、伝統的な京料理をベースにして、高級料亭「竹茂楼」からカジュアルレストラン「和食ＮＯＷジョイ」までの「外食分野」、総菜や弁当販売の「中食分野」、京料理の高級瓶詰などの「内食分野」と、多様な消費者ニーズに対応する業態を開発・展開しています。それが、単なる外食産業ではなく、日本で唯一の美的文化産業を目指すというゆえんでもあります。

それゆえ美濃吉では、全員に「京料理の継承者」であるという誇りをもって働いてもらうことを社是としています（『三百年企業美濃吉と京都商法の教え』一二五頁）。

……美濃吉店舗運営の基本方針と理念は――、

京料理を通じ、当社に関わる全ての人をＨＡＰＰＹにする

高品質、高付加価値、高級感（非日常性）の追求を（こだわりの中に強みを見る）

日本一の料理店（美的文化産業）をめざして
美的文化産業：文化（美学）と文明（産業）の融合
温故知新
［企業理念（コンセプト）］
我々は、食を通じ日本文化を創造していきます

（『三百年企業美濃吉と京都商法の教え』二一七頁）

この同族伝統料理店はこの一段階からゆっくりと一つの多様化飲食グループに成長していく。グループには現在三大経営部門があり、それらは外食、中食と内食であり、[5]全部で四五店舗を有し、そのうち二〇店が外食店舗（料亭、レストラン）である。分布は京都、大阪と東京。他二五店舗は内食を供し、分布は各大手百貨店地下一階の食品売り場である。美濃吉の三〇〇余年に亘る経営史は日本料理店企業の中で必ずしも最長ではない。[6]しかしその規模から言って、美濃吉は全日本における飲食業で二位である。その日本料理業界における地位に基き、日本料理の代表として、美濃吉は二〇一五年イタリア国際博覧会に出展、日本館に懐石料理（美濃吉）を出店する。第一〇代当主佐竹力総はその企業史『三百年企業美濃吉と京都商法の教え』で次のようにまとめている——。

表 6-3　美濃吉基本経営情報

企業名	社長	創業	法人化	売上高（億円）	社員数	事業内容
株式会社美濃吉	佐竹力総（2017 年調査当時）	1716 年	1958 年	90（2017 年調査当時）	約 1 千名	高級料亭 カジュアルレストラン

注：2017 年調査時入手資料より。
出所：株式会社美濃吉概要（2017 年）。

京都という土地で、長きにわたって料理屋（料亭）を続けさせていただいているわけですが、それは単に伝統を〝守る〟ことに特化した保守的な経営によるものではありません。いつも時代のニーズを敏感に感じ取り、常に一歩前を進むということに果敢に挑戦し続けてきた歴史です（『三百年企業美濃吉と京都商法の教え』一四頁）。

四　伝統と革新

料理は一種の伝統産業であり、その伝統と経験はどのようにして伝承されるのか、今日においても極めて重要な課題である。現代経営学において、我々は製品やサービスへの経験則を極力排除するか除去し、たとえばマクドナルド方式のような〝標準化〟を重視してきた。しかし歴史上、伝統と経験は企業生存と発展の鍵となる要素であり、これを軽視するなどとてもできない。飲食業の特性に鑑みれば、経験と伝統が企業の顧客求心力の主要内容を形成し、様々な料理や特色を表現していて尚更である。美濃吉の三〇〇余年の歴史において、料理特色はおおむね前世代が徐々に形成してきたもので、現在まで一途に伝承され不断に革新発展を遂げてきた。その伝承に関する内容は同社の歴史資料中には多く記録されていないが、我々の直接ヒアリングと企業史料の中から下記の幾つかの点を発見することができた。

(1)　美濃吉料理の川魚生料理が主導した特色と地位は、当地食材と緊密な関連性があり、懐石料理は地域の特色とその飲食文化との相関を成していた。ここから言えることは、この経験と伝統が一軒の料理店の革新ではないこと、重要なのは、当地社会と同業者の相互学習の学ぶ姿勢の結果であることだ。料理人が置かれた情況をみればそれはさらに明らかである。彼らこそが懐石料理技術の真正な伝承者であり、美濃吉家族成員が直接料理する場合もあったが（たとえば一〇代の次男が調理長になっている）、多くは外部から招聘し、料亭内で徒弟が成長して料理人となり料理を伝承する任務を背負っていた。料理を加工する経験と伝統は彼らの中で代々相伝されていた。現在の調理長の説明に拠れば、家には一連の品書きが残されており、後進はそこから研鑽を積むことができる。しかし言葉や文字記録はそれほどなく、多くの場合、無数の練習や実践の中で模索しながら改めて学ぶことが多かったという。よって、それは一面では、師匠と徒弟が互いに伝え合いながら学び、観察し体得していく過程であり、多くの場合長い時間（五〜八年）をかけて一人前の料理人に成長していった。別の面では心と精神の訓練が必要だった。これは職業上の精神気質であり往々にして現代人が軽視するものだ。伝統産業は経験、伝統的加工や接客中、高度に個人的技能や接客技術に依存しており、その精神と心理要素は製品やもてなし技術の鍵となっている。美濃吉の次男である調理長はヒアリング中、特に人を選ぶときには、性格が穏やかで、日本料理業を熱愛する研修生を選ぶと述べた。さらに重要なのは、彼らが日常生活の中で磨かれることだとも述べた。たとえば、年齢が若ければ、より一層早く仕事場に来て、各種準備の手伝いをし、最後は一番遅く帰宅する。さらに先輩や師匠から叱られて技能と心性の錬磨が行われる。これがおよそ料理人を育てる秘訣であった。

(2)　家族長寿の歴史とは、もしも、祖先が創造した産品やサービスを後世が継承するだけと理解しその浅い理解に留まるならばそれは間違いである。それぞれの代が、時代環境や政治、軍事や社会、経済の変化に直面し、それら環境は大きな衝撃をもたらすかもしれない。しかし同時に新たな需要や機会を創造する可能性もある。料理といった、原材料や食材、飲食文化や当地資源と気候変動の影響を大きく受けるような業種ではその変化はゆっくりと訪れる。しかし歴史変遷の中で遅かれ早かれ変革と革新がなければ時代に淘汰されてしまう。競争の中で勝利を勝ち取れるのは一種の革新と適応の結果であり、変化適応と不断の革新、潮流を引き寄せる企業のみが生き残れている。その他、料理人の修行時間は五～一〇年で人生就業時間が約三〇年であれば（一般に六〇歳が定年、昔は主に五〇歳で定年だった）、少なくても二〇年の創造的発揮期間がある。このように不断の体得と観察学習を通じて、一代一代の中に蓄積が起こり、新たな産品や接客が創造されてくる。美濃吉の革新過程を明確にかつ正確に回顧するのは困難であるが、少なくても近年数代の経営発展過程は力強く眼中に入ってくる。我々による、社長、女将、長男と次男（それぞれ副社長と調理長）への数度に亘る訪問ヒアリングの中で、彼らは誰もが同じことを巡って述べていたが、それはすなわち不断の学習と革新であった。社長は明確に述べている。たとえば料理人の育成においても、その真面目な勤務精神や伝統厳守の姿勢のみならず、さらに考慮するのはその創造性であると。一種の反骨的性格気質〟の若者が優秀な料理人になる可能性があるという。かような特色を持った人間は往々にして現実に不満足だからだ。美濃吉の調理長（次男）は旅行好きである――特に中国とロシア。各地の料理を賞味し、不断に学習し新たな料理を開発するのは彼の職責であり趣味でもある。美濃吉の八〇％の品書きは先祖からの伝承、二〇％は不断に創造される新しい料理だ。この〝二足歩行〟で、伝統を継承し時代変化に適応する。美濃吉はさらに多くの革新を経営面でも実践している。現代企業制度やプロセス、電子化管理、チェーン店経営、新たな価格帯や地域特色ある分店や製品ラインアップを導入。なお人事、接客、販売方面における革新などは、多分に西方管理学理念の取込みの結果となっている。革新の重要性について第一〇代当主は『三百年企業美濃吉と京都商法の教え』の中で次のように述べている――。

例えば、飲食店でいうと、お客様は1年ごとに自然に2割ほど減少します。これはいくら料理、サービスを磨いても減っていきます。

ですから常に2割を新規開拓していかなければ店を維持していくことはできません。下りのエスカレーターを一生懸命昇っているようなものですね。

そのような状態を克服するためには、常に時代の風を取り入れることや、新しい挑戦が必要なのです。また、自分が経営者になれば、やってみたいことも多く出てきます（『三百年企業美濃吉と京都商法の教え』一五四頁）。

(3) 同族経営は如何にして革新と創業精神を維持するのか？ これは総じて同族企業長寿の主要要因となる。美濃吉の近年数代のリーダー達が日本ないし欧米で良好な大学教育を受けていることは重要だ、第九代は京都大学と東京大学で勉強しており、第一〇代は直接米国でホテル管理学を学んだ。第一〇代の二人の子息はそれぞれ日本著名大学で経済経営を学んでいる。これらは伝統的料亭業が現代経営へ向かう道の基礎を固めていった。興味深いのは、第九代社長領袖下、米国ファストフード路線の標準化および規模的経営を考えたことだ。一九八〇年代はこのような方式を試しながら伝統的日本料理を改造し、大衆化消費者と現代都市生活リズムのスピード需要に呼応しようとした。この方式で規模の拡張は素早かったが親族の年長者や女将をはじめとする家族からは反対された。第九代当主は欧州視察で伝統的レストランが伝統的経営の風格と文化の品位を保持していることに深い影響を受け、後日まもなく再思考が起こる。最後には、日本伝統料理店の経営路線への回帰戦略を改めて調整することとなった。現代的レストラン経営は決して簡単に西方を模倣することではない。日本人飲食文化の底辺にある伝統料理文化を軽んじることはできない。まさにこれ以降、美濃吉は日本最高峰料理のポジションを確定し、同時に時代の需要変化も考慮して適応し、異なる価格ゾーンと特色ある料理店舗を導入し、テイクアウト商品まで事業を延長し、現代飲食業グループへと発展していく。これは近年の数代継承者による時代変化への適応と大胆な模索と革新であり、伝統を保持し、時代変化の進展と革新発展を結合した結果である。外食市場の発展契機を素早く取込んで適宜発展し、それをさらに利用して伝統業務ラインを拡大する。会社の規模と影響力は迅速に向上し、この発展段階の中、米国等現代ファミレスや外食業務のプロセス、制度、設備や従業員育成等、科学的管理措置をも学び、伝統料亭を現代飲食業に転換した。この過程の意義は大変大きいものがある。

五　サービス業における〝おもてなし〟と料理文化

今日的意義において改めてサービス業に対して詳説すべきであろう。サービスといえば、近代は特に米国の現代サービス業の発展が著しく、それは世界のトップクラスに躍り出たが、サービスの主要価値は製品そのものから来ているのが特徴だ。たとえばホテル、飲食、旅行や金融などでは、製品とサプライチェーンのイノベーションが核心的要素となっている。たとえばマクドナルドが提供する標準化されたハンバーガーとフライドポテト、工業化されたコカ・コーラ等の産品である。サービスはすなわち同時に標準化し、トレーニングや作業マニュアルによって標準化、プロセス化、そして簡素化され、個人的情感と経験という不確実性を排除し、サービスを全世界的にチェーン化、ネット化して拡張し産業としての基礎を創造したのである。ここには重大な意義があると思う。しかし同時に、個人とサービス提供者の精神と地域文化がもたらす伝統的もてなしの価値は失われた。歴史伝統の中、もてなし業は特定地域文化、組織と個人的精神気質がその核心に存在する。とりわけ重要なのは、もてなしとはそのサービス提供者と顧客の間の一種直接的な、精神文化気質を持った交流であり、そこから高揚感や満足感がもたらされることだ。同時に一種の心をこめた（全心全意）、真摯で、あらゆる細部まで至れり尽くせりの所謂、〝おもてなし〟（〝款待〟）が含まれ、顧客はまるで主人の家に招かれた客のようである。これには心を込め尽くしたおもてなしが必要であり、簡単なサービス（標準化製品とプロセス）とは違う。これが、概して日本サービス業中の普遍的に強調される〝おもてなし精神〟であり、工業と製造業中の〝工匠精神〟と異曲同工の妙と言えよう。

日本料理中のおもてなし精神を見てみよう。日本の料亭は顧客をもてなす上で、重要な管理者である女将の存在があり、これはただのフロントオフィスマネジャーではない。顧客をトータルでもてなすサービスのリーダーである。彼女の任務は和服に身をまとい客の送り迎えをするのみならず、店舗の特色や料理について紹介し、さらに重要なことは顧客と会話することである。顧客が予約を入れれば、まず顧客の背景を理解し、その要求や嗜好を知り、これら要求に照らして部屋を割り振り、調度品の配置を考え、生花を準備し、掛軸の字画を選び、テーブルと椅子の配置を決める、そして季節と顧客の依頼を鑑みならが料理を決め食器を並べる。接待は仕事の一部であり、さらに重要なことは、店員が平時に茶道や華道等を学んでいることだ。彼らの外見の姿勢を育成するだけでなく、穏やかで優雅な精神気質を醸成し、顧客が特別に心地よく満足な体験ができることを目的とする。日本の悠久伝統文化である茶道、華道が伝えるところは一種の精神文化である。美濃吉の女将は大学での専門との関係にかかわらず、美濃吉文化の伝承を旗印に、日本伝統料理のおもてなし文化と手順を多年に亘って研究し革新を加え、そのサービス品質を向上させてきた。我々が女将をヒアリングした際の彼女の結論は次のようである。一つは、〝残心〟(客が食べ終えて帰る時に、後ろ髪が引かれるように思うこと、また来たいと思えるように希望すること)、であった。〝残心〟、は日本料理界では特殊な意味を持ち、顧客は帰ろうとするが心はまだ留まっている、ことを指すらしい。中国語の〝遺憾〟と〝留恋〟にすこし似ており、微妙である。二つは、料亭のおもてなし。これを彼女は〝三キ〟と表現したが(7)まさにその特性を現している。日本料理文化中の三つの重要な要素は、〝機会〟（顧客と対面し交流する機会）、〝季節〟（日本料理の伝統は季節の変化と変化に呼応している）、〝器具〟（食器類）であり、〝三キ〟はその頭文字である。季節性は伝統料理の継承だ。たとえば夏は銀の皿で抹茶は夏用小鉢、熱さを感じさせない工夫だ。季節によって盛り付け皿が変わると同時に料理も春夏秋冬に応じて変化する。たとえば、一月は七草粥を、三月は雛まつり料理、五月は青魚、六月は揚げ魚、七月は祇園祭に沿った鰻、九月は芋、一二月は冬瓜とかぼちゃ、といった具合だ。料理を通じて人は季節の変化を感じ心身を整える。

美濃吉の三百余年の歴史について、彼女は三つの鍵があると述べた。一つは、歴史と文化の伝承。二つは、技術の不断なる錬磨。三つは蓄積。一代一代、一方で伝統を保持し、一方で新たな事物を取り入れ、これが我々にとっての発展であると言う。おもてなし文化について。女将の理解は、顧客に満足してもらうためには、顧客が出す要求に応えるのみならず、顧客が何を必要としているのかを考えること。客が必要とするあらゆることに呼応する、これがおもてなし、である。心を以って客が何を必要か考え（日本語の〝感性〟）、全心全意で顧客を思いやること、これが顧客を感動させるのだという。これは表面的な思いやりとは違う。心の中で発生する〝おもてなし〟の道であり、サービスを遥かに超えた概念である。『三百年企業美濃吉と京都商法の教え』は、会社のサービス精神を高品質と高付加価値の追求であるとしたことについて次のように述べている。

高品質、高付加価値、高級感（非日常性）の追求を
◆四季のうつろいをかたちに現す「京料理」
◆深い趣をたたえる「しつらい」
◆京料理の担い手をしての「おもてなしの心」
おもてなしの心とは
ホスピタリティー（相手の立場に立った心配り）と
エンターテインメント（演出、京料理の説明等）の両輪です
私達は日本の食文化の担い手として自覚と誇りを持ちましょう
（『三百年企業美濃吉と京都商法の教え』二一八頁）

六　質素、勤勉、職業精神と平常心

美濃吉三〇〇年の基因はどこにあるか？　この課題を以ってヒアリングに臨んだ際、我々にもたらされた衝撃は、その歴史の中で特別に偉大な家族領袖がいたことを聞くことがなかったことである。そして戦略上に特別に重大な革新や変革があったわけでないこと、さらには通常想定するような、後代を戒める家規や家訓が見当たらなかったことだった。我々の耳に入ってきたことがらは、

懸命に働くこと、職業精神、家業に対する責任と勤勉、倹約、質素な生活等であった。確かに、一つの同族企業の長寿の基因とは、このような日常でも堅守するのが最も難しい要素の中に包含されているのかもしれない。

家業：暖簾と責任

美濃吉は今日すでに一〇代を継承し、その間異なる時代変化を経験したが、家業堅守に変化はなかった。代々の承継者は〝業〟の継承と発展が最も重要であるとして、家業の〝暖簾〟を自分の代で終わらないよう努力し保持した。でなければ祖先にあわす顔がなかったからだ。この責任感と当事者感こそが日本家業継続の最も重要な要素であり、事業権利や利益配分ではなかった。これは現代人や現代企業は到底理解できないことである。なぜならその目的が単純に利潤を追うことを超越し、存続と家業伝承に変貌しているからである。美濃吉の歴史上、二、三代の長男が、最初は後を継ぐことを望まない時があったが、最後はその責任感が現れた。家業と〝暖簾〟の重要性を認識し、改めて料亭に戻りこの〝暖簾〟の伝統と責任を優先したのである。父親は一般的に長男への要求には特に厳格であり、後継者育成には、家業責任に基づく薫陶のみならず、多くが自らの所作を見せ、後継者がその背中を見ながら家族事業伝承の責任を主体的に肩に背負い始めるようにしている。

美濃吉では家業伝承が長男であるばかりか、他の子供も基本的に料亭に従事している。第一〇代の次男は調理長となり、家業の需要に応えてためらわず、これで彼は父の〝恩〟に報いると述べた。家業の経営や株式分配などには何の欲望もなく、社長としての父親の方針を聞き、それを問題とするようなことはない。

興味深いのは、この家族の伝承は男子に限っていないことで、ここには女将と息子の嫁が女性社員として参加しており、基本的に料亭で仕事をし、全力で家業を支持している。彼女らは日本伝統的和装でおもてなし業に従事し、将来女将の業に就けるようにしている。女将は日本もてなし業の重要な特色の一つであり、彼女の責任は顧客に対してより良いもてなしをする以外に、社員の指導やガイダンス指導をも行う。彼らは料亭文化と伝統の継承者であり発揚者でもあり、家業の〝暖簾〟と精神の世界を守っている。『三百年企業美濃吉と京都商法の教え』中では、第九代女将は同様に清酒醸造家から美濃吉に嫁いでおり、この家業伝承が自らの任務と意識していたと記載されている。

さらに興味深いのは、料亭で働く家族成員はすべて、一つ一つの職域であることだ。主要な関心は自分の仕事をよく行うことであり、職域を超越して企業経営等に口を出さないしその権限も求めない。恐らく日本人社会において、家業と家族成員株主身分の間に截然とした分離がある理由はそこにある。家業は公共物であり、よって自分は、ここでは単に職業であり仕事以上の何ものでもない。

勤勉労働こそ正常

料理事業とは非常に苦労の多い業種であり、朝早くから晩遅くまで働き祝日も休めない。要求されるのは勤勉で他のことを追求せず仕事に専念することのみだ。美濃吉の口伝家訓は、〃朝早くから晩遅くまで働くことが正常である〃。この意味は遊びまわり暇にしていたり、安易な生活を追求することは正常ではないということであり、これは日本人の〃仕事は修行〃の理念に繋がっている。伝統的飲食業や工房には厳格な八時間労働の制度はない。衣食住が店舗の中にあり、たまに外出したり睡眠休息をとる以外は、基本的な常態は仕事である。美濃吉は今日すでに労働と生活不分離の伝統から離脱し——外部に居住し、毎日通勤している。しかし労働時間は依然として一般の週休二日や一日八時間ではない。とりわけ社長と家族成員は基本的に職場にいなければならない。長男の副社長と次男の調理長は我々に言った、彼らは毎日の平均労働時間は一五時間、週一日だけは休んで家族子供と共に過ごす、それ以外の時間は基本的に仕事をしている。

簡素の維持こそ長寿

日本では、生活の素朴さは人の尊敬を受け、豪奢は軽視を受ける。これは恐らく日本が島国で資源に乏しく、豪奢が多くなかった情況からだろう。よって、農業を主とした古代はこの伝統を維持し、商人は一途この理念に従い、簡素こそ家業長寿の根本であるとしてきた。これこそは最も保持が難しい品徳であり、一旦商人が富裕となれば素朴な生活を再び保持することは難しい。多くは豪奢を求め、これが多くの家族が遭遇する〝富は三代続かない〟の根本的理由となる。簡素な生活、この簡単な原則がかえって最も長期維持が難しいのである。奢侈がもたらす危害は多い。一つには、後代の企業家精神を喪失させ貴重な財務資源と時間を豪奢な生活に浪費してしまう可能性。二つには、奢侈生活は必然的に物資財富を追求するので、個人利益の最大化こそがその目標になること。欲望は永遠に満足できない〝底なし沼〟で、最終的には人の性、精神、意志すらすべてこの沈淪の中に消え去ることとなる可能性。三つは、家業を堅守できなくなる可能性。堅守とは忍耐力と意志力であり、金銭と利益から来る多くの誘惑に抵抗しなければならない。さもなくば、投機をし暴利を追い求め、エンドラインを失って家業失敗の導火線となる可能性があるのだ。

まず、料理業はそもそも暴利を得る業種ではない。日常生活の中で適度な利潤を獲得し、収益の多くは、店内装飾や文化（生花や茶道）、細心のもてなしと食材品質、一層の高みを目指す加工、といった方面に投資される。美濃吉はさらに店舗規模を制限し、顧客は事前予約制をとり、かようにして過度な投資や競争誘発による資源浪費を回避している。次に、仕事においては社長であれ副社長であれすべてが社員であり給与に大きな差はない。家族成員は店舗内の仕事に対する給料だけを受給している。次男の話では、彼は調理長の業務給与のみ受け取っており、自分と妻の給与で、京都内に住宅を購入し一家四人で暮らしている（夫婦に二人の子供）。将来株式配当があっても多くの分配はないであろう。最後に、日本の相続税は四〇％と高い。将来長男と次男に残される株式と収益の半分くらいが相続税で喪失した後彼らの手元に渡るのであり、経営を継続し革新を興して発展しなければ、残された財産だけで代々が生活していけば、おおよそ二代ほどで家族の財産はいくらも残らなくなるであろう。

七　日本料理老舗から考えること

飲食業は間違いなく中小企業が集中した業種であり、また、伝統と地方特色文化が発信される場所でもある。伝統と歴史風俗と飲食の流れは融合して一体化し、異なる歴史の時期において、食材（酒や飲料の選択と加工）、器皿、店舗、茶室等の配置や環境などに典型的な時代の痕跡が見られ、社会生活と風俗文化が集中して体現されている。地方の特色は、料理の食材や加工方法そして当地の人々の嗜好と他の地域の違いから産み出されている。

このように豊富で多様な歴史と地方文化が、多様化し高度に細分化された飲食業市場を創造したのであり、古代にあっても恐らくなおさらこのようだったのだろう。地方の料理と経営による店舗や茶館は枚挙に暇がないが、多くは小規模商い人と料理人（工匠）が営む小さな店舗で、時には大きな店舗ができたかもしれないが永くは続かなかったろう。中国では、大量の顧客は城鎮化（都市の形成）という近代発展の中で発生してきたが、古代から近代の城鎮には二種類の食客がおり、一つは往来する旅人の顧客であり、今一つは当地に住む顧客等であった。それら店舗の多くは主に小皿と特色ある食品飲料を提供したのみに留まった。それは顧客の多くには官僚や富豪を含み、中国では一般的に彼らは自宅庭園内で酒宴を設けて客を招いたので、自らや家族が外の店舗に出向いて食事することが少なかったからである。

日本では幕府時期以来、大量の武士、商人や旅人が凝集して不断に都市を発展させていった。都市人口は拡大し、とりわけ三都（京都、東京と大阪）に集中した。酒屋や飲食業は商業の発達と都市化に沿って迅速に発展していき、異なる地方や歴史的特色ある飲食をもたらす店などは多くの住民を引き寄せた。

よって日本は比較的早くから飲食業を開花させており、このような飲食業が飯屋や飲食店という業種を勢いよく発生させたのだろう。料理はその製品ではあるが、さらにサービスや管理が事業の核心的要素である。近代企業（チャンドラー的意義において）が起こるもっと前から、飲食、旅館の管理は最も重要な経営管理サービスであったろう。和食料理店の歴史上にそれを容易に観ることができ、下記のように表現できる。

第一に、料理が伝統の基礎の上で新しい方向に発展したことだ。元来、伝統は料理人の手腕や秘伝要諦、各地の特色ある食材や加工方式や味わいなどに依存する。中国飲食業でもそれは基本的に同じだが或る意味でそれはさらに大きな地域的発展やさらに長い時間的拡張と伝承を逆に阻止したともいえる。近世以来、日本の飲食業は料理人の力量のみへの依存から次第に離脱してきた。一つは、飲食が食材加工や品書革新において料理人への依頼度を下げ、相当する標準化品書きが提供されるようになったことである。近世以来のイノベーションは刺し身、味噌汁、日本式鍋料理等にみられ、同時に日本の各種の清酒がそれに伴った。料亭では基本的に標準化された品書きが、料理人の料理技能の要求を相対的に減らし、主に異なる点は食材の鮮度や加工工程にある。二つは、料理のサービス管理であり、その中に、日本的文化や伝統が融合する茶道や華道が組み込まれ、サービス精神や気質までもがサービスに含まれたことである——店舗座敷のしつらえや掛軸、和服を着た飲食文化など、もてなしの指導者である女将は、日本料理の文化と精神気質を余す処なく体現した。

第二に、時代変化に適応し、革新と調整を加えたことだ。日本料理は最初、位が高い武士、貴族などに提供されたことで、それ自身の社会的位置も比較的高いものであった。しかし工業化以降、都市の一般居民と旅行客が料理の主要客となり、料理の伝統を保存しながら、革新を起こし大衆化潮流に適応していった。料理メニューの多様化を開始し、異なる価格帯や品質の飲食とサービスを推し進め、消費レベルの異なる顧客に対峙していった。その中で低価格産品は、必ずしも飲食食材と加工品質を落とすことではなく、サービスの調整であった。現在は基本的に所在地域の顧客をターゲットとし、店舗間で異る風格と料理を提供しているが、基本的内容は標準化されている。

第三に、料理はサービス業であり、その基本的経営管理風格を――サービスを以って核心とし顧客を〝もてなす〟と打ち立てた。日本の顧客に対するもてなしの理解は西方の〝サービス〟を超越しており、これは日本のサービス業の最大の貢献かもしれない。〝心を込めておもてなしをする〟には顧客に対する誠敬が帯同され、客の立場にたって着想し、客が家に帰ったような心地になれるほど、至らぬところなく対応をする。これは素朴で古風なもてなし作法で、契約面のサービスではない。日本の旅館や温泉、ショッピングモール等に行けば、例外なくこのようなもてなしの心を感じる。飲食業がこの一点に達することは容易ではない。それは単にサービスに留まらず、高い品質と文化精神気質、工匠精神とサービス精神が完璧な融合しているからだ――料理の工匠精神と客人接待の精神の融合と一体化、新鮮で健康的でかつ異なる季節に適応し、異なる人々の嗜好偏重を満足させ、これはすでに相当複雑な作業である。美濃吉がこのような要求下で代々こつこつと真摯に、三〇〇余年それを絶やすことなく実践し継続してきたことは、我々にとってとても学ぶべき価値がある。

第四に、食材の提供、保質保鮮は早い時期に予見されたサプライチェーンの問題であった。小規模かつ地域経営に留まる間は大きな問題ではないかもしれない。一般的に――目が届き管理しやすい範囲内での食材調達であれば、野菜肉類、油や調味料に至るまでそれほど問題ではない。しかし今日、化学品や汚染があらゆるところに発生する時代、食材と調味料の品質安全管理と鮮度維持は十分困難な事情となってきている。日本のサプライチェーンの高い品質と信用は日本料理が伝統と特色を保存する今一つの要因であり、同時に美濃吉のような料亭が日本や海外で店舗開設できる主要要因となっている。現在において、マクドナルドは低廉ファストフードチェーンを経営し生産標準化しているが、日本料理店もまたこの路線上で革新を続けている。しかしその方法は同じではない。彼らは伝統を保持しながら伝統に固執せず、規模の現代的拡張や越境市場拡大や国際化経営に至るまで成功の試みを行っている。

第五に、日本料理のようなブランド化経営はアジアでは極めて少ない。中国の飲食文化は非常に発達しておりその歴史も悠久である、しかし基本的に地域ブランドを以って特色とし、同族企業ブランドが数百年超えて継続するのは極めて少ない。中国のサービス業同族経営には何故長寿が少ないのか？　これは恐らく、我々のサービス業に対する理解と組織のあり方に関係し、我々にはサービスの標準化とそれが延長していく要素に欠けているからだろう。それはたとえば日本のサービス精神上の訓練、華道や茶道との密接な関係だ。それら訓練はサービス技能を醸成するのみならず、多くが一種のサービス精神と気質を醸成している。さらに日本の和服と伝統文化の薫陶によって、日本のサービスは、独自の特色を持ち久しく伝承していけている。中国のサービス業は多くが店舗の品書きと場所、および装飾、料理人の技術と特色に力点を置き、これらはたとえその核心的価値として重要な一部を形成していてもサービス全体ではない。サービスの核心的価値にまで到達すらしておらず、単なる一種の生産と製造に過ぎない。日本のサービス業の地域性精神気質はサービス業従事者にとって深慮の価値がある。これは全日本の歴史と伝統の集積と伝承であり、不断の革新と文化的浸透である。この一標準化されたサービスとおもてなしは基本的に文化と儀式（花道や茶道のように）によって伝えられ学習され、この基礎において企業の長期経営とブランドの維持が可能になっている。日本のサービス業はこの一大文化を背景として伝統を継承し革新発展している。この過程を理解できたことは美濃吉文化ケース分析において非常に価値のあることだった。日本のサービス業とおもてなしの理解に対して深遠なる意義をもたらしてくれた。

付録：四次に亘る美濃吉ヒアリング記録

第一次訪問ヒアリング記録

二〇一七年七月二〇日一〇時～一二時、一二時～一三時　社長による宴席付きで、三〇〇余年の京懐石料亭竹茂楼にて。訪問受け入れは第一〇代当主佐竹力総氏。

（1）　社長佐竹力総氏が我々を歓迎。彼はこの同族企業の第一〇代目であり、夫人は米国サンフランシスコ市立大学留学中の同期生で、共に専門は飲食管理業。彼は一九七四年大学卒業とともにこの同族企業入社、一九九五年事業継承、それまでは副社長として父親とともに経営する。彼には三人の子供がおり、二人の息子は日本の大学で学び（同志社と立命館）、一人が副社長、一人が調理長である。娘には将来金銭を与えるそうで、二人の息子は会社の株式を分けて保有し外部持ち分はない。彼は家族による制御権を強調する。日本の税制とくに相続税は非常に高く計画が必要である。二代半が過ぎると相続税の為に、家族財産はすべて徴税される仕組みである。日本企業家はよって不動産投機など投資が少なく、生活は素朴だが、おおよそこの相続税と財産制度にも関係があるだろう、財産を溜め込んでも自分や後代のものにならず、社会のものとなる、これが現実だ。しかし彼らは家業が継続していくことを願い、事業追求は永々として財産造りを超越している。家族の第八代はもともと東京で中央政府官僚となり政治的に有望だった、彼は自分でも外部での発展を希望した。しかし父親が早く亡くなり、一度は会社を手放すことも考えたが、そこで母親が強い意志で反対した。彼女は言った。「〝暖簾〟が泣いている」。

（2）　佐竹力総は米国留学期間に、米国現代ファストフード業の経営モデルに接触し、標準化と規模化追求を目指す。一度は米国モデルを家庭料理店舗で展開し、ファスト性とチェーン経営等を強調した（一九七〇年代は日本の外食元年と言われ、一九七〇年マクドナルドが日本市場に参入した)。この大量生産という方式は始めは良かったが、問題に気づくに時間はかからず、顧客すらこれに対して日本和食の特色を保持することが重要ではないかと具申してきた。彼は欧州旅行をして多くの飲食業を視察し(フランス、イタリア、ドイツ)、大きな啓蒙を受け、米国の大量生産方式に対する反省が起こったのである。彼は一九八六年戦略調整を進め、家族一同が、品質化経営と特色ある高級料理への転換に賛成する。一九九二年二五億円を投入して新たに竹茂楼(土地を担保に銀行から借り入れ)を建造し、その後の二五年の発展は笠下に四五の店舗を設け、その内二〇店舗はレストラン、二五総菜売店であり、美濃吉は著名な飲食ブランドと成った(全国規模第二位、第一位はビール会社に吸収されている)。これら一連の間に一部の米国大量生産方式の飲食業が経営破綻しているのも確かだ。

(3) 同社に家規家訓はない。京都の企業の大半は家訓を持たない。彼は言う。家訓とは死んだ条文であり、重要なのはその人物の行為である。父親が身を以って見せることが最も重要である。現在彼が最も重要だと考えている任務は息子に経営を教えることではない。なんと孫の育成と選抜だという、彼は六人の孫がおり、その中で賢い跡継ぎが選択できることを希望している。これがまさに鍵を握っている。

(4) サービス業における顧客へのより良いもてなしとはどのように実現するのか? 同社のもてなし精神の訓練は茶道にあり、毎月三日、会社は専門の茶道師範を招聘して社員に月四〇〇〇円の授業料で提供し、社長自らも茶道師範である。

(5) 料理人と一流の料理匠人は会社の重要資源であるが、現在料理人になろうという若者はどんどん少なくなっている。同社は毎年全国八〇もの料理専門学校から三〇名ほどの徒弟を雇用するが、三年後には約半分になっている。五年あれば優秀な料理人に育つか否かが分かるというが、一般には一〇年の修行時間が必要だと言われている、同社ではこれを六年に短縮することが可能になっているそうだ。一に人材を招き待遇を上げる、二に、重視する資質として品格と徳、リーダーシップ、人あたり、信望、向上心、真面目、真実さ、一心一意を重んじる。肝が座りやや生意気くらいの人物が良いらしい。優秀人材を選抜すれば人事育成を加え、単に師匠の作法や規則のみを踏襲するわけではない。これが選抜のメカニズムである。

第二次訪問ヒアリング記録

二〇一七年七月二六日午前九〜一二時　次男の調理長佐竹洋治氏[8]を訪問

(1) 教育、業歴：立命館大学経済学卒業後、別の日本料亭で三年の修行。毎日一八時間仕事をした。その後美濃吉に入社したのは父親に呼ばれたこともあるが、父に恩返しをすることであったという。兄は副社長、彼は調理長、各々がその職を司り、互いに干渉せず、二人の間には関連した署名入り協議書もあるそうだ。

(2)　厨房は基本的に先輩が主導し、新参者は社員であるとともに弟子でもある。不断に薫陶され批評されながら、努力を重ね多くの時間をかけて一人前になる。日本料理が好きでない人、良き料理人になりたくない人はこの業界に入るべきではない、きっと永くは続かない。

(3)　家族は団結していると思う。父親と我々は定期的にミーティングをし、電話連絡し、出てきて一緒に食事もする。毎年三回は〝動員会〟を開き、家族全員が参加する、そして場所を探して一緒に食事し、泊まることすらあるが、経営の話はしない、親睦が目的だ。

(4)　すべての支出は自分で賄う。父母は家を購入する資金を提供しなかった。孫に対して正月にお年玉をくれるくらいだ。彼は普通の給与生活を送っており、妻は美濃吉でレストラン部の班長を務め、和服を着て出勤する。三人の子供（一男二女）は基本的に父母に会える時間は少ない、家には三時間家政婦が来て食事を作るのみで他の時間は子どもたちだけで過ごす。

(5)　彼らは両親のところから物を貰おうとは思わない、しっかりと仕事に精を出す事が父母への恩返しだと思う。長兄とは永く仲睦まじくする。自分の生活はごく簡素で、妻も贅沢な暮らしを望まない。中国文化と飲食を愛し、時々中国に旅行にでかけ名料理を食し、帰国しては自分の品書きを改善している。

(6)　家族文化伝承：明文化家訓は存在しないが、口伝伝承された内容は次のとおり――。

①　家族仲良くする

② 如何なるときも家族を悪く言わない
③ 茶道を学ぶこと：料理人は必ず茶道を理解せねばならない
④ 朝早くから晩遅くまでの労働は正常である
彼は毎日朝八時から夜一一時まで働き、何もない時はただ休息するのみという。

第三次訪問ヒアリング記録

二〇一七年七月一日午後四時～六時　長男訪問、美濃吉副社長の佐竹洋吉氏

(1) 両脚を地から離すことができない：日本の飲食業はブランドや特色、チェーン化、標準化等あり、どのジャンルに属すのかはとても難しい。我々は現在二〇店の分店を持っており、たとえば横浜には二店舗あるが、ひとつは商業施設に、ひとつはオフィス施設にあり、両者のポジションは同じではない、特色ある品書きも違う。美濃吉は基本的には伝統価値と顧客要求変化を強調し、二〇％は革新的品書きで需要変化に適応していると言える。まさに祖先が強調したことだが、両脚を同時に地から離すことはできない、しかし両脚とも動かなければ、時代から離脱してしまう。

(2) 同社の惣菜売店は二五店舗にも及び、この分野は長年不調であったが、ある時一人の従兄弟が経営に参加してこれに着手した。現在基本的には対内食材提供とともに、外食つまり食材加工し

て外部販売を行っているがこの需要は早く成長している。親族経営は問題もある、副社長は当時まだ入社していなかったが現在は自ら処理しその難しさも感じている。

(3) 同社はこの数年経営人材育成にも力を入れており、それは特に分店経営に人材が必要だからだ、現在は時に講師を呼んで学習するか外に出して修行させる。人が二倍に増えると育成投入費用は三倍に増え、会社はそれを重視している。

(4) 副社長は同志社大学経済学部卒後、伊藤忠商事で八年業務に就き、外国赴任も経験がある。当時父母に対して後を継ぐことに対して抵抗があったという。父親とは絶交時期すらあり母親はさらに大きな圧力をかけていたという。後日、ベトナムに赴任して働いた時、ベトナムの同僚と一緒に日本料理屋に行きとても美味で心地良く自ら優越感を抱いた。ここにおいて料亭に対して新たな認識を持つに至ったという。現在の認識は、家族の第一一代として、祖先の恩を感じ、責任感を以って、家族のこのブランドをよく保存しなければならないと思っている。

(5) 家族の企業に戻ったが、その前の飲食業に関する経験はコンビニでのアルバイトだけ。すべてが一からの始まりであった。皿洗いから始まって、あらゆる工程と仕事、たとえば客人に対して「有難うございます」と言うことすら難しかったが、とにかく二年にわたって基礎作業を覚えた。その後少し経営管理の仕事をした後、父親は彼に対して支援し始め、現在すでに一五年、父が社長であるないに関わらず、八〇％の仕事は委ねられ、父親は少しずつ安心し始めている。

(6) 従前の作業とりわけ伊藤忠商事での業務は彼に多くを教え、たとえばブランド経営の意識、品質やコストコントロールや全般の経済舵取りである。しかし現在の作業と以前の仕事の差は大きく、商社時は個人努力でも前に突き進むことができた。しかし現在飲食業はチームワークであり、自ら管理者となったが、その背後には大勢の仲間の良い仕事があった。

(7) 同社に明文化された家訓はないが、祖父はよく言った、両脚を同時に地から離すことはできない。祖母は社員によくすることを教えた。一度祖母がマフラーを編んだことがあり、てっきり自分にくれるものと思った。しかし祖母はそのマフラーを掃除係の老社員にあげた。これに対して幼い自分は理解できなかったが祖母は言った、お前はみんなに対して何かやったのか、何故お前にやらねばならないの？ 未来の会社発展に関する景色や使命について彼はカードに結論を書いた。美濃吉がするべきことは人が感動する料理を作ること——規模ではない、他の誰もできないことをすることだと。

(8) 過去十年余り、多くの経営理念が変化したが、日本料理を強調し、米国式でなくなったことは、情感と心魂を強調することとなった。管理技術の面において日米は類似している。しかし、営業や人材管理方面においては、類似性は二〇％程度しかないと思う。日本の伝統と価値は重要であり、茶道が飲食サービス業の訓練に必要だということは意義のあることだ。〃一期一会〃的茶道理念は飲食サービス業に適していると思う。

(9)　彼は現在後進達を育成し交流することの重要性を感じている。嘗て父母に対し跡継ぎになりたくないと抵抗したことが、幼少時父母との交流が少なかったことに起因すると考える。よって家族企業への理解が乏しかったことと関係する。彼は、現在毎週一日二日は娘と過ごすようにしている。妻は以前竹茂楼に班長として勤務していたが、娘が生まれた後は三年の産休をとっている。彼ら家族は全て仏教徒であり宗派は浄土宗であり、毎週祭壇で線香を燃やして拝礼する、彼はこれがとても重要だと思い、常に娘を連れていく。

第四次訪問ヒアリング記録

二〇一七年八月二日午後二時～四時　美濃吉女将佐竹由紀子氏を訪問

(1)　由紀子氏は本店で二五年勤務しており、社長と結婚後、二男一女を育てあげ、その後本店業務に参加し接客業務に従事している。最初は生花から開始（以前学んだことがある）、その後、受付や接客管理を請け負う。彼女は淡路島の商家の娘で、父親は二〇〇余年の清酒醸造廠廠主の養子であり、彼の兄が酒造蔵の第六代であった。彼女は小さい頃から父親の影響を受け、父が一つのモデルであったと語る。父親の背中（多くを語らないが身のこなしや所作で現す）は、ひとつ下の代にとって大事だと悟っていた。美濃吉の彼女の前三代の女将はすべて商家の娘であり、一代上の女将は西陣織商家の娘であった。彼らはすべて商人の伝統を持っていた。よって、美濃吉は彼らに多くを教える必要はなく、彼女らはすでに商道を深く知っていた。しかし現在の代においては、二人の息子の嫁はいずれも医者の生家出身で彼女を困惑させた。如何に彼らに料亭の仕事を教育するか、努力が必要であった。

(2) 彼女は我々の訪問のため真摯に準備して下さっていた。手書きの紙（不要紙の再利用にみえたが裏表びっしり書かれていた）三～四枚はあり、基本的にその準備に沿って話が進んだが、その内容は驚くほどしっかりした構成となっていた。後で我々が質問し始めると優れたヒアリング調査となっていった。彼女は和服をまとい、優雅で落ち着きがあり真摯であった。我々を接待して下さった日本式あづまや風の部屋には一卓の長い机と幾つかの椅子が並ぶ。壁際は床までのガラス窓で、その向こうは竹林と小川とせせらぎの音。気分は清々しく禅意の境地である。室内では一枚の字画が目に入る。それは大きな和製漢字（〝瀧〟と書かれていた）の掛軸で、その横には一盆の生花。彼女の説明に依ると、いずれの部屋でも予約が入った客人の身分と接待内容に沿って部屋の割り振りを進め、字画（掛軸）、生花、机椅子のアレンジを決める。彼女の仕事は客人の心を休めて、一種の平和と一時の穏やかな時間を醸し出すことだ。

(3) 彼女は、日本料理はただの飲食ではない、それは一種の伝統と文化であり、それは二つに帰結するという。一つは、〝残心〟（意味は客人が食べた後帰りたくないと思う、後ろ髪が引かれもう一度来たいと思う心）であり、これが、彼女が自ら行き着いた結論であり、おもてなしの極意である。二つは、料亭のサービスである。彼女はそれを三つの日本語の頭文字、キ（ki）でその特性を表現した。つまり〝機会〟（客に会い交流する機会）、〝季節〟（日本料理の伝統は季節の変化に沿って入れ替わること）、〝器〟（惣菜を盛る器皿）である。季節性は過去の伝統であり、夏には銀の皿、抹茶は夏には小鉢にして飲時に熱くならないようにし、春夏秋冬の季節の違いによって、品書き、器皿等すべてを替え、たとえば一月には七草粥、三月は雛まつり、五月は青魚、六月は揚げ魚、七月は祇園祭と鰻、九月は芋、一二月は冬瓜とかぼちゃ、といった具合だ。料理を通じて人は季節の変化を感じ心身の調節を図る。

(4)　美濃吉は三〇〇余年の歴史を誇り、承継は一〇代に及ぶ。そこには三つの主要要素があったという。一つは歴史と文化の伝承、二つは技巧の不断なる向上、三つは蓄積。一代一代が一方で伝統を守護し、一方で新たなものを摂取しながら発展してきたのだ。

(5)　客人の出した要求を満足させる、客人が、これが要ると言えばそれを用意する、これらはただのサービスにすぎない。しかし客人の立場にたって事前に着想し、相手を想いやって微塵も至らぬところないように（日本語では〝感性〟という言葉を使うようだ）することで、客人を感動させることができる。これは表面に現れるものでなく、心中に自生する〝おもてなし〟の心であり、これこそが日本料理のサービス精神と呼べるものだ。彼女が挙げた事例に拠れば、フランス料理はどんなに美しくみえて美味であっても、元の食材を大きく改変することがある。しかし日本料理は基本的に食材が持つ原汁原味（自然状態）を維持し、同時に健康を考慮し、特に発酵食品（日本の納豆など）を重視し、人の健康に良いものを提供する。

(6) さらに盛り付けであり、色合いや香りのすべてを考慮する。同時に、日本料理が出される時に使うスタッフの敬語、思いやりや親しみ等は客人の心を和ませる。その他、日本料理は一種の文化であり、単に食するのみではない。さらに茶道、花道や建築、部屋環境、字画と装飾、和服等が包摂されている。二〇一三年、佐竹氏は会長期間の間、日本料理を世界文化遺産にするため尽力したという。

注

（1）本文中の役職は二〇一七年調査当時で、二〇二二年現在は佐竹力総氏は会長、洋吉氏は社長、洋治氏は専務兼調理長にそれぞれ就任している。

（2）現在の岐阜県南部。

（3）暖簾：日本の店先に垂らす布、表に屋号を印刷し、中国の〝牌匾〟（門のかもいにかける看板）に相当。

（4）二〇世紀七〇～八〇年代に流行したファッションや旅行好きな若い女性達。

（5）〝外食〟とは店舗内購入と食事、〝中食〟とはテイクアウト、〝内食〟とはホームクッキングに供する食材提供のこと。

（6）日本料理企業中三〇〇年以上は一〇件ほどあり、その内六〇〇年以上もある。

（7）ここで、〝残心〟と〝三キ〟の日本語概念は、京都大学博士課程の趙海鵬君の翻訳と説明による。本文で引用したのは彼の解釈に負う。此処で謝意を現す。

（8）来日前訪問アポが正式に確定していたのは社長佐竹力総氏のみであったが、その面談は我々の意識を喚起し、さらに一歩進めたい思いで他三回に分けて、美濃吉調理長（第一〇代当主の次男）、副社長（第一〇代の長男）、それに美濃吉女将（第一〇代当主夫人）にそれぞれヒアリングを実施、毎回約二時間を費やした。ここで垣間見た高度な時間概念と計画性という日本人の真実は大変得難いものであり、我々は日本料理のおもてなし接客の道と誠心を体得することができた（役職は調査当時）。

第七章　古梅園：現代に生きる古代工匠伝統

古梅園は四〇〇余年の歴史を持つ伝説的な同族企業だ。その伝説は規模、資産、または偉人によるものでない。数百年の動乱と時代変貌の中、ただ先祖から伝わる工芸と伝統を脈々と伝承し、時代を超えて天皇家皇室御用達、僧侶御用達をはじめとし、文人や一般庶民に至るまで多方面から愛され使用されて生存してきた。現代に至った今日、墨への需要は大幅に萎縮している（歴史の上では寺院や皇室、文人、一般信徒の写経まで墨を使ったが、今日では万年筆、ボールペンやパソコン使用がとって代わった）。しかし、古梅園は一途に高品質の墨製造を堅持し、利益やその他の誘惑に目もくれず、第一六代はひたすら家族伝統を堅持し、その工芸と品質を不変に維持している。このような、数百年に及ぶ一事業伝承は極めて珍しく実践はとても難しいものだ。

我々は『天工開物』(1) という書物の中で、古人の古い工房や匠人の工芸作業描写を垣間見ることはできるが、現実に目のあたりにすることはとても少ない。しかし確実に言えるのは、歴史上のものづくりとは、今日の大量生産（人と生産の対立関係）とは確かに異なる精神気質を有していること、それは人と材料、器具と自然気候、匠人による忘我の没頭心と、多年の経験蓄積のすべてが調和する空気の中で進むということだ。工房の労働と作業場が如何にしてこのように調和し融合するのか。我々はそれを知りたいという思いを禁じ得なかった。穏やかで平和な魂と敬虔な心、作業に対する精魂と清らかな純粋さ、金銭や利益に染まらぬ仕事場。我々は古梅園でそれを観たような気がする。少なくても、かような昔日の残照を感じることができた。そして墨造り数百年の工芸伝統と文化の堅守と維持、一つ一つの生真面目な工程、また〝鴨絨のような感覚〟(2)（フェニックステレビの王魯湘が古梅園を取材した際に表現した言葉）を我々もまた感じる事ができたのであった。古梅園のケースでは、古代工匠文化と制作伝統が脈々と伝わり、人と作業、人と自然が調和し、古風伝承を実現している姿を実際に看ることができた。それは今日の大機械時代における、作業と人との間の対立や疎外について、あらためて我々に深い思考をもたらした。

古梅園は明らかに簡単な工匠型企業ではない。創業時を辿れば初めての皇室御用達墨の指定制作者であり、独特な工芸と品質を有している。数百年の歴史の中で、彼らは中国から制墨技術を吸収し、同時に不断に革新を遂げた。古梅園の歴史は一点集中の専業型だが、その中に不断の改良と革新の過程を看ることができる。その優良な技術、品質改良と向上、新商品の不断なる投入や文化伝統への意識など、一部の古き制作工房が歴史の中で霧に惑う中でも、彼らは毅然として前進する史書を書き続けている。

一　ものと精神

制墨がどのように始まったかについて、人が知るところでは日本の制墨は、紀元六一〇年頃、高句麗の僧人曇徴がそれを日本にもたらしたことに始まるという。奈良時代[3]になると、日本仏教の興盛とともに写経が盛んとなり、墨の需要はここから不断に増大していったらしい。当時の制墨は基本的に寺院の専利事業であり、後日これが次第に人々に浸透していく。奈良仏教文化の興盛によって寺院が林立し、鑑真和上は日本に渡り居住を始めている。彼は奈良に唐招提寺を建立、寺院の周辺には多くの工房が並んでおりその中に制墨工房があった。この寺院界隈工房が次第に民間に転移し、奈良の伝統産業と成っていく。

古梅園の公式ホームページ資料中、下記のような紹介がある――。

古梅園は一五七七年に創立、日本江戸時代には最も名声ある御墨作であった。日本室町時代末期に始まり、最盛期は江戸時代、日本のみならず、中国、朝鮮等に頗る影響を及ぼした。その墨名の重さにより一時日本国の官工となり、当時皇家より三回ほど〝掾[4]〟の官名を下賜されている。日本宇野雪村所蔵の『文房清玩』記載によれば、古梅園第一代制墨人松井道珍は〝土佐掾〟

（一五二八～一五九〇）、第二代道慶、第三代道寿、第四代道悦（一六四一～一七一一）は〝和泉掾〟、第五代元規は〝越後掾〟、第六代元泰（一六八九～一七四三）、第七代元彙、第八代以降は元孝、元誼、元長、元淳、貞太郎、元愼がいた。その中で〝和泉掾〟が奈良墨業を最も永く統治した。

初期創業者の歴史はすでに少なく考査が困難であるものの、これら事実から見るところ、古梅園は奈良の多くの制墨工房中でも早く成功し名声を得た〝御用達〟業者であった。すなわち皇家に墨を提供し、歴代〝掾〟官名を下賜され、最高の栄誉を獲得すると同時に最高品質と責任の担い手となったのである。この称号が賜封されて古梅園は一種の崇高な〝使命感〟を醸成し、日本制墨の最高水準と文化を代表することとなる。日本皇室の金庫にはおそらく限界があり、自らの専用制作坊を持つことがなかった（中国では古代より宮廷内に専門制作坊が設けられていた）。民間からの〝仕入〟か、或いは最も優秀な工房を〝官工〟と指定（これはその製造物に対する最高の品質と文化品位の官方認証となった）し、〝掾〟の賜封は一種の至高的栄誉であった。〝掾〟としての栄誉と品質を担うことは代々継承されていく。〝和泉掾〟は奈良墨業を最も永く統治し、記録からおよそ八代にわたりその職域をこの家族が継承している事が分かる。事業の持続発展起因の一端が見えるようだ。

一六代もの伝承中、際立つことはそれがすべて直系で継承され、養子や婿養子継承がなかったことである。直系承継者が小さいときは一時その母親が代理で経営を行ったが、基本的にはすべて直系であった。明らかなことは、異なる承継人がすべて墨作りを〝官工〟として家族が堅守する職業と事業であるとしたことだ。第一六代承継人である松井晶子（女）へのヒアリング中、彼女は次のように表現した。家族の事業は祖訓（先祖の遺訓）の中でずっと要求されてきた――。

口伝された家訓には、如何にしてでも伝統を維持すること、江戸時代と同じ墨を作ること。高品質油煙の墨を堅守し、墨水や墨水筆等他の産品を展開せず、規模縮小に構わず（元来二〇名ほどの工匠を雇用し一人の工匠に二人の弟子をつけたが、現在では半分ほどに減少しているという）、我々は一途に良い墨製造を堅守し伝統を継続していくのみだ。

日本老舗企業の伝統については、生存する多くの老舗が今に至るまで創業当時の原貌を保存しており古梅園は好例である。その店舗は奈良市椿町七番地に位置し、創業以来連綿とこの地で生存している。これは前店後廠(5)の古工房であり、古い家屋の中には今でも一本の鉄製レールがあり、玄関ホールから奥の工房まで貫いて走っている。これは当時敷設された輸送用レールである。そして工房を通る道筋には一本の古い梅の木がある。梅の木は古梅園にとって特別な意味を持つ。聞くところに拠れば、第二～三代の当主らは工房内に複数の梅の木を植樹した。梅が満開のときには多くの文人墨客が梅の木の下に集い花を愛でて絵を描いたろう。その時古梅園の墨造り工房はさながら文人サロンの趣を現し、花と墨の香りの中で濃厚なる詩情が溢れていたに違いない。梅の木は今ではすでに数百年の歴史を刻んでいる。それは古梅園の精神の象徴であり、工匠伝統と品質に融合している。制墨の伝統プロセスの中で、植物油を燃焼させて煤を収集する為の灯火はとりわけ梅の花弁にも似ている気もする。燃焼後の煤の密度を制御する為、灯心は大小にわかれ煤の細密度は灯心が細いほど細やかになるのだが、五つに開いてみえる灯心はまさに梅の花弁の形のようだ。古梅園を取材したテレビは「古梅園制作の各種の墨には多くの梅花の図案があると言われ、特に著名な紅花墨の等級を現す星印はあたかも梅の花弁が品級を決めているようにも見える」（香港拠点の中国語放送局フェニックステレビ）。

これは一六代もの人々が炎で伝えてきた墨作りの物語である。古梅園は古都奈良に位置し、数百年来孜々として求めてきたのはひとつの好い墨を作る以上に——ひとつの唐風の墨を作ることだった。一六代もの人々はこの地において、家の後ろの工房面積は少し大きくし、近代的鉄レールを敷き、家の前は店舗にして、そのブランドと厳格に維持した伝統工芸を、歴史の中で不断に改良し最適化してきた。一六代もの人々がひとつの仕事をする、ひとつのものを造り続ける。この家族、この店舗、そしてここで労働したすべての師匠と弟子達はこのように、来る日も来る日も労働し、これが彼らの天職であり生活であった。家族の中で官職に転じたり、他の職業に就いた痕跡は見当たらない。家族はいずれの時代においてもこの墨を離れて他の事を考えるようなことをしていない。この家族、この工房、このブランドは、あの梅の木と共に一種のモノと精神の融合体を形成し——家族の事業を裁定して不断に成長させる精神と文化の体裁を造り上げた。そしてこの工房は一代一代の修練道場と成ったのである。

今日、我々は経営や社会責任について論じ合うが、古代社会には多くの職業における人群の固定化、たとえば士農工商（一種の階級制度）が存在した。日本では古代から近世に至るまで、職業は固定化し移動するのは困難であった、それが専ら源泉となり、商人は世代を超えて商人であることを堅守した。下級武士や官員が商人化するのは近代以降である。制度的な商人の安定性は、事業の堅守と平常心の制度的基礎や行動制限を形成した。同時にそのものづくり行為を、短期利益や投機から超越させ、商人が富を得て他の社会階層へ転向する煩悩を予防した。中国の情況とこれの差は非常に大きく、商人の職業転向は中国近代では普遍的であった。商人家族は多くが商売ないし製造ものづくりを一種低級職業とみなし、一旦機会や富があれば直ぐに、自らか家族かその子供たちを官吏か士者にし(6)、時には土地を仕入れて豪邸荘園を形成した。中国の歴史上、商人が長期にわたる信念と資本を持って何らかの事業、たとえばモノづくりやサービスが核心的となるような事業を堅守することは非常に少なかった。長期生存は数代の人々の努力と堅守によるものである。その間、他の機会や誘惑や方向転換には目もくれず一途に専業堅守した。それは並大抵にできることではない。

二　工匠の伝統、技と精神

墨製造方法とその工程について初歩的な理解をしなければならない。そうでなければ我々は古代工匠の伝統と精神気質を理解できない。我々の時代は次第に歴史から遠くなり、生活と日常経験はより浅くなりつつある。今日の仕事場と文化は過去の工匠精神に対してすでに大きな認識の距離があり理解すら難しくなっている。

過去には、匠人になる前には長い時間の徒弟訓練が必要であった。一般に徒弟は師匠について一〇年は修行して墨匠になれたという。制墨作業は苦労がつきもので、製品の品質保障のためには、熟練職人は午前四時に起きて仕事を始め、制墨時間中には常に心を払い、周辺には常に二、三人の支援職人がいた。低温管理環境での作業が必要だが、それは墨が寒冷期にしか生産できないからだ。煤煙収集は高温下の作業であり、夏場の最高温度は五〇度辺りまで上昇するという。

伝統制墨工芸。制墨が取る煤煙は一般に〝松煙〟と〝油煙〟に分けられる。松脂を燃焼させて製造する墨を〝松煙墨〟と呼び、日本で出現したのは藤原時代（八〇一～一〇六八）と言われる。その後、鎌倉時代（一一八五～一三三三）に至って鳴りを潜め、そのかわり菜種や胡麻、桐油を燃焼させてできる〝油煙墨〟が出てくる。この技術は八〇六（大同元）年、遣唐使として唐朝に渡った僧人空海が中国から持ち帰ったものである。このようにみてくると、取煙方式はなんと一千多年の歴史を有することになる。古梅園は公式ホームページでその制墨技術の歴史を紹介しているが、明らかに奈良の墨作りの歴史と不可分の関係にあるようだ――。

最初の〝奈良墨〟（油煙墨）は興福寺二諦坊にて制作されたという。紀元一四〇〇年頃、興福寺は油を燃焼して出来た炭制の油煙墨を造っており、それ以前の松脂燃焼の炭を使う松煙墨と比べて、顆粒はより細やかになり、色彩も更に濃厚になり、愛顧する客が増大した為、奈良を代表する産品となっていく。天正年間（一五七三～一五九二）、松井道珍は古梅園を創業した。奈良墨の名声を振い、奈良の制墨業はこの時期民間産業として発展を始める。制墨書が相次いで誕生し、各地から優秀な技術工が奈良に集結し、奈良の制墨業が日本でも抜きん出る局面を形成した。今日に至っても、奈良墨は日本国内市場の九五％を占有している（同社公式ホームページ）。

過去の工匠伝統と技術の中で軽視できないのが所在地域の独特の文化と伝統の影響である。文化の凝集地であり産業の集積地として、奈良墨業は〝日本の九五％前後の市場〟を占有して圧倒的な地位を獲得している。そして間違いなく一流の工匠を惹きつけている。古梅園は第一一代前までは、家族成員による家内制墨であり、その技巧や秘巧の技術機密が外に漏れないようにしていた。古梅園家族世代はコツコツと真面目であるばかりでなく、技術に対しても不断に改良と革新を加え、日本の制墨技術の発展に貢献してきた。

採煙

純植物性油を陶器に注ぎ込み、中の灯心に点火して陶器皿に蓋をする。その後、蓋の内側についた煤煙を取る。この〝採煙蔵〟という蔵の中は、二間の部屋があり、それぞれの部屋に一〇〇の蓋をした皿があり、二部屋合わせて二〇〇蓋である。この数字は江戸時代から変わっていない。同様に部屋には二〇〇皿のたっぷりと注がれた植物油（菜種油が主）の容器があり、その中の灯心に火が灯されると、その火焔の上には煤を集める素焼きの陶器が被せてある。

火焔の大小と油の種類が煤の品質を決定するため、二〇〇もの揺らめく火焔は通常、熟練した職人が統一管理をしており、毎日八時間もの間、不断に灯心の細部を確認して火焔が均一に放出されるよう保障する。火焔は細ければ細いほど出来上がる墨の等級は高くなる。匠人は二〇分毎に蓋を廻し、煤の蓄積具合を確認し、採集可否を確認し、特別な「ハケ」を用いて内側の〝煤〟を掃き落としていく。

膠溶解

原料の膠を二層の鍋内に入れ、湯中に入れて長時間湯煎をして膠溶液を作る（融合用液体）。煤とこの動物骨や皮でできた膠を混合して練り上げ、その間香料を加え同時に毎日温度や湿度に合わせて調整する必要があるのは、出来上がった墨が容易に割れてしまうからである。混合後はよく練り合わされてその後成形される。

型入れ

練りという製造工程は冬季期間のみに行われ、その微妙さから、傍から見ている者にはとても職人が墨泥温度をコントロールしているとは感じられない。練りには全身の気力が必要とされる――その脚、手、膝頭と身体全体に至るまで、その体温が上昇すると熱量が手足から墨泥の中に伝達するからである。練りの要諦は、二つの漢字つまり、均、と緊、であり、墨泥が理想効果に達するか否かは、すべて職人の身体を通じて感じとられる。こうしてよくできた墨泥は木型で成型され墨が生成する。

墨が木型から取られると、まず木灰中に放置し、墨の大小によって数日から週数にわたって乾燥する。墨が陰干される部屋には、数百年来蓄積した木灰が置かれており、異なる湿度に合わせて墨の水を灰に吸わせている。

灰乾燥

木型から出された墨は、まず水分の多い木灰に二日ほど埋め、その後水分が少ない木灰に移される。この灰乾燥は、小型では一週間程度、大型では三〇～四〇日必要だ。この木灰が墨を吸って乾燥する工程中、匠人は天気の変化に十分注意を払い、特に湿気、温度管理が重要である。乾燥の師匠は天気情況によって臨機応変に細部をコントロールしていく。

自然乾燥

墨は木灰の中で乾燥させた後、風通しの良い部屋で自然乾燥させる。部屋の中では、縦に結ばれた長い縄の列が松の木の梁上から大事そうに垂れ下がり、そこには千から万の墨の塊が編み込まれて整然と陳列されている。墨は油煙特有の香りと味わいを発散し半月から三カ月の間自然乾燥される。乾燥させた商品は直ぐに市場には出ない。さらにゆっくりと風に晒す為に一年ないし二年ほど放置する。中には五年から一〇年も置く製品まであるという。

磨き

自然乾燥後、表面に付着した灰を水で洗いおとし、墨の表面を美しく整えていく。その後炭火で炙り、表面を柔らかくした後、磨き工程がある。たとえば紅花墨などの場合は蛤の貝で磨いて光沢を出す。磨かれた墨を空気中三〜七日ほど乾燥させた後に、金粉、銀粉や様々な顔料を用いて彩色する。

三　伝承と革新

我々の想像では、古代の工房は概ね経験と伝統に依拠して運営されあまり変化はないものと思われている。しかしこの印象は不正確であった。古梅園の歴史は、優秀な工匠伝統、技術と品質改良そして革新がそれぞれ相伴って発生し、工匠精神はその側面にしかすぎないことを説明していた。歴史上異なる時期に、古梅園は極力学習し改進し、革新を起こし、時代の変化に適応し、まさに百年企業の長期生存の智慧を表していた。

古い工匠工房の中で、工匠と企業家とは不可分の関係にあった。とりわけ家族工業における製造技術とその伝承は彼自身が担い手でありそれを発揚して輝かせてきた。奈良の多くの工房においては必ず競争があり、各家の工房が品質改善や製造工程や製品革新の為、弛まぬ努力をし、技術要諦は工房生存の核心であった。古梅園は〝官工〟と皇室から下賜された〝掾〟であるために、製造プロセスや高品質を率先して持続し、さらに一種の精神気質と優雅な文化と芸術性の維持が肝要であり、ここに一般民間産品が到達するのは困難であった。これら環境の要請によって、古梅園の伝承人は企業家であり、匠人であり品格と文化、高尚な気質等多方面の結合でなくてはならなかった。かようにして古梅園の歴史は物語性が満載である。

　そのうち心に留まる模範的物語として、第六代と第七代の革新精神があった。古梅園の第六代松井元泰は元禄時代[7]に古梅園を経営したが、その時期は概ね中国の清朝康熙時代と重なる。日本は当時鎖国時代であったが、松井元泰は多くの困難と障碍を乗り越え、一方では、長崎で清朝から来た貿易人に制墨技術を学び、一方では、自ら制作した煤を長崎に持ち込み、清朝人に制墨を依頼した。さらに様々な経緯を経て徽墨名家の詹子云や程丹木から学び技術の交流をおこなったという。

　元泰は匠人であるばかりか、企業家であり作家でもあった。彼は古梅園の長きに亘る制墨経験を、『古梅園墨譜』、『古梅園墨談』、『大墨鴻壺集』等に著した。松井元泰を継いだ第七代当主の松井元彙はこの伝統を継承し、『古梅園墨譜続編』（一七六五（明和二）年刊行）を著した。推測するところ、彼には日本の〝蘭学〟の影響がみえ、墨膠原料試験を開始している。「彼は牛や鹿からだけではなく、魚や草木からも膠質を精製できるとその成果を研究した。享保年間、ベトナムから来た大象が病死した後、幕府は象の皮を古梅園に下賜した」（同社公式ホームページより）。これらの製造工程伝統の総括、試験および書籍化は、古梅園の制墨技術の保存と伝承に重要な作用を与えるとともに、後代や今日の制墨製造工程伝承の基礎を打ち立てた。今日、古梅園の古墨制作は依然として厳格に〝黒譜〟の工程と標準を踏襲しており人々を驚かせる。およそ三〇〇年前、古梅園はすでに古代工匠経験と伝統を超越しその中に改良と革新を融合していたのだ。この革新と伝統継承によって古梅園は、当時多く存在した工房を超越し、皇室と幕府の〝御用達〟となり、市場と技術開発のリーダーとなった。

古梅園の主要な墨製品は下記の通りである。

(1)　漆墨：超微粒子の油煙墨を使用し、古梅園墨匠がその家伝の製法に従い精魂込めて作り上げた墨の中の最高級品。

(2)　極上油煙墨：雁皮紙、鳥の子紙、絵画等に最も適する油煙墨、制墨秘伝の結晶と言える。

(3)　極上青墨：古梅園内で採煙した極上油煙を原材料として嘗ては奈良春日山の草木から採集した最も青墨に適した色素を使用して制作した。

(4)　青墨、茶墨：紀州松煙を主に、純藍、茶墨用顔料を使用、その特徴はそれぞれに異なる薄淡色である。

(5)　紅花墨：紅花から抽出した紅を使用、煤に本紅を混入し、史実の秘伝を再現した名墨。

古梅園で制作される各種墨製品の中に多くの梅花図案があり、紅花墨については、五つ星、四つ星、三つ星などが墨の濃度の違いを現している。これは灯心の太さと細さに拠るものであり墨の粒子の細やかさから墨の濃淡を作り分け、それぞれの墨の特徴を創り出している。それらは均一でなく墨の色も一定ではない。五つ星の紅花墨は古梅園で最も木目が細かいもので最高級の墨である。全て手工制作された〝油煙墨〟粒子は最小で顔料は最も黒く光沢感は最強である。

当時中国の墨は松煙墨であり松脂を燃焼していた。伝えに拠れば最も早くに中国から伝わったのは松煙墨であり、写字、絵画などにその毛筆痕跡を観ることができるが、それらは純正な漆黒ではない。古梅園は一途に如何にしてその品質を改善するか考えていたのだろう。第六代承継者の松井元泰は江戸時代長崎の中国人とともに墨の製法について交流し、膠の種類や煤煙摂取法および粘着剤等について討議したという。この接触を通じて彼は製造工程を研究し、今日の紅花墨の調合に行き着き、さらに第七代がこの調合をさらに完全なものにして紅花墨は古梅園の非常に重要な産品の一つに成ったのである。

江戸末期に達して古梅園は第八代、第九代に承継された。当時の制墨製造工程とその要諦は家族がすべて保守したのではなく、これらは工匠らと共有され奈良がより良い墨を造り出すことを可能にした。明治から大正[8]に至り、古梅園は株式会社化する。第一一代以降の当主らは政治家ともなり、直接の経営ならずも、不断に家業を継承発展させ、同時に奈良墨産業の発展に多大な貢献を残した。第一一代は奈良名誉市長に、第一二代は貴族院議員に就任している。目下第一六代の松井晶子はまだ三〇歳に満たないが、すでに同社に入って七年目である。彼女は現在古梅園社長を務め古梅園の第一六代承継者となっている。

四　伝統堅守

古梅園は現在も尚、その創立時の古き工房を堅守しており、古い建築と伝統は基本的に何も変化していない。フェニックステレビの王魯湘は取材中下記のような描写をした――。

古梅園が最も人々に称賛されるところは、四〇〇年前の制墨方式を今に保存していることであり、この〝採煙蔵〟と呼ばれる蔵の中で、二〇〇もの植物油を満たした素焼土器が置かれていることだ。土器中で燃焼する灯心。火焔の上で煤を収集する土器。火焔の大小と油の種類が煤の品質を決定する為、二〇〇もの揺らめく火焔は、熟練した匠人によって統一管理され、毎日の燃焼時間は八時間にも及ぶ。

第一六代承継者の松井晶子は時代の変化と生存の圧力を意識しているが、しかし伝統継承が彼女の主要な責務と使命であることを感じている。彼女は言う。

現在墨を使用する人はどんどん少なくなっているが、多くの人々の支援により、古梅園は今日までやってきた。他の企業は既に自動化を実現しているが、我々は依然として膠と煤煙を混合し型入れをして乾燥する。このようにして一個一個の墨を造っている。私はこのような古梅園の伝統製法を堅持していきたい。

古梅園は本質においては一介の企業であり、貴殿（著者を指す）が言うように、利益をあげなければ社員の給与にも問題が起こる。伝統制作工程を守護すると同時に、私は更に新たな墨品を創造したい、常々私はそのように考え、この古い制墨方法でこの時代に適応し伝承を継続していきたいと希望している。

家業に対する認識、責任感と伝承堅持は、今日の利益追求経営原則から完全に離れており、企業の生存にすら脅威を及ばせる。しかしこの優秀な産業伝統製法と工匠精神は人々の尊敬を集めている。同時に、古梅園は革新と発展の試み、新墨品の開発、時代の需要変化に適応し、伝統が必要とするところを守っている。

古梅園は江戸時代から昭和の戦争前まで東京、大阪、京都に直営店を有していた。現在は京都寺町に店舗を残している以外は、全国二百余りの文房四宝専門小売店や有名百貨店内専門店に広く製品を卸している。さらにそれら専門店を通じて店舗販売、通信販売含めて海外に輸出される比率が近年増大してきており、昔は全体の五％程度だった海外市場は現在までに約二〇％にまで上昇している。特に中華圏の専門店がその需要を支えているという。

注

(1) 中国明末（一七世紀）に宋応星によって書かれた産業技術書。
(2) 鴨絨：鴨の羽毛、ダックダウン。
(3) 奈良時代（七一〇～七九四年）。
(4) 〝掾〟（じょう）中世以降、町人、職人、営農仁など地下（じげ）の者が受領した名誉称号。
(5) 前店後廠：中国語で前に店があり後ろは工房、工場の意味。
(6) 中国封建時代に大夫（政治家等為政者）と庶民の間にあった階層。
(7) 日本元禄年間（一六八八～一七〇三）。
(8) 日本大正時代（一九一二～一九二六）。

第八章　シャボン玉石けん：グリーン・イノベーション戦略の堅守

一　同族企業とグリーン・イノベーション

同族企業とは、環境が豊かで順調な時に最も効果を著すような類のものではない。その原因は、同族企業とは、外部環境が企業成長に有利な環境においては、その独特な競争力を顕在化させることがないからだ。同族企業のコストは押さえられ、意思決定効率や家族社会資本や創業の意義すら、非同族系企業（人材や資本調達能力がより優れている）と比較して有利ではない。また、同族企業はその業績が良い時に最も効果を著すものではない。その原因は、同族統治とはさらに複雑で脆弱であり（インフォーマルガバナンスと感情要因の影響）、それが家族成員の中で困難を分かちあうことはあっても、利益をわかちあうことが難しいからだ。より良い利益分配は、正式な取り決めが明確な組織にあり、たとえば上場公開企業の契約インフラである。しかし同族企業は、多くが信用と家族関係上の潜在的約束の上に確立されており、会社利益が顕在化しその分配に直面した時、家族内部は衝突と爆発の瞬間となる。多くの事例で検証されていることだ。一方、同族企業はリスク、危機と圧力に直面する際、一般を超える生存力を有する組織でもある。その原因は、家族のガバナンスが企業と組織に組み込まれており、家族内部が外部競争、経営危機、その他の圧力情況下で、翻って内部的団結を形成するからである。また、家族は一時的利益を犠牲にし、企業の生存を維持し難関を通り抜けることができ、これが凝集力に欠ける公開企業と比較できないところである。

今一つ興味深い現象をこのシャボン玉石けん事例でみることができた。たとえば、企業は他社が追いつけないような、将来をかけた遠大かつ大きな戦略目標に直面した時、公開企業であれば株主利益が圧迫される為、経営者は株主や利益相関者から圧力をかけられ、短期的目標と戦略を選択してしまう。翻って、同族企業はうまい具合にかような劣悪な環境の中、その独特な価値を明らかにし、長期視点と長期計画性、責任感を持った家族リーダーの指揮のもとなら、一時的利益を放棄し、過去の財産で補充し、戦略を堅持し、その選択の為一定期間に起こり得る損失に耐えることができる。このような特性を日本長寿企業は証明していた。前章の古梅園のケースも、本ケースのシャボン玉石けんも、すべて家族堅守の模範であり、同族企業の一種独特な存在意義を我々に提示した。まさにこの戦略堅守によって家族企業は一時的利益によって陥る罠や危機を超越し、その長期生存能力と競争優位を強化する。往々にしてその競争力は産業や市場の波やあらゆる危機をさらに乗り超える能力を胚胎する。そうして、新商品開発や革新能力において、同族企業は一時利益戦略を超越することを堅守する。短期予算制約が頑固な株主制約組織について言えば、期を超えた投資や戦略考慮をすることは難しく、短期機会主義に陥って生存は困難になろう。

日本の一部の長寿企業が表現する戦略堅守は一般の経済理論ロジックを超越することがある。多くの企業が生存圧力から放棄するか妥協して折衷案を選ぶのは、所謂、折衷方式が短期利益と長期発展の間の均衡策であり、多方面に利益配分できる（多期に及ぶ容易な戦術）からである。これが中国企業に最もよく観られる戦略的機会主義モデルである。しかし日本の長寿企業ケース中にはこのような戦略を堅守して妥協を許さず、一時の利益犠牲を代償として、堅守すべき戦略目標を維持する傾向が多くみられたのである。実際、この世の中で、同時に二つの道を踏むという、安易な戦略が成功した試しはない。しかし戦略を堅守するには勇気が必要なだけでなく、現実の困難と圧力を受け入れなければならない。

シャボン玉石けんは特に現代的特徴を有した同族企業ではなく、また非常に市場競争力がある企業とも言えない。その継承、家族ガバナンスや革新方面においても特に特徴があるといったものでもない、其の無添加石けん製造技術はすでに公開された情報でもある。しかし、最も重要なことは、そのグリーン無添加理念の堅持とこだわりであり、十数年の時間の中で深刻な業績悪化や大量の人員整理情況に見舞われてもこの戦略を堅持した――これは非家族系企業ないし一般の家族企業では想像もできないことである。これは二世代の家族メンバーによる決心と意志が成したところであり、家族の寛容と受け入れ、最終的に心を合わせた協力なければ達成できないことだ。ここに日本老舗企業の独特の一面を視ることができる――善に対する追求が利潤追求を超越する、これは短期的にみれば非理性的にみえるが、長期的にみたときには企業の長寿と発展の重要な力量となっている。

二　シャボン玉石けんの創業と転換の過程

(一)　家族創業百年

一九一〇年、シャボン玉石けん株式会社の前身――〝森田範次郎商店〟が福岡県北九州市若松区に創業成立。主に各種日用品を販売していた。当時若松は石炭の積出港として賑わっており、多くの石炭運搬労働者が居住していた。彼らの仕事は汚れが多く、石鹸と洗剤には大きな需要があったため、同商店は次第に石鹸と洗剤販売に特化した。そして最後には一介の販売商店から自主生産と販売を同時に行う製造販売業に転換し一九四九年に会社は法人化する。石炭産業の衰退に沿って若松区付近の商売は影響を受け始め、同社は業務の重心を若松区から全北九州市地域へ拡大していく。一九六四年、創業者森田範次郎は家業を息子森田光德（表8―1参照）に継承する。当時同社

表 8-1　シャボン玉石けん株式会社の各代継承人

第1代	第2代	第3代
森田範次郎	森田光德（初代の三男）	森田隼人（第2代の末子）

表 8-2　シャボン玉石けん株式会社の基本経営データ

会社名称	社長	創業年	株式会社設立	売上（円）	社員数（人）	業務内容
シャボン玉石けん株式会社	森田隼人	1910	1949	60億	40	無添加洗剤、洗浴用品

出所：数字は2017年同社訪問ヒアリング時のもの。

の主要生産は化学原料使用の石鹸と洗剤であったが、一九七〇年代に天然石鹸の専業生産に転換した時、光德は会社と製品に新しい名前をつけるべきだと考えた。当時日本で流行した歌があり、歌詞の一句に〝七色の虹シャボン玉のよう〟とあり、光德はそれを口ずさんだ時、シャボン玉という言葉が気に入り、そこで製品名と会社名をシャボン玉石けんに変えたのである。

〝健康な体ときれいな水を守る〟を理念とし、無添加石けんという同社の核心的製品であれ、近年開発した石けん系消火剤であれ、おしなべてこの理念のもとにすべてが進められてきた。

(二)　二代目の使命と方向転換

一九六〜七〇年代、日本は高度成長に入り国外から合成洗剤の輸入と洗濯機の普及が始まっていた。第二代の森田光德は新しい発展機会の到来を意識し、扱い商品の転換とレベルアップを進め、他の企業より早く合成洗剤領域に参入、これより同社の売上は大きく上昇し社員数も一〇〇人に達した。

一九七一年同社は旧国鉄（現ＪＲ）から無添加粉末石鹸の発注を受け、これが同社発展の決定的転換点となる。当時国鉄は長期にわたり合成洗剤で車両を洗浄していたが合成洗剤だとすぐ錆びていた。そこで国鉄部門は光徳に錆びないような洗剤生産ができるか打診した。光徳は思った。国鉄はかように大きな組織であり、難度は高いけれどもこの製品研究開発は成功しなければならない。彼は昼夜の別なく休まずに研究を推進し、ほとんど帰宅せず車中で時を過ごした。そうして一ヶ月を通じて光徳光徳は遂に当時の日本産業規格（ＪＩＳ）を超える無添加石鹸（石鹸成分九六％、水分五％）を制作した。この成分効能を確かめる為彼は自らそれを使用してみたところ、思いがけなく意外な収穫を得るのである。無添加石鹸を一週間使用してみたら、なんと多年に亘って悩まされてきた自らの皮膚湿疹が完全に消滅したのだ。試しに再度合成洗剤を使ったらなんとたちまち湿疹が再発した。

光徳は合成洗剤には人や環境によくない成分が含有されており、もし無添加石けんに変えてみれば人の健康や環境に有益ではないかと思案する。しかし当時は合成洗剤が圧倒的に販売業績を支えていた。光徳は北九州市で消費者調査を行い、無添加石けんに対する反応をみようとした。市民の無添加石けんに対する反応は頗る良好で、光徳の自信は少し高まった。彼は新商品紹介のハンドブックを作成しスーパーで大量の宣伝を開始する。しかし小売業者は合成洗剤が販売主流の中で新商品、とくに純天然製品は売れないと主張した。光徳は当面、無添加石けんの大量製造と販売を断念せざるを得なかった。消費者が受け入れても扱い取引先の協力なければ成功は難しかった。光徳は合成洗剤生産の継続を決定した。

光徳は長年体調が悪く、四〇歳時には過労から入院している。彼は入院中人生について考えた。限られた時間の中やりたいことをやるべきではなかろうか。退院後光徳は重大な決定を行う。彼は社員に対して言った。「体によくない商品と知っているならば、当然それを売ることはできない！」。一九七四年、同社は業績が増え続けていた合成洗剤の生産販売を全面停止する。社員は猛反対し、光徳の母親ですら反対したが、しかし光徳は聞かなかった。光徳のこの重大決定は会社をつぶすことにもなりそうだった。七〜八〇年代の日本では消費者の環境意識はまだ高まっていない、産業界の環境製品の知識も欠けていた。同社の売上への打撃は大きく、売上は従前レベルの一％に満たなくなっていた。月額八〇〇〇万円の売上がなんと七八万円にまで減少したのである。売上減少にともない、多くの社員は自信を喪失し会社を去った。社員数は激減し、同社にとって最も困難な時期となる。社員は一〇〇名からなんと五名にまで縮小する。会社経営はかように困難に突入していたがそれでも光徳は合成洗剤生産販売を回復しなかった。実は、当時、同社製品で湿疹が治癒したという顧客、我が子の皮膚病が治ったという母親等から感謝の手紙が届いており、これが光徳に一種の経営使命感を与え方針を堅持させた。一九七四年から一途に一九九一年まで同社は連続一七年赤字を経験。原材料購入支払いの延期依頼をしつつ、合成洗剤生産時の資金蓄積と銀行融資、社員の自主減給等でなんとか経営を持ちこたえた[1]。

一九九〇年代に入り、遂に転機が訪れる。一九九一年、光徳は『自然流「石けん」読本』を出版し、合成洗剤と無添加石けんの違いを紹介する。同書は当時一世を風靡し一気に一〇万冊を売り上げた。同書は無添加石けんの優位性を社会に説明し、無添加石けん受注量は遂に上向きに転じる。同社業績はゆっくりと回復していった。当時の日本は高度成長期の環境公害問題に正面から直面しており、大気汚染、工場排水による水質汚染、土壌汚染、さらに各種の疾病を発生させていた。とりわけ琵琶湖公害事件発生で、市民の環境意識は大きく高まり、光徳の『自然流「石けん」読本』と無添加製品は多くの関心を集め始めた。無添加石けんは人類と環境および水に対して無害の環境にやさしい製品であることが広く人々に受け入れられていく。一九九二年、同社はやっと黒字を実現する。一九九九～二〇〇〇年期間、日本には相継いで食品安全事件が発生し、産品の品質、安全は次第に人々の関心を集め、それは日用品も例外でなかった。無添加石けんの販売量はゆっくり上昇し、最初は口コミや共同購入郵送で販売していたものが二〇〇五～二〇〇六年頃から、大型小売店舗からも受注するようになる。光徳社長が堅持したこの意志は、遂に無添加製品を市場に普遍浸透させ、同社業績は大幅に上昇したのである。

同社の年間売上は六四億円（二〇一七年）[2]、輸出額はその四％ほどあり、輸出の六〇％は中国向け、その他はマレーシア、シンガポール、韓国、ロシア、米国等となっている。社員数は九五名でパート・スタッフを加えると総数一四〇名（二〇一七年）[3]。シャボン玉は日本の無添加石けんの先駆者としてリーディングブランドとなった。その製品は日本家庭のどこにでも見られる商品である以外に、今では世界各地で見られるようになり、シャボン玉石けん株式会社は無添加石けん浴用品を中核製品の基礎としつつ、積極的に新商品研究を進め、現在は環境への影響を軽減する石けん系消火剤などの新製品を開発している。

三　第三代の継承

二〇〇七年、森田光徳の息子森田隼人が第三代社長として就任し、その半年後、光徳は逝去する。隼人と父親光徳が会社の中で共に仕事をした時間はわずか七年。しかし父親の製品品質と安全に対する非常に強い責任感は第三代に深い印象を残していた。そして経営の中途、大量な社員離脱経過の中で光徳は息子に言った。社員は我々の最大の財産であると。継承の準備については、もともと父親が会長を、息子が社長を三〜五年務めることを考えていたのだが、隼人の社長就任後、半年も経たずに父親は逝去した。隼人はもちろん幼少時からいずれは父親の仕事を継ぐことを意識はしていた。しかし、光徳は〝役職が人を育てる〟という考えを持っており、隼人は若くして社長に就任した。経営の中では多くの挑戦に遭遇した。隼人は承継後、同社の歴史とその一貫した会社風格を維持すべきことは、社長なりたての自分にとっては大きな圧力と感じられたと言う。

隼人の記憶では、彼が出生した時祖父はすでに亡くなっており、経営に関する具体的技巧はなにひとつ伝授されなかった。唯一祖父から父親へ、そして自分へ継承されたことは、酒は純米酒だけを飲む習慣だった。しかし、企業理念と文化において、祖父の時代から言われていたことは〝健康な体ときれいな水を守る〟であり、これが一途に企業理念として継続されてきたと隼人は思う。父親は昭和に生まれ、学習院大学文政学部政治学科を卒業している。父親は静かで寡黙な人であり、宗教観は普通の日本人で、家には神棚と仏壇があった。父親は古典文学を読むのが好きで、中国の『大学』など経典も読んでいたという。母親は、父親が困難に直面していた時はそれをよく支え支援した。隼人は関東の大学で経営学を学び卒業している。姉が一人いるが家業には従事していない。

四　グリーン保証：革新と全バリューチェーンのコントロール

グリーン環境と無添加は単なる理念ではない。原料供給、生産と販売等、一連の流れの中で実施される実践である。これは単にプロセスと品質管理の問題に留まらず、より重要なことは血液中の文化と価値観がそこに浸透しそれを支える必要があることだ——つまり必要とあれば目の前の利益を犠牲にすることと投資を増やすということ。リーダーと社員はこれに向けて行動を一致させる。この種の工匠精神は一般的意味上の製品品質コントロールと違う。より多くの精神や道徳力量の訴求と堅持が必要である。

実際、無添加石けん製造のため、第二代社長の森田光徳は生涯をかけて尽力し、社員を引き連れて革新を進め新たな試みを実施し、自ら実験対象となった。「体によくない商品ならばおのずと売ることはできない」と言い切り、巨大利益と損失の狭間で、会社は巨大な打撃を受けるだろうが、それでもそれまでの合成洗剤業務を停止して無添加石けんを堅持した。しかしこの無添加石けんが新商品となるには、純天然かつ人体と環境に無害で汚染をもたらさないことを保証しなければならない、つまり原材料供給、生産から販売まで全行程のコントロールが必要である。この工程を消費者に開放し、書物とメディアを通じて無添加石けんの優位性を宣伝しなければならない。消費者は商品をよりよく理解し信頼を増大させねばならない。ここにおいて彼の意識はすでに会社の業務や利益拡大の目的を超越し社会責任と価値観の体現に向けられていた。伝統老舗企業の工匠精神と現代的グリーン環境保護理念がここで結合点に到達し、彼は商業が世界を変える、〝善〟の力を世間に披露した。これは現代社会で多くの商人に観られる利益盲従や投機謀術の姿勢とは鮮明な対照を成している。これら〝善行〟と堅持が最後には社会の認可を得て、この百年企業はグリーン戦略の道程上さらに隆盛し発展していくだろう。

下記、同社のグリーン・バリューチェーン・コントロール中の工匠精神をみてみよう。

製品原材料の品質コントロール

シャボン玉石けんの無添加石けんは牛脂、米ぬか油、ひまわり油、オリーブオイルやパーム油等の動植物油脂を原料としている。人体や環境生態に有害な成分、如何なる防腐剤、人工エッセンス、蛍光増白剤や起泡剤などは一切使わず、純天然材料のみで製造され使用後の排水は自然分解する。原材料の品質管理のため、同社は原材料供給メーカーに対して防腐剤不使用を依頼し、厳格な制御と検査を要求している。たとえば、牛脂の鮮度と品質確保の為、同社は九州地区の優良サプライヤーを選別している（同じ九州ならば自社から検査員を派遣し品質の追跡・監視を行い易い）。毎週一度ではなく三度の納品をさせるのは時間を短縮し鮮度を保証するためであり、生産計画にそって毎回小口納品を行い酸化するのを予防している。原材料のパームオイルはマレーシアの工場と長期提携し提供を受けており、その農場から精油工場に至るまで日本の一商社が品質制御の全権責任を負っている。検査に合格した油料のみが日本に向けて輸出され、運輸中も極力空気接触のない整備がされ、工場に入る前のパーム油品質管理から検査そして監督を行う。さらに、同社は社員を定期派遣して（年間二、三回）現地農場で現場指導を行っている。

製造プロセス

シャボン玉石けんは無添加石けんに伝統製法を採用している――鹸化法（釜炊き法）で一定時間釜で煮詰めて精製する方法。この伝統製法は地中海一帯における古くからの天然石けんづくりの一つであり、早くから日本に伝達されていた。他社の多くは合成洗剤と純天然洗剤を同時生産したが、シャボン玉石けんは無添加石けんを専門に生産した。また製造プロセスは旧式であるものの、職人技術が重要で、匠人による眼、匂い、耳、触感、時には舐めることで石けん液の出来具合を確かめる。このような職人技術習得には一〇年の育成時間が必要と言われ、同社は職人育成に特別に注力してきた。

五　伝統と革新

シャボン玉石けんは無添加石けんを核心商品とする以外に、新商品開発にも力を入れている。二〇〇一年、同社は北九州消防局から新型消火剤の研究開発を依頼されて大きな転機を迎える。一九九五年、阪神淡路大震災は二八五件もの火災事故を引き起こし五五九名の命が失われた。その原因は消防栓と地下水槽、水道管の破損によって、消火用水の確保ができなかったことにあった。これはその後、外国から大量の消火剤輸入をもたらすことになる。しかし、北九州消防局はこの北米から輸入した消火剤が放出する泡沫が環境二次汚染を引き起こす恐れがあることに気付く。戦後経済成長がもたらす負の影響（環境公害）を経験していた北九州市は、消火器は高性能で消火し尚且土壌や河川への環境負荷が小さい消火剤を探すことを決定した。消防局の眼は当地で無添加石けん製造のリーダー企業であったシャボン玉石けんに向けられる。依頼を受けてシャボン玉石けんは固形石けんと石けん粉末の開発と生産技術を運用し、消火に適した液体石けんで消火剤を生産する技術研究開発を開始した。そして二〇〇三年からの北九州市立大学等との産学連携により、二〇〇七年遂に世界初の環境毒性の少ない石けん系消火剤〝ミラクルフォーム〟を開発する。水のみの消火と比較して、水使用が大量に減少する以外に、天然系（石けん系）界面活性剤で過去の界面活性剤を代替し、環境毒素が大量に減少、消火剤の生物分解に必要な時間を、従来の平均二週間から一～二日まで大幅に縮めることにも成功した。産学連携研究の蓄積と協力経験を基に、同社は北九州市立大学と協力し、非合成系森林火災専用消火剤を開発した。復燃の危険性を防止し、防火地域建立と火勢蔓延阻止の方面におけるその効果は予想以上で、二〇一二年米国で特許申請し、さらに一歩前進し世界市場参入を推進している。

その他、二〇〇九年、同社は他の機関と協力し感染症対策研究センターを成立し、石けんの感染症予防効用の研究を始めた。二〇一一年にはさらに〝石けんリサーチセンター〟を成立し、石けんの他領域における効用、たとえば、畳のダニ防止用石けんなどについての研究を始める。

これら一連の製品開発は、あまねく〝健康な体ときれいな水を守る〞という企業理念に立脚しており、無添加石けん技術の開発と経験が基礎となって派生した新商品や活動である。同社の伝統技法との良好な協働効果は他にもみられ、たとえば消火剤製品は、同社研究開発人員の研究意識と能力を大きく向上させた。消火剤で成功した研究開発と生産は、企業ブランド効果を増強し、その伝統製法の新領域――消火剤研究開発――への応用は、広くメディアの関心を呼び、世間の注目を集め、社会価値創造を実現した。

六　グリーン環境保護価値観の伝播

シャボン玉石けんはその製品を通じて〝健康な体ときれいな水を守る〞企業価値観を一途に伝達してきた。一方で、テレビや広告などで製品紹介する際、消費者に対し、製品購入時に必ず商品タグを見て成分表示に留意することを奨励、環境保護に対する意識喚起に努めている。さらに、一方で、消費者や業界人の同社工場見学を歓迎し、彼らに職人の作業を見せ、職人が自らの舌を使って石けんの出来具合を確かめ、無添加石けんが人体無害であることを知ってもらっている。その他、シャボン玉石けんは積極的に講演活動や勉強会、出前授業を行っており。環境学習や石けんの良さなどの啓発活動を行っている。光徳は在世時、年間およそ一〇〇回の講演を行い、現在でも同社は年間およそ四〇回の講演を行っているという。その中で第三代社長隼人本人が二〇回程度の講演を自ら担当する。講演では、聴衆に対し無添加石けんと合成洗剤の区別と識別の方法を教え、さらに、フェイスブック等ソーシャル・ネットワークサービス環境でも商品情報や知識普及に努めている。二〇一七年、フェイスブックでは五五、〇〇〇人がいいね!を押していた。シャボン玉石けんはまた多くの社会活動に参加し、環境保護活動においては主催者ないし協賛者になっている。同時に皮膚病専門大学教授等と協力し、データ化と可視化を通じて、学術研究の角度から同社製品と環境保護理念を伝播している。

目下のところ経営規模拡張に関わらず、組織機構は不変に維持されており調整はない。消火剤販売方面においては顧客層が従来の個人から行政単位に変化したが、直接販売には参入せず、消防関連商品や設備を扱う専門取引先に販売を委ねている。現在マレーシアの消火剤市場開拓に注力しており、北九州市からの大きな支援も得ている。当面は市場開拓のための単独専用チームは形成されていない。シャボン玉石けんはその製品多様化と国際化の方向によって大きな発展空間を有する企業である。

注

（1）これに関する情報とデータは我々の実地ヒアリング調査に基づく。

（2）二〇二一年の年商は八七億円。
（3）二〇二一年の社員数は一〇七名でパート・スタッフを入れると一四七名、他役員五名。

第九章　川島織物：御所御用達織物工房から現代繊維企業へ

一　川島織物：本ケースの基本情況

川島織物は創業者川島甚兵衛が一八四三年創立し、以来今日まで一八〇年の歴史を有する。同社は家族による経営を第四代で終わりそれ以降継続していない。二〇〇六年株式会社セルコンと合併し、現在の社名――株式会社川島織物セルコンに変更、その後二〇一一年株式交換を経てＬＩＸＩＬの完全子会社になった(1)(2)。

川島織物は一八八八（明治二一）年室内装飾領域に参入し、明治昭和の宮殿内装の名門企業となる。一八九一年ロシアのニコライ皇太子（後のロシア皇帝ニコライ二世）訪日で皇太子御用達の栄誉を得、さらに御紋章使用を贈られる。室内装飾部門ではカーテン、床材、壁装などを製造。同時に同社は帯や舞台の緞帳、祭礼幕も製造、祇園祭の祭礼幕も手掛けている。

川島織物セルコンの主業務は、和服衣料から室内装飾へと発展し、現在はインテリア・室内装飾商品と呉服・美術工芸品が主となっている。本社は京都市左京区。製品によって機械による生産手作業による生産を使い分けている。生産される製品はすべてが精密設計で品質重視、高級市場に照準があてられている。資本金九四億円（二〇一七年当時。二〇二一年一月に一億円に減資）、従業員九六一名（二〇一七年当時。二〇二一年現在は約千名）、国内に一箇所の生産工場を持ち、主にカーテン、帯、緞帳、美術工芸品を製造。工場と事務所は同じ場所にあり、それ以外に複数の拠点や営業所がある。

産業資材方面においては主に輸送機器用の内装材事業を主要としていたが、二〇〇九年一二月トヨタ紡織、川島織物セルコン、豊田通商を母体としたＴＢカワシマ株式会社を設立。二〇〇六年四月一日、神戸のインテリアメーカー、セルコンと合併、川島織物セルコンとなる。両者は元来室内カーテンの有力メーカーであり、合併により、オーダーカーテンの分野で強力なインテリア企業となった。企業の取り組みの方向性は、技術の継承と発展に尽力するとともに、積極的な機能性織物と環境型製品の開発等により、時代にマッチした製品を開発、それにより産業の発展をリードしていくことだ。

川島織物企業発展沿革中の主要軌跡は以下の通り。

初代、二代：技術精進、皇室用織物製品の生産

一八四三年企業創立初期、主な業務は和服と帯の販売であった。

しかし、二代川島は一八八六年欧州視察をし、現地西欧の宮殿やその他建築内部で、織物が装飾品となっていることに気づく。当時の日本にはこのような文化風俗がなかった。彼は早晩、西洋文化が日本に入ることをいち早く判断し、日本伝統の和服織物技術を使用して欧州の織物方法に改良を加え、室内装飾品を生産し始める。一八八八年、川島は明治宮殿造営にあたり室内装飾織物を制作。室内装飾織物を広く伝える為、二代川島は一八八九年京都に織物参考館を建立、これが日本で最も早い企業博物館となる。そこには初代創業者による多くの作品や、異なる地域や国家から収集した織物が展示され、なかには中国明末織物も含まれ、これらを活用して各種織物技術の習得を行った。一八九〇年以降、同社は世界博覧会に参加しその高品質製品を展示していく。

一八九一年、同社は日本初の宮内庁御用達となる。同年、ロシアのニコライ皇太子が同社参観の翌日日本警察官に斬りつけられ負傷する事件が起こるが、この事件のお詫びとして明治天皇より同社製作の織物がお見舞いとして贈られた。この織物は、今でもロシアに保存されている。その後、同社はロシア皇室の紋章を贈られた。

三、四代：製品範囲の拡大、生産規模の拡張

一九一〇年、三代が社長に就くと、同社は実用的普及品の開発と生産に転向し始める。

一九一九年、室内装飾品用広幅力織機を稼働。量産を開始しこれが一大転機点となる。

一九五六年、さらに業務領域を拡大し、自動車内装に参入。

一九五七年、正式に〝株式会社川島織物〟に社名変更し今日まで継続している。

五代以降：家族による経営を終了。輸送機器用の内装材事業で海外展開

一九七〇〜一九九〇年、四代が選出した幹部が二〇年にわたり社長を務める。輸送機器用の内装材事業のグローバル化により海外進出スタート。海外工場設立、海外シートメーカーとの提携などを行う。

一九九四年、フィリピンに海外で初の工場設立
一九九五年、中国上海に中日合弁会社〝上海福海龍織物有限公司〟を設立。

二〇〇二年、中国に〝川島織物（上海）有限公司〟設立。米国に〝KAWASHIMA TEXTILE USA, INC.〟を設立。

二〇〇二年、タイに進出。

二〇〇四年、中国上海に合弁会社設立。

二〇〇六年、ホームインテリアを主力とするセルコンと合併、川島織物セルコンと改名。

二〇一〇年、輸送機器用の内装材事業が別会社として活動を開始。

二〇一一年、ＬＩＸＩＬの完全子会社となり非上場となる。

二　学習と革新：本ケースの研究意義

織物業は産業革命以前、最も技術と芸術が含まれた産業であった。その手工業織物製造技術の進歩は一般には限定的だったが宮内省御用達は違っただろう。それは重要な工場型の作業であったに違いない。日本では、皇室に出入りして御用を賜る商人や業者で、質の良いものを提供していると認められたものに「宮内省御用達」の称号が与えられていた。川島織物は西陣地区の織造工房として御用達に選出され、その技巧をリードし発展させていく。

二〇〇七年、川島織物は創立一六三年に達した時、『川島織物創業一四五年から一六三年（企業合併）までの歴史』を編纂した（以下『川島織物創業史』と簡略）。それは体系的に会社創業歴史を回顧したものとなっている。同書の史料は詳細で充実しており、珍しい貴重な歴史的写真や記載が満載され極めて得難い創業史記になっている。同族経営を四代で終え、その後合併なども行われるが、企業の歴史は依然として継承され、当時社長の青戸紘は発刊のことばの中で次のような総括を行っている――。

株式会社川島織物は、一八四三（天保一四）年二月二六日に初代川島甚兵衛が呉服悉皆業を始めてから、昨年四月一日に株式会社セルコンと合併し、株式会社川島織物セルコンとして生まれ変わるまで、一六三年の歴史がありました。

その間、社業の記録は、一九八九（平成元）年一一月に発行した『一四五年（錬技抄）』を直近として、過去四回の編纂が行われております。

本書は、その五回目として、一四五年以降を中心としながらも川島織物の歴史を総括する形でまとめました。

二代目甚兵衛は、日本の室内装飾の先駆者として文字通り身命を抛って織物の創作や技術の改良に尽力しました。こうした甚兵衛の努力は、その製品・作品を明治宮殿、東宮御所（現迎賓館赤坂離宮）はじめ、各地の日本を代表する建築物や船舶などの内装に採用頂いたことや、一九〇〇年前後に欧米で開催された世界万国博覧会で数多くの大賞、金賞を頂戴したことなどにより、川島ブランドの確立に大きく貢献しました。

この事業精神を三代、四代、岡部正、南莊郎および歴代の経営陣が継承し、伝統産業である西陣の帯や綴織などの美術工芸品や特注室内装飾織物に加えて、新しく日本経済の発展を担ってきた住宅産業用室内ファブリックスや自動車・航空機・列車等移動体空間用のファブリックスを展開して来ております。

また、一九四九（昭和二四）年には、いち早く証券市場に上場し、家業から企業への脱皮を図るとともに、一九六四（昭和三九）年九月には事業のさらなる発展を目指して、西陣から織物の製造に最も適した現在の地、市原に社運を賭けた近代工場を建設するなど経営面でも様々な先手を打ってまいりました。

このようにして、川島ブランドは明治以降、いわば「日本発、世界一の織物」を目指した先人達の努力によって築かれ、磨きあげられて強固なものになって来ました。一方で、事業領域の拡大につれて、「美」の表現を目指した美術工芸部門と「資材」としての事業を目指した自動車部門、そしてその両方の顔を持つインテリア部門との境界が曖昧になって来たことから、それらの特性への理解が薄れ、加えて、価格競争の渦に巻き込まれたこともあって、業績は低下し続け、現在もいまだ再建途上にあります。

しかし近年、全社員で取り組んできた業績改善への努力や今後の成長・発展に向けた布石の成果も見えております。

こうした中、川島織物が新たなに川島織物セルコンとして、その新しい歴史を切り拓いていくことを決意し、川島織物としては、最終号となります『川島織物創業一四五年から一六三年（会社合併）までの歴史―新しい伝統の創造を目指して―』を発刊することと致しました。ご笑覧賜れば幸いでございます（『川島織物創業百四十五年から百六十三年（会社合併）までの歴史』株式会社川島織物セルコン、二〇〇七）。

川島織物の歴史は非常に長いとは言えない。しかし創業者とその後何代かは記録を残しており、さらに一九八九年編制の『錬技抄一四五年史』では同社一四五年の歴史総括がされている。『川島織門創業史』で五回目の再整理と補充が行われ、これは詳細な創業、業務、製品の歴史記録大全となっており、日本近代企業の発展歴史理解にとって間違いなく極めて得難い史料となっている。そして織物工芸設計、織染方法の創新、技巧、設備、材料の革新路線の上で、ずっと時代の最先端を走り続け、技術、設計と工芸において業界をリードした。歴代社長らは真摯かつ真面目に努力を続け、常に〝真善美〟を追求した製品と芸術を創造した。時代は変遷し、需要や市場、技術に大きな変化が発生し、会社経営にも起伏があった。しかし革新と品質への追及は変わることはなかった。その中で、明治維新時期、二代は欧州視察旅行を通じて、西方の工芸と染織方法を学びそれを吸収することで、日本の伝統的な織物である西陣織の改良に努めた日本企業の学習と創新精神がここでもまた体現されていた。

三　企業家精神と家族伝承

川島織物の創業史には典型的な日本企業家精神の体現を観ることができる。創始者文次郎（初代川島甚兵衛）は一八一九年生まれ。祖先は武士であり、後に武者落ちし漁民となる。文次郎の祖父は木綿を扱う商人で、その後文次郎の父が絹織物を始めるが三一歳で逝去する。其の時文次郎三歳。文次郎が九歳の時今度は母親が他界して祖母に養育される。一三歳で父の商売を継承すると立志。家を離れて京都に向かい、そこで絹織物商大手の〝紅粉屋〟に徒弟として入店する。そこでは、こつこつと真面目に働き店主の信任を得、主人亡き後は自ら独立した。一八四三年二五歳の時、京都六角室町末広路に上田屋という名前で自ら事業を起こし、自称上田屋甚兵衛と名乗る。勤勉に営み、積極的に呉服を販売し、次第に反物商人としての基礎と素質を培っていく。

一八五八年、幕府はロシア、英国、フランス、アメリカ、オランダと通商条約を締結し、神奈川、長崎、函館の三港を開放した。甚兵衛は、これは貿易発展の契機になると察知し、ただちに長崎に店員を派遣し、京都西陣織物の販売を開始し、同時に西洋布地を買い入れて逆に京都市場で販売することを始めた。これは西洋反物が京都に出回る発端となり、彼は素早く成功を収めて資産も増え、創業地から街中へと漸次店舗を大きく構えていった。明治維新以降、彼は神戸の貿易会社や金融業から招聘されて正規社員にもなっている。この時、上田屋は自身の子に譲渡し、彼自身は川島甚兵衞と改名した。彼は商売で成功するとともに日本の織物業の発展にも貢献していた。明治初期の西陣は至るところ多くが粗製乱造に陥っており、この状況を憂いて甚兵衞は、一八七四（明治七）年京都府に対し、『織物業者取締りの建白書』を提出、西陣市場に大きなインパクトを与えている。また、明治元年（一八六八年）、甚兵衞五〇歳の時、早くも息子の辯次郎（一六歳）に家業を譲る。

川島織物事業が大発展するのはこの二代甚兵衞の期間である。二代甚兵衞は二七歳で初代の病没とともに二代を襲名。彼は朝鮮との商売を開拓したばかりか、欧州視察団に参加して学習し、西陣織を改進してその伝統織物造りを、衣類から室内装飾領域へと拡大していった。二代はすでに企業家であり革新者であった。『川島織物創業史』に、二代甚兵衞を活き活きと描写するくだりがあり大変興味深い――。

辯次郎は生まれながらに織物にひかれ、幼児期から好んで錦繍の断片をもてあそび、織物見本を集め、筆をとれば織物の図藍を描き、自ら楽しむという性質であった。

それを見込んだ父親の助けもさることながら、早くも一六歳で単身巻頭地方の機業地を巡訪して実地見聞を広め、技術の習得に努めた。

成長するに伴って各地各種の織物製法はもとより、それに関連する製糸、精錬、染色などの研究を深めていった。こうした中、古今にわたる織物資料を蒐集して今後の基礎を固めていったため、家督を継いだときには既に一人前の織物業者としての技能と見識を具えていた（『川島織物創業史』一四頁）。

彼は全国各地の織物技術と朝鮮貿易を通して、西陣織技芸の改良の必要を深く感じ入るようになっていた。そして、駐ドイツ公使とともに欧州を視察し、多くのの織物サンプルと資料を持ち帰り研鑽を深めていく。二代はさらに技術を改善し、業務領域を壁掛から室内装飾へと開拓し、設備の導入と改良を実現していった。業務においては伝統工匠と近代機械を結合し、日本最高品質と技芸の織造工場を起こしていった。二代はこのようにして家業の為に堅実な基礎を打ち立てていくのだが、これ以外に彼は制度なるものを制定する。それが〝家規三三二条〟である――。

その第一条で「本商は呉服太物染悉皆唐反物等の売買を主とし必ず之を大切にすべき事」と記して営業の品目を明らかにし、「限月物（実品を扱かはず上瑞金のみの請佛を為の類、総て見込み相場等を云う）腐敗し易き物日を経て変化する物蠶種紙甚しき流行物僅少の時候を争う物及通貨の売買並に浮業は一切之を厳禁」と定めて、本業以外でもうけることを禁止した。これが後の事業基礎になっている（『川島織物創業史』一四頁）。

三代川島甚兵衛は旧加賀藩井上盛重の三男の三六（名前）であり、二代甚兵衛の娘婿となって事業継承する。三六は東京帝国大学法学系英法学科卒業後、暫く日本興業銀行で業務した。三代の経営理念は、二代が振興した西陣織の理想を伝承することと同時に、時代需要に順応し適応した実用型普及品開発と量産であり彼はこれに尽力した。その証として、娘婿であろうが養子であろうが、承継者としては家族事業に誠心誠意忠誠を払って働いた。三代はずっと身体がすぐれなかったが決して仕事を放棄しようとはしなかった。眠れぬ夜に床の中で書いた『仰向け録（仰臥録）』は彼の心の軌跡を表し、ひいてはそれが会社の重要な訓言となったのである――。

(1)　処世は誠意誠心を以って人に対する事。
(2)　人を使うに、功は使用人、技術職工に帰し、責任及び失策は主人之を引き受ける事。
(3)　学を忘るる事。
(4)　官界に望みを絶つ事。
(5)　工業会の変乱には注意周到なるべき事。
(6)　同業者の反対又はぼうがいの言語挙動は免る可からざるに付き、之等に対し敢えて反抗の態度を取らず、光風晴月の度量ある可き事。

(7) 一方、心身を費すと共に、之を補う方法を怠らざる事。

(『川島織物創業史』二一八〜二一九頁)

三代甚兵衛は四〇歳で病で他界、その在任期間は一〇年に満たなかった。その継承者はあまりにも幼すぎたので、川島では親族会議体制が敷かれた。三代甚兵衛在世時委託した当時の川島家顧問の井上友一(三代の長兄、後の東京府知事)、早川千吉郎(後の満鉄総裁)、渡辺魁(二代の友人、元鉄道会社大阪支店長)、湯浅七左衛門(湯浅電池社長)、斎藤常三郎(神戸商業大学教授)、井上一次(三代次兄、陸軍中将)達が川島家の舵取り役となり、事業については彼の親友山本五郎(後の川島織物会長)が顧問を務めた。これ以外に、澤村芳之助、龍寿雄、田中栄治郎、高木由三郎等川島家の幹部らが加わって、三代甚兵衛逝去後一致団結、川島の事業を守り維持することを誓いあった(図9—1参照)。このような制度は他の文化圏には多くは見当たらない。日本の同族企業が〝公〟的事業(非同族〝私〟企業)として統治され、娘婿、養子、親族や企業幹部が、創業者が始めた事業維持を己の責任とし、ひとかけらの私心もない文化を持つことを反映している。同社が後日上場企業となり同族経営を終えた後においてですら、承継した社長や幹部等は、創業者の使命と事業追求を駆動力とし、全力を挙げてその優れた伝統事業を維持発展させようと希求していた

（前節でみた後任社長青戸紘が創業史発刊の言葉で述べた総括にみられるように）。日本の老舗企業はこのような一種の疑似家族制度と使命感、責任感のもとで継続していると言えよう。

短期間に二人の親族を失った家族は外部支援への依存を余儀なくされ、従前の川島家親族や知人の支援で事業承継し、その後、成長した長男文吉が四代甚兵衛の地位を継承する。当時の川島家諮問顧問のうち何名かはすでに逝去し、残った渡辺、湯浅、斎藤、井上、山本氏に加えて川島家の川島信三郎が六人組親族会を構成していた。この合議体制で山本が織物所の、井上が川島家の指導監督人に、長女綾子の婚約者小川吾七郎が四代甚兵衛の後見人とすることも決まった。一九三四（昭和九）年一二月、当年二四歳の四代は川島織物社長として業務を管掌した。創業以来、一途に、〝美術織物の川島〟、〝帯の川島〟として知られた川島織物は、三代から室内装飾部を創設、機械織りを開始し、これに因って室内装飾織物制作が増加していく。四代は、新社長が就任して六年後の一九七五（昭和五〇）年一一月二四日、療養の中、享年六三歳で逝去する。


一八四三年、初代川島甚兵衛が京都で和服専門店を起こし、主に和服販売を営む。

一八七九年、初代川島が逝去、二代川島甚兵衛が、衰退しつつあった綴織に革新を起こす。

一九一〇年、二代川島が逝去、三代川島が家業承継、量産を開始これが転換点となる。

一九一八年、三代川島が逝去、その妻絹子夫人が家業承継。一九二三年絹子夫人逝去。

一九三四年、四代川島が就任、会社は生産拡大に向かい、輸送機器用の内装材市場に参入。

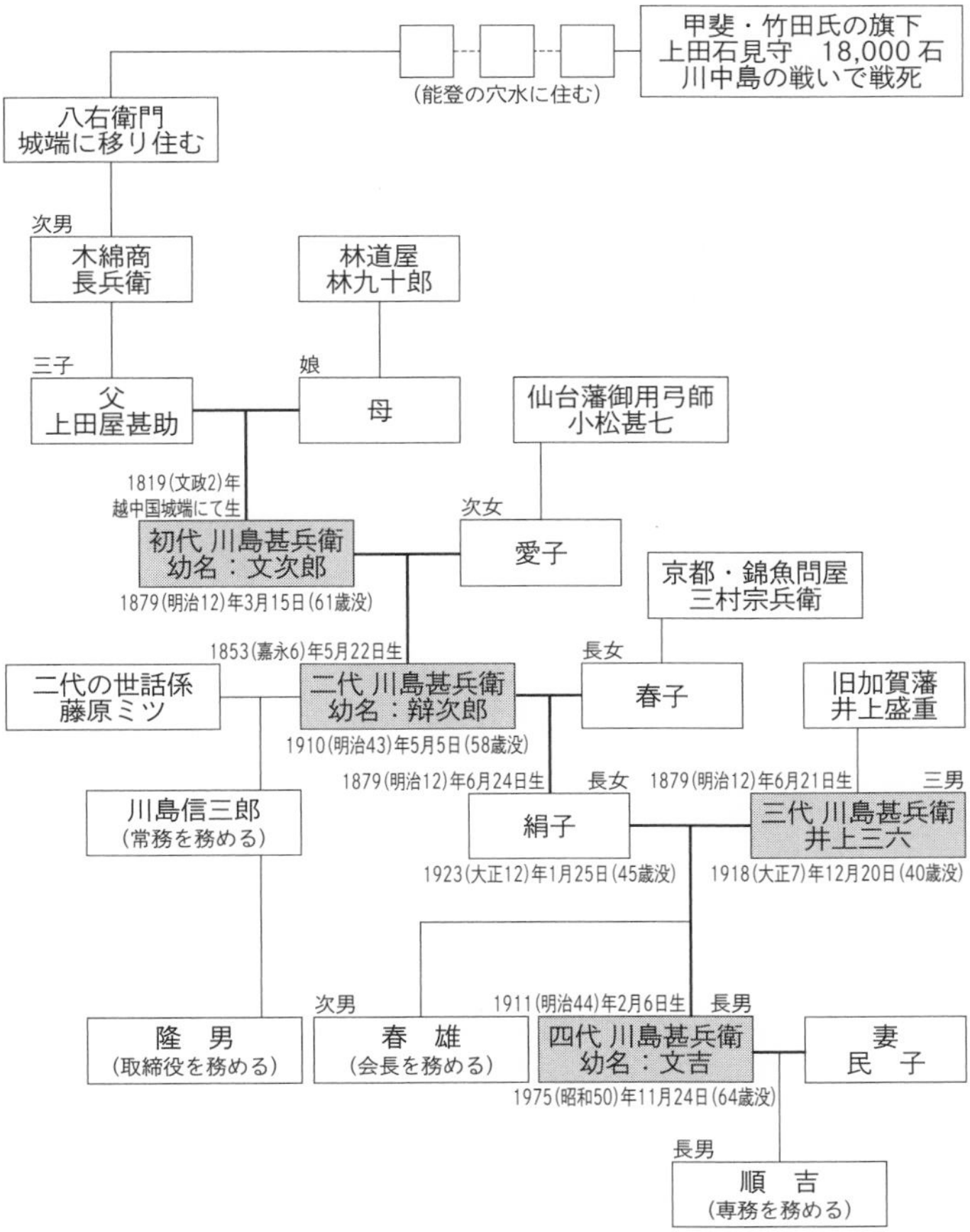

出所：『川島織物創業史』60 頁。

図 9-1　川島家家系図

表 9-1　川島家の各代継承人

初代	第2代	第3代	第4代
第1代 川島甚兵衛 (幼名：文次郎)	第2代 川島甚兵衛 (幼名：辮次郎)	第3代 川島甚兵衛 (養子、原名： 井上三六[1])	第4代 川島甚兵衛 (幼名：文吉)

注：(1) 旧加賀藩井上盛重の三男。

一九六二年、上場。その後同族経営を終了し、一九七〇〜九〇年は四代が選んだ幹部が二〇年間社長を務める。

一九九一年、社長が会長職に、メインバンク出身者が新社長に就任。

二〇一一年、ＬＩＸＩＬの完全子会社となり、ＬＩＸＩＬより新社長を迎え入れる。

二〇二一年一月、ＭＢＯにてＬＩＸＩＬから完全独立（訳者補）。

四代は経営を譲り会長職に就いていた。四代は一人の幹部を社長に就かせ同族経営が終了する。その後メインバンクより二人の社長を招聘しその後同社はＬＩＸＩＬの完全子会社となりＬＩＸＩＬより社長を迎え入れることとなる。

非常に興味深いことは、本社一階玄関ホールピットに埋葬されているのが同族のみならず創業時の幹部及び工匠達であることだ。このピットの中にはその功績を後世に残す為、何名かの先人の遺骨が埋葬されているそうだ（平成一八年三月末から現在九名の先駆者を埋葬）（表9—2を参照）。

同族経営は何故終了したのか？　その後の記録は少なく、我々の訪問ヒアリングで一部は情況を理解することができたが下記はそのくだりである。

表 9-2　本社棟 1 階玄関ホールのピット埋葬者

氏名	物故日	納骨式	役職	偉功遺徳
二代 川島甚兵衛	1910(明治43)年 5月5日 享年58歳	1964(昭和39)年 9月21日		初代川島甚兵衛の跡を継ぎ、明治初期の西陣に大きく寄与。明治文化開花の初期よりわが国機業のために精魂を傾け、明治宮殿の御用をはじめ数々の作品を世に残し、近代織物文化の創始者として国の内外に名声をはせた。明治 24 年、国内第 1 号の宮内省御用達となった。明治 31 年、帝室技芸員を拝命。
岸田仙吉	1920(大正9)年 4月10日 享年68歳	1964(昭和39)年 9月21日	綴織担当	二代甚兵衛に見出されて織技を研習。綴技法の大成にその生涯を捧げた。それまで平面の表現だった綴に立体感を見せる割杢を考案したのも同氏であり、当社の綴織の祖といえる。明治 20 年代の入社より、二代、三代甚兵衛に仕え、大正 10 年に製作した明治宮殿の壁掛『春郊鷹狩』『秋庭観楓』などの製作に心魂を傾けた。三代甚兵衛逝去のときは、その遺体を病室から自宅の広間まで背負って運んだと言う。また、子息栄吉も当社に奉職し、昭和 38 年には綴織技術の功により、黄綬褒章を受けた。
澤村芳之助	1945(昭和20)年 6月25日 享年77歳	1964(昭和39)年 9月21日	元支配人	二代甚兵衛に仕える。支配人として、経営上の苦難の途を拓き、伝統ある事業を守り、四代甚兵衛の事業継承を円満に引き渡した。
澤部清五郎	1964(昭和39)年 8月26日 享年81歳	1964(昭和39)年 9月21日	元取締役	二代甚兵衛の時代より 60 有余年にわたってその生涯を当社に捧げた。大正から昭和へとかけて御料車や、豪華客船、国会議事堂、旧満州国宮殿などの装飾に従事し、その深く高い技術性によって、当社の生命とも言うべき美の創出に比類なき業績を築いた。
小川吾七郎	1968(昭和43)年 2月24日 享年71歳	1968(昭和43)年 3月29日	元取締役	優良な染料の入手が困難なことから、三代婦人絹子が『春郊鷹狩』の経糸を切断した『断機の訓え』のエピソードにある、染料試験のため、京都大学在学中に同大学助教授らと共に染色法の改良研究を行った一人である。また、川島家の主治医として生涯川島家とその事業とに陰から誠心をもって尽くした。(三代甚兵衛の長女綾子の配偶者)
山本五郎	1969(昭和44)年 5月7日 享年91歳	1969(昭和44)年 8月10日	元会長	三代川島甚兵衛の東京大学同学。三代甚兵衛亡き後も半世紀にわたり、川島家とその事業の指導者として天寿を全うするまで至誠一貫、当社の相談役として終始した。
四代 川島甚兵衛	1975(昭和50)年 11月24日 享年64歳	1976(昭和51)年 3月18日	元会長	昭和 10 年に家業を継ぎ、昭和 13 年に株式会社に改組。戦中戦後の過酷な時代を経て、30 年有余年の長きにわたり社長の職責を全うした。その間伝承技術の保持に併せ、企業の近代化を進め、西陣の企業を日本企業にまで至らしめた。殊に市原本社工場建設の偉業をなし、新宮殿・赤坂迎賓館等世紀の建築に絶大の貢献をした。「窮精発彩」の精神に徹し、真善美のあくなき追求と百年の大計を描き続けた。

笠井　篤	1991(平成3)年 9月24日 享年93歳	1992(平成4)年 2月24日	元専務	当社の技術者として70年の永きにわたり、その生涯を当社に献げた。当社の得意とするインテリア高級ファブリックスの生産技術の生みの親として、当社の織と染の技術を名実共に業界一の地位に築き上げた。
川島春雄	2000(平成12)年 8月26日 享年88歳	2001(平成13)年 4月25日	元会長	昭和20年の終戦直後に入社後、兄である四代川島甚兵衛とともに、経営の近代化を推進。株式上場、市原工場建設など、今日の当社の礎を築く。さらに、30年以上の永きにわたり、日本室内装飾織物工業協同組合連合会、西陣織工業組合等の各理事長など数々の公職を務め、業界発展にも尽くした。

出所：『川島織物創業史』61頁。

川島織物は二代が織物工場を建設し、欧州視察を通じて壁掛、カーテン、絨毯・そして室内紡織装飾品を考察し、その後業務は和服・帯から室内装飾織物へと転向、皇室の室内装飾織物も手掛け宮内省御用達となる。一九六二年には上場するも、第四代で同族経営は終了。彼は会長職を継続して務め、一人の幹部がその後二〇年社長を務めることとなる。その後メインバンク出身者が社長に就任する。本ケースは同族経営が継続しなかった事例であるが、四代は最後に会社の経営を幹部の一人に委ねる。その後同社は、銀行出身者を社長として迎え入れ発展を続けた。

その織物の技術は川島テキスタイルスクール、川島織物文化館等の建設や整備を通じて絶えることなく伝承され、今日に至っても依然として匠人伝統と技芸として輝き続けている。同時に言えることは、この家族が三代以来本格的に室内装飾や輸送機器用の内装材領域へと市場開拓し、さらに技術や組織上に不断の革新を起こしてきたことだ。同族経営が終了しても事業は継続する。本ケースは明らかに一般の意味における同族企業を超越しており、長寿老舗企業の紆余曲折を経てなお、不断に奮闘し前進する過程を現した物語である。

四　工匠工房から近代企業へ：老舗企業の近代化

本ケースは我々に多くの思考を与えた。重要なことは、一つの伝統的な技術を保有する企業がどのように、国際的学習と企業家精神を通して、迅速に一つの近代企業に転換していくのか、それをこのケース中に観ることができることだ。科学的経営、職業化、専業化、技術と革新を発展の核心に置き、重要な進歩を実現し、同社は百年老舗として現代社会に立脚した基礎を打ち立てた。これはまさに我々が日本企業から学ばねばならないことであり、不断に品質を改善し、時代に沿って変化する特性について、さらに深い理解を得たように思える。本ケースにおける以下の幾つかのポイントは、日本長寿企業の経営特徴を理解する上で大変重要である。

企業記録、史料、工芸等の整理と保存

日本企業は早くから企業記録と工芸の整理保存に注力してきており、これは我々の調査中凡そ普遍的にみられたものだ。ヒアリングを行った多くの企業が今でも創業初期あるいは創業数百年来の歴史記録を保存しており、その多くが創立館や記念館を設立して——創業者の創業物語や日記およ

び企業史料、企業歴代の製品サンプル、制作工程や工芸プロセス（多くが後日整理されたものだろう）、重要な企業発展事案（たとえば皇室や幕府への奉納記録等）を保管していた。これは現代企業の主要な象徴であるが、少なくても明治維新以来、これら老舗企業中多くが記録史料や創業館を設立、産業の歴史や伝承の為重要な文献と史料の基礎を打ち立てていた。

川島織物は創業者が織物に関する資料を多く収集しており、二代もまた欧州視察で織物や工芸収集に集中し、かなり早い時からに企業記録史料保全に関心を向けてきた。それが幸いし現在まで豊富な記録材料が残された。

一九一三（大正二）年九月二〇日、二代甚兵衛三回忌を記念して発行された『恩輝軒主人小傳』は、先代のこだわりのものづくり、情熱、人脈、製作した作品などを紹介、最後に先代と関わりの深い多くの方々から逸事が紹介された当社の社史第一号である（『川島織物創業史』三三頁）。

一九三〇（昭和五）年二月、四代甚兵衛は成年の日を迎えた。これを記念して亡き父母や川島家の業績を将来の教訓として残すためと、後半には三代と深い係わりのある方々からの感想が紹介されたものを、一九三一（昭和六）年三月一四日『川島家と其事業』を出版して関係先に配った。これが当社の社史第二号である（『川島織物創業史』三八頁）。

初代、二代の甚兵衛が機業地調査と貿易により蒐集したコレクションは、すでに明治期の初めに数万点となっていた。二代の『連記』に、初代から教えられた、紋様の流行と織の改良について多数記載されている（『川島織物創業史』一八頁）。

一九七九（昭和五四）年三月、旧参考館および四代甚兵衛宅に保管されていた当社および川島家の史料記録類のすべてを市原本社史料室に移転。一九八四（昭和五九）年二月、古今東西の基調な染織見本八万点の一部を『染織名品図譜』として限定発売した。

一九八四（昭和五九）年一〇月には、織物文化の発展に貢献するものとして織物文化館が開設された。一九八六（昭和六一）年五月には、先人の遺した数多くの貴重なコレクションと、これからの史料調査研究の成果を公開・展示する場としての増築工事が完成、いよいよ川島織物文化の一大殿堂が本格的にスタートした（『川島織物創業史』五六頁）。

ここにおいて、代々伝わった企業歴史と記録は、当事者が記録し収集整理するものもあるが、後代によって整理され伝えられることが多い。これら材料は企業史や資料形式で公開発表され、社会学習としての伝播や、業界発展への動力作用となり、一種の社会責任の体現となった。川島織物文化館建立は、企業の社員と後進に会社文化と創業精神を伝えるとともに、社会に向けて開放され、産業伝統を継続し伝承していくための重要な担い手となった。

国際学習

日本人は善く学習する民族であり、最もそれを検証するのは日本企業が世界から学習した過程である。日本企業は早い時期から各種ルートで技術を導入して学習し（たとえば遣唐使、中国から帰国した僧侶、朝鮮百済渡来の匠人）、幾らかの企業主は自ら海を渡り国外で学習した。日本企業家は技芸、創新と製品サービス改善を追求する悠久の伝統を有している。本ケースにおける、企業主の国際学習の細部には人を感動させるものがある。

二代甚兵衛襲名のその秋、先代の遺志を受けて朝鮮との交易事業を手掛けるため渡朝した。そのときの見聞から得た結論に従い、現地産の粗悪・低廉な生糸や絹を金巾類と交易して輸入、これを当方で良質に精錬加工のうえ、国内向けに衣料裏地に製品化。そのかたわら、現地好みの甲斐絹・琥珀・緞子などの絹織物にして輸出したところ、大いに好評を得、その後朝鮮向け輸出は増量の一途となった（『川島織物創業史』一四頁）。

一八八六（明治一九）年三月一六日、品川公使一行とフランス船に乗船、神戸から欧州に向けて出発した。乗務員は全員外国人、品川公使の斡旋で、大河内源太郎が通訳として手伝われることが分かり母親は安心した。時に二代甚兵衛三三歳。

二代甚兵衛はフランスを皮切りに、イタリア、ドイツ、オーストリア、スイス、ベルギー、オランダ、英国等を視察。西欧建築内織物使用調査を行った。染織に関するあらゆる知識を吸収し、持参した生地サンプルと比較してみて、当地の織物が日本織物の優秀作品に全く劣っていないことを確信する。

学習考察とは単に真似ることではない、日本国内の需要にあわせて、伝統に改良を加えさらに革新を起こしてこそ真の学習と言える。

下記はそれに関する二代の学習についての特徴である。

一、彼の考察は包括的であった。

二代が収集し持ち帰った染織品はおよそ八万点、貴重なサンプル切れ端は一〇万点に及ぶ。欧州織物業の変遷を広く研究し、製品の色合いと品質、製造方法、技術の優劣、機械の性能、工場の組織構造、職能分化、経済現象、交易方法、商業上の習慣等多方面にわたった。欧州到着後に品川公使がドイツに献上した川島の〝綸扇図〟はドイツ皇室から絶賛され、ベルリン博物館で展示までされて好評を得た。

二、その考察の中で日本未来の発展機会を見つけた。

この海外視察から、二代は非常に多くの染織関連資料を持ち帰った。その中でフランスの数千種類の顔色サンプルから、二年後には西陣の流行色になったものがあった。

欧州建築内では多くの織物が室内装飾に使われている。もしここに日本の織物が使用できればこれは大きな市場になる。二代は歓喜してこれを一大事業にすることを決めていた。また各国皇室を拝観する中、皇宮室内装飾を綿密に調査し、明治神宮内装飾の準備を開始していた。

三、最も重要なこと――学習の基礎の上で改革と革新を起こす。

二代は国内各地の織物産地を早くから考察し、国内生産織物が特別に優秀ではなく、技術面で不足していると知っていた。朝鮮交易時にはすでにこれに気付いており、将来国外輸出するならば、品質改良なければ難しいと感じていた。

ここに彼は国内織物への改良を開始する。まず、すでに輸出実績のあった丹後縮緬の改良に着眼、一八八一（明治一四）年二月、京都府北垣国道知事に向けて多くの問題を提起、その中で、毎年粗悪な丹後縮緬が用途や規格を無視して生産されていると指摘、その改良について建議書を上奏したのである。

同時に彼は原材料に対してはこれを慎重に選択し、製織の設計について不断の研究を重ねた。縫製の問題に対してはたとえば難しい尺寸（幅九寸）の製織などに細かい改良を加えた。加えて、商標活用、共進会設置、職工雇用方法の改善など多くを建議した。建議書は北垣知事の承認を得て、その内容は告示事項として実施されていった。

五　国際学習と企業の近代化

所謂近代日本の脱亜入欧は、意識や認識の転換だけではなく、根本的にはそれまでの中国からの学習を欧州学習に転換したことを意味した。マクロ面では価値体系、制度や文化などインフラ的な枠を、ミクロ面ではさらに具体的かつ実際的な手法などを欧州から学習する。企業は長期続いた経験主義的、手工業や工房式生産から、次第に機械、科学技術、現代組織と管理等方面に至るまで新たな建て直しを進めていった。我々は数百年存続した老舗企業を観察する中、複数の企業が家族や同族を不変に維持継承する一方で、企業組織と経営方式などについては実質的に大胆な転換と革新を経ていたことに気付く。そしてこの過程は多くが企業の国際学習に起因しており、とりわけ欧米からの学習に因っていた。川島織物はその典型で比較的早い時期に転換した企業であり、その転換はまさしく企業トップによる国際考察学習が起点になっている。その認識と概念的転換がほぼ直接に組織の変革をもたらしたと言って良いだろう。二代による欧州視察後、川島では新たな工場や管理制度が建立されていった。

産業改組と職業化：（二代、作者加筆）フランスでコブラン織を視察して刺激を受け、一八八七（明治二〇）年秋、帰国するなり綴織に取り組み始めた。やがて技術の立つ数名を雇い入れ、縮緬工場の一部を綴織工場に充てる一方、綴織には織り下絵が必要であることから、専業画家三名を雇い入れた。これが当社デザイン部の始まりである（『川島織物創業史』一九頁）。

現代工場建設（古式工房からの脱却）：そこで一八八九（明治二二）年春、でき上ったのが、北向き採光の片流れ屋根と土間を改築して板間にした工場である。これは凝り性の二代がわざわざ大工を東京へ派遣、研究させて建てたもので、西陣はおろか京都中でも初めての新式工場で、京都における工場組織の先駆者であった（『川島織物創業史』一八頁）。

専業化経営と科学経営の導入：一八九〇（明治二三）年三月に東京で催される予定の『第三回内国勧業博覧会』に参加。同年一〇月には「京都織物会社」を退職して足利工業学校初代校長となった近藤徳太郎が織場長に就任。これと時を同じくして、ジャカード機数台が導入された。これが当工場にジャカード機が設備された最初であった（『川島織物創業史』一九頁）。

六　革新と発展

川島は創業以来、革新を非常に重視してきた。初代創業者がその基礎を打ち立て、二代は国際新技術を西陣織に結合させて改良と革新を進め、三代はさらに発展して応用領域を広げ、四代は織物研究所の開設を以って革新と育成を制度化していった。革新は老舗企業の重要な推進力であるが、これはよく言われる、〝創造的破壊〟とは異なる。伝統と革新を融合させ、それを伝承発展させるとともに時代の技術と需要に相結合する、これが総じて老舗企業が勝ち抜いてきた根源的理由だ。

二代の革新と改良へのこだわり

二代甚兵衛は欧州考察から帰国後、伝統西陣織に対し全く新しい改良と革新を推し進める。そして川島はその標柱ともなり、優秀作品はすでに皇室にすべて受け入れられていた。二代の革新について『川島織物創業史』は詳細に述べている――。

こうして丹波の技術に西陣のそれを加味した新趣向を考案、羽二重縮緬、縦縞縮緬、縦横段縮緬、紋段縮緬、繻子縞縮緬、四ツ入縮緬、金剛織、其他紋縮緬、縫取紋縮緬などの改良品と考案発明がなされた。縮緬改良に着手して間もなく、東堀川通り元誓願寺下るに土地を購入し、縮緬製織を目的として工場を建設、明治一七年五月にこれが落成して「川島織場」と名付け、丹後から呼び寄せた織工十数名で製織を開始した。

苦労して製織したこれらの製品が世に出て期待通りの好評を博したとはいえ、縮緬は白生地物であり、西陣織の絢爛豪華な織物美はみられない。二代甚兵衛はこれが満足出来なかったため、縮緬改良に一応の成果を収めたのを潮時に西陣織に本腰を入れることになった。

二代甚兵衛は、苦心考案した作品がいったん軌道に乗り、世の好評を受けるようになると、そのものには未練執着もなくなり、次の分野に移って新機軸の開発に励むというのが終始たどった道であった。縮緬に始まり、風通織、名物裂の風趣を生かした肩裏地の生産へといった具体で、常に業界の水先案内役であった。しかし、終生変わらず情熱を傾倒していたものがあった。綴織や、「からにしき」をはじめとする高級紋織物がそれであった（『川島織物創業史』二六頁）。

日本の特許・意匠・商標の各条例が一八八九（明治二一）年に公布されると、二代は一段と研究開発し、新しい織物に関して数々の特許・実用新案・意匠の登録をした。その背景は、近藤徳太郎を工場長に迎え、紋織物の改良と開発に力を注ぎ、そして明治２４年から織物用図案の改良に力を入れるため、当社の専業画家の佐藤友太郎を抜擢し、新しい織物の模様と色彩を創作したことからうかがえた（『川島織物創業史』二五頁）。

三代の革新

三代甚兵衛は時代が要請する実用的普及品の開発と量産を行うため、力織機械部を新設した。その頃、当所が輸出を目的として織っていたものに、中国風緞子や羽二重、琥珀などの薄地絹織物があったが、これらを室内装飾用に切り換えるため原料、地風、模様などの研究を着々と推し進めた（『川島織物創業史』三二頁）。

四代の革新

四代甚兵衛はかねてから、初代、二代が蒐集した古代裂の断片が収蔵されているが、その中に天平裂と推測されながら確認を得ないものが約二五〇種あり、その認定調査を始めることを検討していた。併せて古今東西の染織収蔵品も、原材料の鑑定、組織の研究、産地などを体系づけ、その研究成果を染織技術や意匠の維持保存とこれらの応用による技術革新を目的として織物研究所を設立した（『川島織物創業史』三九頁）。

川島は一八九三年織物特許を申請し、一九〇六年に実用新案の登記をおこなっている。総じて言えば、川島は特許と発案の知財獲得において日本でも最も早いケースであったと思われる。

七　伝統と革新

同社は〝技術が核心〟という信念を真っ直ぐに貫いてきた企業であり、革新を会社の発展動力としてきた。如何にして伝統を保存しつつ不断に革新を融合させていくか、それは伝統と革新のバランス問題の上で真っ先に考慮すべきことで

表 9-3　川島織物の特許・意匠・実用新案登録状況

項目	時期	特許／意匠／実用新案
特許登録	1893（明治 26）年 3 月 14 日	織物「千代鹿の子織」
	1893（明治 26）年 7 月 26 日	織物「旭織」
	1894（明治 27）年 2 月 23 日	絲（織物用）、織物「羽衣織」
	1900（明治 33）年 6 月 7 日	浮紋織方法「相良織」
	1903（明治 36）年 10 月 29 日	縫取地革象眼
	1905（明治 38）年 12 月 22 日	製絲器
	1906（明治 39）年 1 月 27 日	羽毛ヨリ綿毛ヲ分離セシムル器械
	1908（明治 41）年 2 月 14 日	羽毛製絲法
	1908（明治 41）年 5 月 29 日	縫箔地
意匠登録	1891（明治 24）年 1 月 31 日	織物模様、織物彩色
	1894（明治 27）年 4 月 13 日	織物製品模様
	1899（明治 32）年 11 月 15 日	織物模様
	1902（明治 35）年 4 月 10 日	織物模様「第十一類羽織裏地」
	1903（明治 36）年 6 月 18 日	椅子形状「第六類椅子」
	1907（明治 40）年 2 月 26 日	蝙蝠傘色彩
	1910（明治 43）年 4 月 11 日	意匠名稱織物模様（千歳のみどり）
実用新案登録	1906（明治 39）年 3 月 12 日	綴織「太細織分」
	1906（明治 39）年 8 月 6 日	織物「千代錦」
	1907（明治 40）年 3 月	綴織「兩面綴織」
	1909（明治 42）年 8 月	織物「段通應用綴織」
	1909（明治 42）年 9 月 1 日	九重刺繡

出所：『川島織物創業史』24-25 頁。

ある。

川島織物は一八四三（天保一四）年の創業以来現代に至るまで、織物を通じて日本の美を終始一貫して維持している。ファッション、アート、工芸などは伝統〝川島織物〟ブランドの源流ともなっている。

（1）伝統技芸。川島織物は日本伝統西陣織の一角に拠点を構え、初期の頃はすべて手工芸。三代から機械生産を始める。

（2）綴織。綴織技法に関しては、二代川島が、伝統技法に革新を加え、今日の綴織手法の基礎を確立。具体的手法：織物の横糸経糸を交差することで模様を表現するのだが、経糸下面に織下絵を置きそれに沿って織り進む。織下絵の写しは左右反転で作られ、織り上がった時に織物を反転させると完成形のデザインが表れる。

（3）爪掻織。匠が爪で緯糸を掻きよせつつ織り込んでいく伝統工法。よって爪掻織と呼ばれる（爪掻本綴織）。

（4）〝真善美〟：品質へのこだわり。一八九一年、明治宮殿の室内装飾織物を一手に納入、その技術が優れていることから日本初の宮内省御用達となり、これが同社の品質追及の証となった。一九一六年にも、宮内省から命を受け、綴織による壁掛『春郊鷹狩・秋庭観楓』を制作する。当時はまさに第一次大戦終戦直後、ドイツの優秀な染料入手できず、国内でも技術的に必要な染料はほとんど入手困難であった。その綴織壁掛が五分の一ほど完成した際、三代川島の妻がそれを点検する。彼女は微妙な変色痕跡を見つけ、毅然として制作停止を決定し、一から造り直すという大事態となった。この時残されたその綴織は今でも川島織物文化館に保管されており、現在においても同社の製品品質へのこだわりを強烈に現す象徴となっているという。さらに川島織物精神は、一九九三年から二〇〇四年に行った宮内庁正倉院宝物染織品の模造復元事業においても継承されいかんなく発揮された。正倉院裂独特の雰囲気まで復元すべく、宝物の調査研究を行い、古代の糸に最も近い糸を天然染料で染め上げ、製作当時の高度な織技法でできたさまざまな特徴の再現を、現在使用の手織ジャカード機を改良し一九点織り上げ、現在は正倉院事務所に保存されている。

一九六四年、四代川島は〝真善美〟という社訓を打ち立てる。真のものづくりと人からの信頼を実践の中で社員が理解できるためだ。

〝真〟は材料や工芸上一切の妥協を許さず、品質と専業を堅持すること、

〝善〟は顧客の信頼を裏切らないこと、

〝美〟は染織において最高産品を目指し、一流作品を創造すること、

である。これが川島織物の品質に対するこだわりであり、川島生存発展の基本路線にもなった。

八　伝承技術と伝統文化

川島は伝統を維持するとともに如何にしてそれを伝承しているのか。次のような点を考える。

一、より良い織物制作への研究を推進する。川島家は一八九八年、織物参考館を建立し、内部には明代中国やベルギーなど外国から収集した織物を陳列、既存の研究に加えて更なる織物技術を進め、より良い織物制作を目指す。

二、技術者を動員し研究開発を進める。一九八〇年を起点として、同社は一連の技芸に優れた技術者を集めて実験研究を行っている。技術者らは生産と開発を進め、彼らの存在を通じて会社の技術は高まり製品の革新が起きている。世界に新製品を展開する。一八八九年、綴織壁掛をパリ万博に出品して金賞を獲得。以降、数々の世界博覧会に出品し、多数入賞の栄誉を得る。

三、研究部門を設立。その研究領域は高分子光学、化学、材料工学等に及び、新技術と新特許の開発に注力し、製品の快適度や安全性の向上を目指している。

現三〇名ほどの織の専門職人と六名の染の専門職人を雇用している。新入社員は入社後オンザジョブトレーニングで教育を受け、染織技術を学ぶ。実際の業務の中では熟練技術者が付き、徒弟制のような形式で社員をチーム編成し、年配の技術者、中堅の技術者と新人の三人一組を形成、二〇年後に中堅が年配になれば、また中堅と新人の教育にあたる。

西陣織は高齢化に伴い伝統技術の喪失危機に直面しており、同社は高齢化した匠職人の作業をビデオ収録して保存し、後の研究と学習に供すること等により会社の内部蓄積と学習を図る。

その他、一九七三年川島テキスタイルスクールを開設。専門コース、技術研修コースを設け、手織り・手染めを学び、各々が社会でその技術と表現力を活かせるよう独自の教育を実施している。国内外を問わず多くの学生を受け入れ、これまでに一万人を超える卒業生を送り出している。

九　国際化と老舗企業のグローバル展開

国際化は老舗企業の規模化、革新と永続経営の鍵となる。国際的学習と輸出は国際化の初段階であり、その影響は深く、特に国際学習は一段とそれが言える。川島織物は早い時期から国際考察と学習から受益していた。国際学習が、伝統的工匠作坊から現代企業への転換を直接に推進し、革新を生存発展の鍵として位置づけていった。国際貿易の時期に、企業は異なる市場と文化を知ることで、経営思路と製品革新の発展ルートを打ち立てていく。二代は朝鮮との貿易や、欧州を視察し、三代は中国を市場調査のため視察した。インテリア・室内装飾織物や呉服・美術工芸織物を製造する企業となり、二〇世紀半ばから末にかけては輸送機器用の内装材事業も展開し、国際化の中で規模を拡大しながら製品改良を手掛けていた。初代甚兵衛は一八五八（安正五）年から貿易を開始し、二代はそれを継いで朝鮮貿易に従事、そこからの収蔵品とそれらの各種紋錦織物の織法と構造を改良し、多くの織物を創造していった。

一九一三（大正二）年一〇月、三代甚兵衛の最初の中国視察は普及品の貿易を計画するにあたり、極東の商圏を掌握するべきとの国家的見地からであった。力織機工場の竣工を一か月後に控えた一九一八（大正七）年一〇月、新販路開拓を目的に製造部長の龍寿雄を伴って再び中国の市場視察に出発した（『川島織物創業史』第三三頁）。

一九八三（昭和五八）年三月、かねてから接触があった台湾の自動車シート地メーカーで、モケット機25万台余を保有する「福基絨毯織造股分有限公司」と技術提携を結ぶことになった。続いて一九八六（昭和六一）年八月、「米国ミリケン社と自動車内装用織物の業務提携を締結した。この提携を歓迎したのが日本の通産省であった。

日米貿易摩擦が政治摩擦にまで発展しているとき、民間企業同士であっても、友好関係が結ばれることは、国益に結びつく慶事であると大きく評価を得た。

翌年、メルボルン現地法人「カワシマ・オーストラリア」を設立、一九八八（昭和六三）年二月にはオークランドに「カワシマテキスタイル（ニュージーランド）」が発足し、当社の国際戦略は一九九〇年代に向かって着々とその体制を整えるのであった（『川島織物創業史』五九頁）。

また、インテリア製品の欧州市場進出を見据えた戦略拠点として同社はイタリアにデザインオフィスを開設していたこともあり、展示会出品するなどして好評を得た。近年では、新たな表現、ものづくりにも挑戦し、イタリア・ミラノで開催される世界最大規模のデザインの祭典「ミラノデザインウィーク」への織物出展などにも取り組むなど、伝統技術と現代技術を持ち合わせた世界有数のファブリックメーカーとして事業を展開している。

百年企業の国際化は近年来の新発展であり、国際化による企業の持続発展、革新と伝承の新戦略路線が始まっている。国際市場では、異なる制度、文化と企業倫理が互いに作用しぶつかり合いながらも融合していく。百年企業はそれぞれの地域の歴史や伝統文化を国際舞台にもたらし、グローバル化に有益な世界商業文明の多元化要素がそこに注入されるであろう。同時に、百年企業の伝統は、世界的な融合発展が進むこの舞台の上でさらなる輝きを発揚させていくに違いない。

注

（1）　ＬＩＸＩＬは日本の建材と住宅設備メーカー。本社東京。一九二三年塩田竹次郎が妙見屋商店（ＬＩＸＩＬの前身であるトステムの前身）を創業。
（2）二〇二〇年一一月川島セルコン経営幹部によるＭＢＯでＬＩＸＩＬからの独立が決定。二〇二一年一月六日株式譲渡完了。

第十章　福寿園：茶文化の伝承と現代化

一二世紀初頭の鎌倉時代、日本の僧侶栄西禅師が中国宋朝から茶の実を持ち帰り、そのうちの三粒をもらった明恵上人が、京都栂尾の高山寺近隣に植えたのが日本茶文化を発展させた宇治茶のはじまりとされる。最初は概ね僧侶や貴族の高尚な趣味に留まったが、室町時代になると村田珠光に始まり、安土桃山時代の千利休で「茶の湯」が大成する。日本の〝茶の湯（茶道）〟は、茶を味わい客をもてなす上において禅宗との関わりがあり、日本独特の〝侘び〟と〝寂び〟文化を形成している。一七三八年、京都・宇治田原湯屋谷の茶農家（永谷宗円）が「宇治茶製法」と呼ばれるお茶の造り方を生み出し、この製法でつくられたお茶が日本中で飲まれるようになり、現在の玉露や煎茶のつくり方へと発展した。よって京都は日本の茶の歴史の発祥地かつ茶の名産地であるとともに、中でも宇治茶は名声最大の銘茶として知られる。そして宇治茶は、その文化とともに日本に広まった。また、徳川幕府末期に至ると、開国に伴い、日本茶は、生糸とともに日本の代表産品として大量に海外輸出されるようになる。

福寿園は一七九〇（寛政二）年開業の非常に有名な茶舗である。一七九〇年創業者福井伊右衛門は山城国上狛（現在の京都府木津川市山城町）で福寿園を創業、宇治茶の産地問屋に携わる。上狛の地は京都、大阪と奈良の三都市の交通が交差する地帯であった。木津川という大きな河川の水運と、京都と奈良を結ぶ大和街道と大阪と伊賀を結ぶ伊賀街道がここで交叉したため、非常に重要な交通の中枢として周辺各都市の物資の集散地かつ交易地となっていた。福寿園は創業とともに急速に発展し、付近では有名な宇治茶茶商となっていく。徳川後期から明治末期まで、宇治茶と生糸は日本の二大輸出品目であり、福寿園は茶貿易の大卸商となった。明治末期から一九四五（昭和二〇）年にかけて、福寿園は全国各地の茶店への卸売りや、民間から官庁まで幅広い茶の納入を行う宇治茶の卸問屋であった。

茶は伝統文化の産品である。中国から伝わった茶は日本の環境資源と結合して大きな変化を産み出し、日本に適応した産品へと発展を遂げた。たとえば抹茶、煎茶は「茶道」「煎茶道」を生み出し、そして茶道具のための陶磁器、漆器から呉服や和菓子、懐石料理といった産業、文化をも大きく開花させた。こうしてみると、「宇治茶は日本文化のコアである」と言っても過言ではない。また宇治茶とかかわる社寺も多くある。茶道は僧侶、貴族、武士階級から発展し、日本全体に伝播され、日本文化の品格を高めていった。その中で忘れてならないのは多くの茶を取り扱い、製品化し交易してきた茶商人の存在である。福寿園はその中でも典型的な代表であり、二〇〇年来の歴史の中で日本茶と茶文化の発展に足跡を残してきた。福寿園は近代宇治茶の代表茶商の一つであり、何代もの継承者の努力により当地の特色文化と名産の誉を打ち立て、同社はこれにより当地文化伝統の一部となり代名詞となったのである。我々が興味を引かれたのは、中国の茶葉は異なる地域に異なる発展を観ることができるが、日本では、茶の栽培のみならず、その製造、飲み方及び茶に関連する製品（急須、湯呑、抹茶道具等）の運用もすべて広く伝播していた。茶の導入から発展及び近代の茶飲料における革新まで、日本企業はその学習力、革新力と発展の典型的事例を提示しており、福寿園はその縮図の一つである。我々がここで得た啓示は、これが単なる長寿企業の伝統と革新のみならず、むしろ日本産業精神と文化の克明な描写であり、本ケースはその製品や業種を超越した意義を有していることだった。

数百年に亘って一つの業種に専心専念してきた老舗の、その継承された伝統と文化は、深く刻まれ蓄積され、現代の時代潮流、技術及び社会文化と練り合わされていく。

企業とは、時代と地域特性により作りだされるものであり、老舗企業とは、歴史、時間、そして地域空間、という諸次元の重なった層でできている。その歴史伝統文化と技術は、果てしなく長い時間を経て時が流れていく中、不断に自らを磨きより良い姿を目指し、そうして地域の特色を形成してきた。彼らは途切れることなく外部資源と文化を吸収して、世間が驚嘆する製品や業種を造り上げてきた。彼らは歴史の化石ではなく、時代変遷の中で自ら改革と革新を進め、持続的変化を通じて新たな面貌を輝かせ現してきた。このような老舗企業こそ真に生命力があると言えよう。時代を突き抜けかつ衰えず、必要なことは時代の足並みに沿い伝統と革新を完璧に結合していくことである。福寿園はこの面において間違いなく成功モデルであると言え、宇治茶の伝統を守り育てるとともに、一般飲料品化を通してこの精美な伝統工芸を新時代に参入させた。不断の革新と創業精神の維持こそ、老舗企業永続経営の唯一の法則である。

一　産業精神と価値理念

日本老舗企業を考察していると、その留め置かれた多くの史料や訪問ヒアリング内容から、彼らが常々製品や経営価値理念の超越を強調することに気づく。これは欧米企業がより多くの思考を費やす企業競争優位や、能力の〝筋肉誇示〟とは大きな違いだ。日本企業家の多くは、経営の社会価値、とりわけ対人の意義を強調し、誠心誠意で良い製品、良いサービスを考える。歴史と伝統、家訓と祖先が保存してきた経営理念を高度に尊重し、守り実践し、かつまた歴史に拘らず、時代環境と技術変化に則して革新を起こす。欧米モデルの経営理念による、競争と利益、市場の重視は製造者とサプライヤー間の戦いであり、その目線は消費者満足ではあるものの、欠けているのは産業精神の発掘や伝統の堅守であり、彼らの革新変革は競合他社を滅ぼす為の方向を向いている。しかし、日本の老舗企業には、古くから伝承されてきた商業精神と気質を観ることができ、それを以ってさらに良い製品とサービスを提供することを旗印とする。そこには高尚な社会倫理価値を見出すことができ、福寿園はその典型的事例であると言えよう。

恐らく福寿園経営哲学を最も表現するのは、その家訓〝無声呼人〟（直訳：〝声なくして人を呼ぶ〟）である。その含意は、品徳が高尚な人は声を出さずとも、周囲からその徳を慕って人が集まってくること。則ち、〝桃李不言、下自成蹊〟（桃や李――すもも――は何も言わないがその美しい花や香りで人が集まり自然に蹊――小道――ができる）である。つまり、厳格に商業道徳を守り、信用を堅守し、努力すれば人から尊敬を受け、人から尊敬される企業を造ることができると、代々の経営者に教えているのだ。これは直接に〝商道〟、〝徳性〟に関係しており、誠心誠意で良い製品とサービスを希求し、不断に経営の社会価値と意義を思考し、〝品徳〟と〝真心〟を以って利益を得ること、ずる賢く機をみて甘い汁を吸わないこと、これらが福寿園第八代社長福井正憲が不断に強調するところである――。

企業が儲けて何かを返すというよりは、人をたくさん雇って良いものを作ったりすること自体が社会貢献で、そういった活動ができるのが良い企業だと考えています。……厚かましいですが、自己研鑽をして自分自身徳を積みましょう、そして社員や皆さんを幸せにしましょう、というつもりです。自分の企業をしっかりやっていれば自然にそういうことができてきます（福井正憲著『自如々（おのずからにょにょ）』五四頁）。

〝無声呼人〟この家訓が具体的にどの代が提示したものか知る由はない。実際、五代以前の創業史は基本的に残されていないのだが、この家訓だけはずっと漢字で扁額に残され常に後代の経営者に啓示を与えている。重要なことは代々の経営者がこの言葉の中から、時宜に合せて前進する価値体系と実践哲学を悟り感じ取っていることだ。これは第六～八代社長の記録と談話の中に体現されており、さらに具体的な社訓（たとえば、五つの蓄積、福井家家訓の〝つもり十訓〟）にまで発展している。五つの蓄積は下記の通り。

（一）信用を蓄積しよう。信とはまごころから始まる。誠意を持って人に接し、熱意をもって仕事にあたろう。
（二）得意先を蓄積しよう。商（あきない）とは回転である。社格ある得意先を広げよう。一軒、そしてもう一軒、行動と回転の中に生きがいを感じよう。
（三）技術を蓄積しよう。利は元である。創意と工夫によって、価値ある商品を生みだそう。
（四）人材を蓄積しよう。事業は人である。己れに厳しく、己れに強く、勇気をもって困難に挑み、不可能を可能にする個性を発揮しよう。

（五）資本を蓄積しよう。会社の実力は、自己資本の充実である。現実に足をふまえて、そして夢をもとう。

以上五つの蓄積を目標とし、地に脚がついた実直経営、安定経営を通じて、社会発展に貢献し豊かな生活を築き上げることができるとした。

心を尽くして、誠心誠意で善い製品とサービスを造り出すことが、総じて日本老舗企業の基本的特徴であり、商人の〝功利性〟を超越した、一種の職業精神と商道の崇高性を呈示し、道徳性の堅持こそ経営の本質と認識している。この道徳性こそが、商業経営の理性、不断の改善と革新、心をこめた一流の製品とサービス創造とに結合し、世俗的営利事業から人の尊敬を集める事業に変貌させ、その産業伝統の中に文化と商道を創造していくのである。この点に関して八代の福井正憲は下記のように的確に解釈している――。

言い換えれば、本当によいものを作ればあえて宣伝せずともきちっと売れるものだということを、福寿園では代々実践してきました。

伝統を守るということは、要するに「ウソをつかない」ということなのです。そしてそれ以外に、なにもないのです。

福寿園では宇治茶でないものを宇治茶とは書きません。またお茶に着色したりも、一切しません。

価格というものに関しても、ウソはいけないという立場をとっています。高いものなら、高い値で売ればよい、そうでなければ真に良いものが作れないし、売ることができません。商売は発展しないという考えです。……

私が考えたことは、「まず働く人と品物を大事にしなければいけない」ということでした（『自如々』三八〜三九頁）。

今日、一体どれだけの企業が真心を込めて顧客に接するであろう。どれだけの企業が誠心誠意で最良の商品を造り上げているだろう？　このような、道徳と真誠を原則とした商道の実践は、今日実は大変少ないのではないだろうか。まさにこの理由で、老舗企業の存続と発展は、我々に対して残されたこの時代における最も貴重な歴史遺産であり、疑いなく、利益追求が原則のビジネスに対して、一つの〝以史為鏡〟（歴史を鏡とする）的啓示を表している。

二　茶文化に対する不断の探求

日本の学習精神は国外からの知識と方法を単に模倣するのではなく、革新そのものがその最も重要な学習方法である。日本での茶の始まりは僧侶から始まり、この後の学習と革新過程は、中国宋朝から導入したこの茶葉の種子を、日本の地に根を張らせ新たな葉を生成させたことだ。日本特有の気候と人文環境を結合し、長い時間をかけて試行錯誤し、日本当地の風土に適合した茶葉栽培、加工と精製方法を生み出した。宇治茶の発展はその探求過程を描写している。

お茶は一一九一年（建久二年）に臨済宗開祖、栄西が製茶法と喫飲法を伝えたとされます。それ以前も奈良時代に貴族や官吏、僧侶などが喫飲していたとの記録もありますが、日常飲料としては普及していなかったようです。

栄西から茶種をもらったのが栂尾・高山寺の明恵上人で、本茶と称揚される栂尾茶を栽培しました。宇治茶は一三世紀には生産され、その後、森、朝日、祝などのいわゆる宇治七茗茶園の原型となる茶園が開かれ、茶の湯の大成に伴い発展します。技術的にも日光を遮断して茶葉の生育を図る覆下栽培法が開発され名実ともに全国一の茶産地の地位を築きます。

宇治茶は抹茶を主体としましたが、一七三八年（元文三年）には宇治の永谷宗円が蒸した茶の芽を、焙炉で乾燥させながら手で揉む宇治茶製法（青製煎茶法）を開発しています。

福寿園はこうした時代に生まれました。幕末には日本緑茶の逸品、玉露が生まれ、宇治茶の声価を一段と高めました（『自如々』六七頁）。

福寿園は日本茶葉伝統文化の中で次第に完成していき、宇治茶はさらに最高峰に到達する時期を迎える。同社は茶商として始まり、日本の対外開放にあわせ日本茶を海外輸出し、その後日本国内での内需拡大を経て、その発展経過の中でこの福寿園のような企業群が、宇治茶を日本茶の代表に打ち立て、この過程の中でまさに優れた技術伝統と茶文化が誕生していく。異なる時代において、如何に茶と茶文化を理解するかは、企業理念の経営と産業発展の核心であった。日本老舗企業は数百年の歴史発展の中、もしこの問題に直面していなければ、また、新たな思考と新たな位置づけを通過していなければ、新時代と未来に向いていくことはなかったろう。日本の企業家のこの方面における考え方は金銭や利益を遥に超越していたようだ。この一点がなければ、伝統産業の発揚は不可能であったろう。産業と家業の伝承者として、福寿園の経営者はこの戦略的位置づけと転換を考えながら、日本の未来、宇治茶の伝承、人類の生活すべてをその中に注入した。このような企業家の遠大な視野と広大な度量は我々の幾つかのケースのすべてに現れている——商人の狭隘な金銭や個人私利私欲を超越し、人類に関する視野で産業と家業の未来と価値を思考する。そしてこれが人々から賞嘆を得ることとなる。

日本茶の最初の発展と伝統構造は茶生産と商人の貢献のみならず、多くの僧侶貴族の貢献があり、日本茶の発展はこの一点にて検証されている――。

栄西禅師がその著「喫茶養生記」に茶の薬効を説いたように、茶は当初、貴族や僧侶の間で薬や嗜好品として珍重され、やがて貴族階級に「茶の湯」が催されるようになる。これが室町時代に茶道として、〝茶道の始祖〟と呼ばれる村田珠光に始まり、安土桃山時代の千利休によって完成する（『自如々』八頁）。

福寿園が当初より、茶文化思想を、〝無声呼人〟という家訓に融合できると考えただろうことは、その高品質茶葉と加工の中で痕跡を観ることができる。第六代から存在する一連の記録の中に、企業がすでに幾らか文化的に歴史を見つめ直す構想意識を有していたこと、さらに七代、八代の言行中にそういった指向を明確に観ることができる。たとえば企業は創立二〇〇周年時〝福寿園ＣＨＡ研究センター〟を竣工し、茶文化の時代価値に対して全く新しい理解と高みを造り出した。

創業二百年記念事業「福寿園ＣＨＡ研究センター」には、ハードウエアとソフトウエア＆ヒューマンウエアの両極がある。……ソフト＆ヒューマンウエア面にあるのが、〝ＣＨＡ〟だ。Culture、Health、Amenityの頭文字は茶に通じる。茶道から〝ＣＨＡ〟道へのガイドラインである。素晴らしい着眼だ。〝ＣＨＡ〟道は文化、健康、快適の三要素で構成。基軸には世界標準がある。「グローバルな視野で『ティー』を科学する」のがＣＨＡ研究センターの基本姿勢。この姿勢で「茶」の原点から、「茶」の文化を科学し、発信する（『自如々』二〇～二一頁）。

福寿園が二〇億円も投じるこのＣＨＡ研究センタープロジェクトを発表したとき、日本では物議を醸し出した。福寿園が主事業を離れ余暇事業を行うとみられたからである。しかし研究センターの設立は福寿園に改めて伝統と未来を考えさせ、とりわけ茶文化の革新と国際化開拓への思考を切り開く。茶を媒介とした五つの関連を通じて、改めて茶文化と人々の生活の関係を現し、同時にこのような思考と戦略の眼光を持つことにより、福寿園は茶文化革新の道を明らかにし、二〇〇年経営の歴史的総括を行ったと言えよう。これは疑いなく企業歴史の意義を超越し、現代の視野に立って改めて本業と企業の未来を見極め、さらに新たな科学技術、革新と生活の協調関係、人類の更なる美しい未来というマクロテーマと福寿園の使命の方向性を連携させた。これは我々が見た中でも数少ない数百年伝承老舗企業の形状であり新しい様相であった。

茶を媒介にしたこの三つの文化・健康・快適を追求するために、お茶の原点であるお茶の樹に出会う「茶と農芸」、日常の生活の中でお茶をより身近に感じ、豊かなティーライフを演出するための茶器を研究・創造する「茶と工芸」、最新の設備でお茶の成分分析やバイオテクノロジーを利用して組織培養をし、新しい高品質のお茶を研究する「茶と科学」、日本に息づく伝統的な茶道の文化を生かすと同時に、新しい茶文化のあり方を研究・体験する「茶と文化」、世界に広がるお茶のある生活を研究し、世界のティーライフと出合う「茶と生活」という、五つのセクションを設け、それぞれの立場から「お茶とは何か」「より豊かな、充実したティーライフを送るには」という問題と取り組んでいる（『自如々』三〇〜三一頁）。

ＣＨＡ研究センターでは、日本伝統の茶道研究以外に世界の茶文化の研究や栽培加工、現代技術での茶の科学的成分分析と実験も行っている。欧米の近代にはコーヒー文化があるが、中国に端を発し東南アジア一体に広範伝播した茶文化は新思考と革新を必要としており、グローバル化と激変する現実生活に適応していかねばならない。茶文化は本来一種の快適、優雅、グリーンな文化である。福寿園は茶文化に新たな理念を加え、茶に対する無限の愛着を充満させている。この情愛によってこそ誠心をもって専業精神を堅守できている。

お茶の文化の核心は、やはり人間の真心だと思います。英国でも、たとえ料理はコックさんが作っても、お茶だけはその家の奥さんが淹れて、ご主人が運んできてくれるのです。食事の締めくくりになるお茶だけは、自分で心から淹れたものをもっておもてなしをするという姿勢がそこにはあるのです（『自如々』四三頁）。

三　伝統と革新

伝統と革新に対する態度

老舗企業の伝統と革新に対する姿勢は企業の戦略方向を決定し、企業が時代や未来と共に進めるかを、決定する。実際、時代の転機に遭遇したとき、老舗企業は時代を超えて発展し新たな伝統を創出しなければならない。でなければ停滞と硬直に陥り、ひいては時代に適応できず市場から淘汰されることとなる。福寿園の創業者から第五代までの歴史は記録としてあまり残っていない。しかし第六代が普遍的に中興の祖と認識され、彼は〝二次創業者〟と呼ばれる——彼の貢献で福寿園は近代的企業に変貌したのだ。都から離れた片隅の一介の茶商から始めて、今では全国的に直営店と取引先を有し、近代的工場で抹茶や煎茶などを生産し、オールサプライチェーン企業として、市場影響力とブランド価値を不断に上昇させている。これらの販売網、組織と管理の革新は疑いなく、福寿園の新時代を開拓した。同社は明治、大正、昭和を経て、近代化と工業化を通じて転換し、それまでの単純な経験と個人依存型から離脱して、地域性茶商から全国ないし国際的に影響力ある近代型茶商に変貌した。日本企業の近代型変革はまさにこの段階で迅速に完成し、西欧と米国からの学習を通じてその工業化と現代化の歩みが大きく加速し、福寿園は疑いなくその中の典型的代表ケースと言える。その後第七、第八代の二人の兄弟が順に企業のトップとなって規模拡張、経営の近代化と国際成長路線を走り出し、日本で初めて缶入り緑茶飲料を開発するなどの取組みを行った。二〇〇四年には飲料メーカーのサントリーと共同開発した〝伊右衛門〟ペットボトル緑茶が大ヒットして、この伝統茶商は現代的価値の茶飲料企業としても存在感を発揮したのである。これは伝統価値の発揚と不断の革新とに多いに関係がある。伝統と革新の相互促進――革新の中に不断に伝統を発揚し再表現し、伝統の中に革新の現代意義を追求する。これが総じて革新発展の鍵の所在と言えるだろう。

伝統と革新の関係について、第八代福井正憲は緻密な説明をしている――。

「伝統」という文字を、良く見つめてください。これは〝統〟（すじ道）を〝伝える〟と書くわけですね。〝統〟を〝守る〟とは書かない。つまり「守統」という言葉ではありません。伝統とは〝何かを守る〟という消極的な意味では決してなく、むしろ何かを〝伝える〟〝伝達する〟という行動的・積極的な要素があるということです。

昔からあるものを単に守るだけだったら、それは博物館です。しかし博物館を、伝統とは言いません。ただ昔のものが、そのままあるだけです。伝統と呼ばれるためには、受け継がれたものを積極的に現代という時代と対決させなければならない。私は『伝統とは革新の歴史である』と信じています。

そのため、私は「伝統」という権威を過大に評価せず、むしろ冷静に客観的に見る目が養われたという気がします。

伝えるべきモノ、技術、そして〝すじ道〟がある場合、それらは尊重しなければならないし、尊重するのが当然である。しかし、それらを単に伝承したからもう安心ということでは決してなく、絶えず「現代」という差し迫った状況にさらして、なおかつ生命力を保てるよう、力を尽くすのが伝統を受け継いだ人間の義務だと言えるのではないでしょうか。さもないと、その伝統は生命を失ってしまいます（自如々』二九〜三〇頁）。


総じて言えば日本の老舗企業には伝統に対して二つの違う姿勢があるようである。一つはそれを絶対尊重保存するタイプ、もう一つは伝統とは伝播し発揚するものと理解し、革新を通じて伝統を新たな時代に延長していくタイプである。後者の理念を持つ企業は多くが革新を通じて新たな生命を勝ち取り、企業は坦然と環境と技術、社会の変化に臨み、革新の中で伝統の近代化を実現していく。福寿園は模範的な典型代表である。家族何代もの努力（第六代から今に至る）は企業を伝統茶商から近代的、国際的企業へ転身させ、日本伝統と日本茶文化をさらに高く国際標準のＣＨＡ道文化に昇華させている。

茶葉製品の開発

福寿園は一七九〇年創業以来、京都山城で〝無声呼人〟を家訓として茶業を経営し、代々製茶伝統を伝承し、時に新技術を注入し、今日と未来に向けての茶文化生活をリードしてきた。福寿園の扱う日本茶は、

①　玉露——茶の採摘前二〇日間は日差しを遮断する被覆栽培する高級茶で、五〇～六〇度の低温のお湯でじっくりと淹れて、豊かな旨味と濃厚な味わいがある。

②　かぶせ茶——茶の採摘前七日程度日差しを遮断して被覆栽培する茶で、玉露の旨味と煎茶のさわやかな渋味を併せ持つ。

③　煎茶——日光照射を充分受けた茶で、日本で広く飲まれている。喉越しが良く、爽快な後味で清涼感がある。中国茶製法と違うところは蒸気で茶葉の酸化を止めることで、故に茶味は柔和である。

④ ほうじ茶――煎茶等を焙じて作り、淹れた茶は赤茶色になる。旨味や渋味は少ないが、高温のお湯でたっぷりいれて独特の香りを楽しめる。

⑤ 玄米茶――煎茶等と炒った米を混ぜた茶。炒り米の香りと緑茶の清爽な渋みが絶妙に調和している。カフェインが少ないので、老人や子ども、妊婦にもおすすめ。

新鮮かつ優良な製品の提供のため、福寿園は著名な百貨店や主要小売店に販売店を設け、その雇用した社員数は五七〇名にものぼる。福寿園は日本各地での販売網以外に、積極的に海外販路を開拓している。現在福寿園の国内店舗は北海道、東北、信越、北陸、東海、近畿、四国、九州、海外主要拠点はシンガポール、ロシア、ベトナム、タイ等である。

四　二次創業者：第六代承継者福井正巳

第二次大戦は日本に破壊的災難をもたらした。終戦後、福寿園は第六代経営者福井正巳が活躍する機会を獲得し、彼は企業経営能力と智慧を最大限に発揮した。福寿園は彼のリーダーシップのもと急速に発展した。一九四九年、第六代承継者福井正巳は福寿園を改組して株式会社化し、福寿園を家内制工業から正式な企業法人に変えた。福寿園は元来、産地問屋であったが、一九五二年京都駅構内に始めて小売専売店舗を開設し、福寿園は日本で初めて日本茶の〝メーカー直売〟モデルとなる。一九六〇年代に至って日本経済は高度成長に入り、福寿園の社員は福井正巳のリーダーシップのもと、この経済高度成長の風に乗って企業のさらに大きな発展の準備を始める——つまり企業規模拡大であり、全国に専売店を開設していった。一九六〇年三月には煎茶と抹茶の新工場が竣工した。

五　伝統的現代化：第七、第八代承継者

一九六四年一二月福寿園第六代社長福井正巳が突然逝去した。当時福寿園で専務取締役を務めていた、第六代社長福井正巳の三二歳の長男福井正典は、二八歳の弟福井正憲とともに、家業を継承し、それぞれ第七代社長と専務取締役に就任した。二人の兄弟は会社の拡張戦略上、その若さならではの突進力を発揮し、日本経済高度成長の風に乗って、第六代が先鞭をつけた拡張路線を堅持していった。彼ら二人は分担して行動した。販売社員に全国を廻らせ、彼らの努力を通じて、東西鉄道沿線地域を福寿園製品の大型広告塔にした。北は北海道から南は九州鹿児島まで、彼らは福寿園の直営店を開設し、各地の高級百貨店に参入した。福寿園はこの二人の兄弟のリーダーシップのもとで最盛期に突入し始める。同社の全国直営店は最多時には二八〇店舗まで拡大。第七代会長の福井正典時代に、一連の生産組織、管理及び経営の革新が進められた。具体的には下記の通りであ

る。

（一）包装・上茶・合組（ごうぐみ――茶のブレンド作業）・乾燥の各工場、冷蔵庫・資材庫を伴った冷房完備の新工場増設により、量産体制を完備。

（二）一九七〇年　製茶加工から包装まで、すべて新機軸による省力化・オートメーション工場の新設、科学研究室の設置、貯蔵庫の増設をはかる。

（三）一九七四年　立体的新工場完成。生産の合理化、経営の近代化のために、完全自動冷蔵倉庫と一貫した製茶工場並びに高速自動包装機を拡充設置し、さらにコンピュータによるシステム管理と一層の省力化、コストダウンと徹底した品質管理体制を確立。

（四）一九八〇年九月　子会社、宇治の露製茶株式会社を設立。

六　茶文化の創造：第七代から第八代への伝承

一九九〇年三月、第七代社長で福寿園会長の福井正典の弟福井正憲が福寿園第八代社長に就任する。つまり福寿園第七代と第八代間の家業伝承は福井両兄弟の間で進められた。小さいころから海外に憧れをもっていた福寿園第八代福井正憲の社長就任は、あたかもそれ以降の福寿園の新たなグローバル化路線の到来を予期するようであった。一九九〇年は福寿園がまさに二〇〇周年を迎えた年であり、社長就任した福井正憲はこの二〇〇〇年という堅固な基業の上に立脚しなければならないと決心した。時代の脈絡をひしひしと把握し、グローバル化という時代変革がもたらすすべての機会を捉え、福寿園が、新時代の活力を充満させ、新時代の発展要求に適応する、全く新しい会社となるべく努力を開始した。

一九九〇年四月、福寿園はＣＨＡ研究センターを開設する。福寿園ＣＨＡ研究センターは世界各国の茶業界の情況を把握し、日本と世界各種茶文化と製品情報を収集して、福寿園の新技術研究開発、新製品の孵化基地となることを希求した。福寿園ＣＨＡ研究センター設立は福寿園が日本と世界に向けて走り出す予兆を現していた。第八代が進行した一連の革新と発展をみてみよう。

（一）一九九〇年　福寿園ＣＨＡ研究センター開設。
（二）二〇〇一年　海外店舗第一号をシンガポールに開業。
（三）二〇〇四年　飲料メーカー大手の一つサントリーとペットボトル飲料〝伊右衛門〟の販売を開始、現代茶飲料市場を飛躍的に拡大し大成功を治めた。
（四）二〇〇七年　宇治市に茶づくり体験施設の福寿園宇治工房を開設。
（五）二〇〇四～二〇〇八年　福寿園は一連の国際標準規格認証を取得、国際輸出投資に打って出るための良好な基礎を造った。
（六）二〇一〇年　宇治市に福寿園宇治茶菓子工房を開設、「茶を食べる」ビジネスを本格的に開始する。

七　百年老舗の生存の智慧

二〇一四年三月、メディアはこの日本トップの緑茶製造販売業者が二〇〇年を超えて生存した道を下記三条の〝老舗企業百年の智慧〟として帰結した。凡そそれが時代の迷路を突き抜けて不断に前進する多くの老舗企業の長寿遺伝子の在り処であるのではなかろうか。

(一) 家訓を羅針盤とし、己の感性を信じて布石を打つ

家訓「無声呼人」は歴代社長により受け継がれてきたが、家訓をさらにわかりやすく具体的なものとするため新たに社是を作り、次代へ継承している。

(二) 今日の利益より明日の利益のための経営

自分の時代だけ良ければいいという発想でなく、常に「今日の利益より明日の利益のための経営」を追求する。……そして「社長は老舗を守り継承していく当番という立場」で経営を行う。

(三) 伝統というのは変化に対応できてこそ守っていけるものという社風と実践力

伝統というものは変化に対応できてこそ守っていけるものであり、老舗が老舗として生き残るには不断の経営革新が求められる。

（『自如々』二一八頁）

この三条について簡単な分析をしてみよう。

第一、日本老舗企業の家訓は多くが道徳原則の体現である。中には一般的な経営管理的原則もあるが、堅持すべき最低ライン、たとえば嘘を言わないこと、投機をしないこと、誠実であること、などもある。これらは総じて言えば一種の商道であり、正直に進むことで企業の貪婪、懈怠、投機による破壊を未然に防いでいる。これらはある程度企業の経営指南ともなり、また商人の基本的行為原則ともなっている。これら原則は後代承継者によって不断に結合実践され反芻され、異なる時代と背景の下、日常経営と生活の中で実現されていく。

第二、日本老舗企業は明日の利益を今日と比べてさらに重視する。今日生きながらえていても、今だけを考えていれば、恐らく近視眼的落とし穴に陥り、同時に未来への機会をも喪失してしまう。

第三、この点がさらに重要である。伝統を守る為には、変化対応が必須なのである。百年企業は変化する環境の下で不断に調整を行い、革新を創出し、それで伝統の継続と発揚を実現している。

そうでなければ、伝統は歴史的化石となり負債となり資産とは言えない。〝不断に経営改革と革新を追求〟し、〝社長は老舗を守護継承する当番という立場〟であることが、総じて福寿園が継承した最も重要な発展の智慧であり、これは多くの老舗企業が現代化発展するための方向性を示していると言える。

この三条原則に照らし合わせて他の老舗企業を分類してみるならば、ほとんどの企業は、第一点ないし第二点までしか実践できていない。しかし、第三点まで実践できないと、単に伝統工芸や産品の狭小領域でのみ生存維持するか、ないしは競争の中で不断に収縮し閉鎖にまで至ってしまうかもしれない。唯一、第三点に到達できる企業こそが時代が変わろうとも不断に発展し、時代の潮流のリーダーにすら成り得るのだ。

第十一章　島津製作所：発明家族から現代革新企業へ

我々の想像の中では、老舗企業とは基本的に古い伝統産業や工芸の伝承者であり、たとえば清酒、懐石料理、茶葉、文房四宝、線香、陶磁器などが浮かび上がる。しかし我々が見落としているのは、明治維新以来、日本には一群の近代産業と技術を基礎とした新型〝老舗企業〟が誕生していることだ。その歴史が非常に長い（一〇〇年、二〇〇年）か否かはともかく、これら企業がまさに日本が伝統から近代技術を基礎とした産業に転換し近代化するのを推進した企業達であることは間違いない。これら企業を理解しなければ、日本近代が迅速に崛起し東方強国に成ったことを理解するのは難しい。日本の〝蘭学〟運動以来、海外とりわけ西方からの学習は日増しに潮流となっていく。明治維新に至って西方に対して全面開放した学習変革が起こり、日本は〝脱亜入欧〟型転換を実現した――伝統の〝和魂漢才〟から〝和魂洋才〟へ転向し、日本の武士道精神、日本大和民族の伝統は、西方文明制度と科学技術に結合していく。その中に中国伝統文化の足跡が深く残っているが、日本は疑いなく近代化の中で、さらに多くの欧州ないし西方科学技術と制度文化を吸収していった。実際のところ、本書前半の多くのケースでは、老舗企業の経営者が、次々と出国して欧米等に視察をしており、欧米産業と市場の発展は長期鎖国していた日本に震撼を与えている。その後、日本は速やかに行動し、その産業、製造技術を改造し更新していく。また明治維新前後に、多くの企業が株式会社化、技術発展の方向に向かい、次第に伝統の工房式かつ工匠式生産方式から離脱していった。この期間に創立した新型企業は、直接に科学技術と近代的管理に融合していく。この時期の創立企業に詳細な分析を行えば、何故日本近代がアジアの工業化と科学技術方面で新興軍団のように市場を推し進められたのかが必ず明らかになろう。まさにこれら企業の創立と発展が、日本のイノベーションと工業強国の基礎を打ち立てたと言え、島津製作所はその中で最も典型的ケースであった。

歴史的眼光を以って近代以来の工業国発展を遡れば、英国蒸気機関の発明に沿って、それがもたらした産業革命には鮮明な時代的特徴があることが容易にみてとれる。過去の工房産業との大きな違いは、近代以降は科学技術を動力とした創業が時代の主流となっていったことである。とりわけ、米国の一九世紀以降の迅速な発展は、一握りの冒険家と創業者が単に欧州や世界その他から持ち込んだ商業技巧や技術秘訣を踏襲したのではなく、さらに多くが技術的イノベーションを開始したことに依る。ハロルド・エバンズ、ゲイル・バックランド、デビッド・リーファー（二〇一三）による共著 *They Made America* の中で、彼らはアメリカの生き生きとしたケースを描写展開し、この時期の創業史および、それまでの特に中世における工房製造との比較を行い、完全に斬新な世界を開いたことを示した。彼らは粗末な条件下で創造と発明を起こし新たな世界を構築した。そして成功を手にして以降は、不断に人に模倣され、それは革新と発展への刺激となってさらに発展した。この創業史は実際、技術と産業の結合史であり、現代組織管理革新への過程でもあった。ここで、米国はゼネラル・エレクトリック、ドイツはシーメンス、そして日本は島津製作所や安川電機のような近代企業を産み出していったのである。日本はこれ以降、革新を以って創業し、老舗企業は技術の革新のみならず、製造工程や生産プロセス、機械設備や新素材、新たな組織管理方式等でもイノベーションを伴う新生の路を切り開いていった。グローバル化の基礎はまさに革新的創業と経済発展にあり、シュンペーターが二〇世紀三〇年代に〝革新が資本主義のエンジンである〟と〝創造的破壊〟という概念を提示していたとおりだ。

今日の日本企業を理解するには、その歴史を明治維新頃まで遡らねばならない。日本伝統企業の近代革新的企業への転換は歴史的大転換であり、ミクロレベルの企業家精神や革新文化の転換がなければ、日本は二〇世紀初頭世界の重要工業強国に成長はできなかったはずだ。学習と革新の伝統はそれ以降も脈々と継続され、戦後日本は敗戦国から迅速に崛起して自動車、エレクトロニクス、化学工業、機械工業等の領域において世界的競争者となり得たのである。この発展は、近代的老舗企業の歴史を考察するときにも明確に展開することができる。これは中国企業にとって考察の価値がある。今日、革新が駆動する戦略を発展させると言っても、我々の多くの企業は、未だ真面目に心を砕いて革新や科学技術と企業の結合について考えていない。已然として伝統的投機商人理念に依存し、科学技術と革新についてはあってもなくてもいいと考えているふしがあり、最終的には企業と産業に対して損害を与えることとなる。

我々は島津製作所に二回も訪問した。其のうち一回は島津の元社長であり、現在は相談役の服部重彦氏への訪問ヒアリングが実現し、さらに二冊の重要な分厚い史料『島津製作所史』という、詳細に島津の創業と発展過程を記載した資料を頂いた。その後、島津製作所創業記念資料館を視察したが、これは一般公開されており、島津の創業精神と文化伝統の伝播のみならず、社会に対して革新と科学技術が日本産業発展と見事に結合した典型的事例を同時に展開している。

一　島津創業過程と発明者家族：科学技術型の家族創業

日本は一八六八年、年号を明治と改め、日本歴史上重要な明治維新時期が始まった。島津は一八七五年の創業で、まさに時宜を得た創業であった。初代島津が島津製作所の歴史を創立したことについて、『島津製作所史』は次のように記載している――。

初代島津源蔵の父清兵衛は京都醒ヶ井魚棚上がる（現在の堀川六条付近）で仏具三具足の製造をしていた。源蔵はその二男として一八三九（天保一〇）年五月一五日に生まれ、父清兵衛に従い家業を学び三五歳で親の許を離れ、独立して上記創業の地木屋町二条に理科学器械を中心とする鉄工業をはじめたのである。

……初代島津源蔵が京都上京木屋町二条下がる西生洲町南端に、間口三・五間（約六・四メートル）の小屋を構え、ここで理化学器械製造の業をはじめたのは一八七五（明治八）年三月のことであった。これが今日の島津製作所のはじまりである。ここ京都木屋町二条下がる西生洲町の創業の場所は、当時の科学技術振興の殿堂であった京都舎密局前というまことに企業立地として好適の処であったのである（『島津製作所史』一頁、この段落は原文順序ではなく前後入替処理有り）。

『島津製作所史』の中で、上記引用分の第二段落が実は先にあり、祖先の追述を後に置いているが、本文がその順序を逆にしたのは、創業時の伝承と創業時点の順序を我々がよく理解する為である。島津源蔵は最初、父親から仏具制作を学び、これは一種の伝統工芸であったが、これが創業においで打ち立てた技術と経験の基礎となる。〝物理化学器械を主とする冶金事業〟を以っての創業は祖業との伝承関係があったが、また新たな道程に向かってもいた。重要な時代契機は日本が明治時期に科学技術振興発展戦略をとったことである。その創業地は〝科学技術振興の殿堂〟と誉高く呼ばれた京都舎密局（オランダ語の chemie、〝化学〟の意、せいみきょく、と読む）勧業工場付近にあった。ここでは二つの重要な事績を紹介する。

一つは、『島津製作所史』で紹介するように、初代島津がこの舎密局に頻繁に出入りし、そこで西洋から導入された製造工程や器械に多いに開眼されたことである。一八七八（明治一一）年三月、京都知事の招きでドイツ技師ゴットフリード・ワグネルが京都舎密局入りし、理化学の運用等知識を教える任務を負った。初代島津源蔵は舎密局でワグネル博士と遭遇し、その後三年間一途にその教えを受けた。ドイツ籍化学教師ワグネルの指導下で、島津源蔵は理化学器具修理や制作技術を学ぶ以外にも、多くの理化学的知識を掌握していった。天皇による〝殖産興業〟スローガンの元、初代島津源蔵は教育用理化学器械製造の企業——島津製作所を創立する。

もう一つは、新政府が一八七二（明治五）年陸軍省と海軍省を設立し鉄道と郵政制度を設置して、置産興業を奨励し、同時に学校制度を敷設して近代教育体系を建立したことである——。

この学制は、以後の日本の教育制度の基本ともなったもので、全国を八大学区に、各大学区を三二の中学区に、各中学区を二一〇の小学区に区分し、各小学区ごとに一小学校を設置することが定められ、全国的に見ると、八大学、二五六中学、五三、七六〇小学校を設けるというきわめてぼう大なプランであった。西洋の文明開化を早急に消化して、一等国となるためには、なによりもまず、村に不学の戸なく、家に不学の人をなくすることが第一とされて、盛んに就学が勧奨された（『島津製作所史』二頁）。

初代島津がこの時期に京都で製作所を成立し、事業を〝物理化学器械〟制作に固定したことは、明らかに企業家眼光と戦略的意識によるもので——学校教育に理科教具と実験測定検査器を提供することは、企業が科学技術で社会サービスをする方向を現し、今日に至るまで島津製作所の変わらず堅持してきた使命となる。さらにこの一使命感とビジョンのみならず、初代島津は日本科学技術創業の先駆けとなって、科学技術発明と革新に軸足を置き、検査測定器と生産に挑んだ。その中で企業が発展できると確信したのだ。しかし最初の創業は困難きわまり、人や家族に支援を依頼して技術革新は非常に難しかった——。

されど当時同製作の業も尚ほ草創に属し、資本其他に於て非常の苦心多く、親戚朋友等は之を狂視して殆ど之を助けざりが、源蔵は毫も屈撓せず妻女きく子の内助の功はもとより長男梅治郎（二代目島津源蔵）并に一二の職工とともに日夜励精し漸次に種々の器械を製出して世人の注目を惹き事業も漸く順境に向ひぬ（『島津製作所史』三頁）。

それは革新に対して、多くのベンチャーキャピタル投資がある現在の環境とは全然違う、当時の革新は基本的に個人や家族の事業であり、超人なみの意志と靭性がなければ、このような高リスクかつ高投入型の科学技術型創業は実現できないはずだ。初代島津は科学者ではない、控えめに言っても単にアマチュアの科学者であり、自学と名士を各地に仰いで学習し知識蓄積するのみである。しかし重要なことは技術を具体的に検査測定器設備制作と製造プロセスに応用したことである。彼はエジソンのような発明家にはみえない。しかしワグネル博士の指導のもと、個人の努力によって一連の理化学検査測定器を造り出し、京都で委託生産した水素気球の成功を動力として、多くの検査器を発明し展示会出品して賛同を獲得し、ここにおいて事業の基礎を打ち立てたのである。

近代教育の普及に従い、日本における科学器具の需要は次第に増大していった。島津源蔵が創業以後生産した教育用器具は日本教育界から広く好評を受け、政府の関連部門の関心すら集めていった。一八七七年の西南戦争勃発において、政府軍は熊本城内に囲まれて外部と連絡できず、その際、水素気球の研究制作を依頼した。西南戦争集結時に、日本の何れの企業も、この高度な科学技術品をつくれるところはなかった。島津源蔵だけが苦労を重ね、一八七八年有人水素気球の試験製造に成功し、社会を驚かせたのである。そればかりか、島津源蔵は一八八六年『理化学的工芸雑誌』を出版発刊した。この雑誌は日本で早くに発刊された科学月刊誌であった。

一八九四年、初代島津源蔵は五五歳という壮年において脳出血で逝去する。その長男梅治郎二五歳が家業を継承しさらに父名を襲名して第二代島津源蔵と名乗った。彼は弟源吉と常三郎と手を添えて共に進み、家族の企業を発展させた。第二代島津は父親の事業を継承するのみならず、自ら当時少なかった発明家でもあった。梅治郎は小学校に二年修学しただけだ。彼が掌握した理化知識は基本的に父親と一緒に働く中で自ら学習したものであった。英国でウイムシャーストが感応起電機を発明した翌年の一八八四年、梅治郎は日本で真っ先にウイムシャースト式感応起電機を制作した。さらに一八九五年、レントゲンがX線を発見した翌年、彼は一六歳にして自ら造った感応起電機を使用してX線写真撮影に成功する。その後も不断の改進を通して、島津製作所は一九〇九年日本初の医療用X線装置を世に送り出す。これは一時期全日本市場を席巻することとなる。

X線装置を世に出してまもなく、第二代島津は一八九七年京都帝国大学教授の指導のもと、容量約一〇アンペアの蓄電池を完成させ、一九〇四年工業用の大型蓄電池の国産化を実現させた。一九一七年、島津の蓄電部門が分離して日本電池株式会社が作られた。一九二〇年、第二代島津は大量の蓄電池製造用技術、〝易反応性鉛粉製造法〟を発明する。この技術はそれまで英、仏、独、米等多くの国が特許を持っていたが、二〇世紀の二〇年代には日本の技術輸出の一級品目にまで成長する。第二代島津は発明者としてのその一生のうちに一七八もの特許を取得している。一九三〇年には十大発明家の一人として選ばれ、日本のエジソンとも称された。『島津製作所史』は第二代島津とその二人の弟について下記のように述べている——。

彼は、科学技術に対する非常な卓見と不屈の探究心を持って、島津の技術と声価の中心となってゆくが、新進の学術研究に対して、あくまで謙そんに心広く、自家の技術の中にこれを取り入れてゆき、源吉は発明の才に加えて、性格はきわめて磊落、小さなことにこだわらないで、純真な熱情を持ってよく人の心をとらえた。常三郎は、また、人といわず、すべてのものを島津の事業と結びつけ、あらゆる機会をとらえて、事業発展の素材とすることにぬきんでた才能を持っていた。島津家の家譜が彼を評して「器械創作の才あり亦能く事を幹す……初代実に子ありと謂ふべし」としるしていることは、きわめて含蓄が深い（『島津製作所史』一二三頁）。

第一代、そして第二代の島津兄弟は正に発明家であり、彼らは理化学検査器の制作と発展に至力した。彼らは舎密局や大学教授と協力し、発明と製造工程、産品の間に一つの緊密な連携関係を形成した。その一方、日本明治維新時期の産業振興の政策も、発明者に理想的な環境を作った。二代の島津リーダーの下、島津製作所は次第に、一種〝科学の心〟を持つ輝かしい革新文化の気風を醸成していった。第二次大戦の洗礼は受けたもののこの伝承は変わらなかった。戦後、島津製作所は〝科学技術で社会に貢献する〟という社是に基づき、一九四七年日本初の電子顕微鏡を商品化し、一九五六年には日本初ガスクロマトグラフィーを開発製造した。

二　発明家族から革新型企業へ

島津製作所は一八七五年の創業から一九一七年の株式会社化までの間、基本的には家族と発明者個人が駆動する中小企業であったものの、一定意義においてはやはり近代技術を有した工房であったのは否めない。発明は基本的に海外の技術と技巧の学習と模倣の基礎の上に形成されていた。しかし個人と家族の努力と舎密局等の専門家からの学習により、それまで日本に存在せずその必要性が逼迫していた検査測定器や設備を不断に推進していった。とりわけX線装置、蓄電池等、技術面で秀でたばかりか、迅速に日本の圧倒的商品となり海外にも輸出されるまでなった。

一八七七年第一代島津源蔵は民間で始めて有人水素気球の飛揚に成功しこれは島津の社会的名声を上げた。一八九五年レントゲン博士がX線を発見してからわずか一一カ月後に、第二代島津は京都大学の村岡教授とともにX線写真撮影に成功している。一九〇九年にはさらに医療用X線装置を開発した。一九三〇年第二代島津は正式に日本の十大発明家の一人に選ばれ、一九五一年の逝去に至るまで彼は一七八もの特許を獲得している。

一九一七年の株式会社に改組以降、同社は家族経営からメインバンクなどが主導する現代的企業に転換していく。革新の手法もそれまでの発明者と家族主導モデルから、次第に組織的な人材導入に転向し、各種の専門研究センター等を設立していった。事業の焦点を幾つかの戦略的領域に定め、革新の蓄積効果と長期方向を形成した。科学技術革新は長期布陣と戦略性を以って進め、それによって始めて成果を得られ、特定領域で革新的優位をとっていった。島津は長期にわたり、各種分析測定器、医療検査器、および環境モニタリング測定器などの研究と開発製造を行い、その分野の先頭をきる革新成果を得るとともにそれが市場に活用されるよう転じていった。特に二〇〇二年島津の田中耕一（当時は主任）はノーベル賞を獲得し、島津製作所は世界的名声と影響力を得ることとなる。

島津製作所の主要研究センター：製品と発展過程

島津製作所の主要研究センター

基礎技術研究を中心として、日本、中国、欧州に研究機構を設立。各地の特色を発揮して研究開発している。当地の大学、研究機構と協力し、現地特殊情報の収集、それら研究成果は各事業部での新製品やサービス開発にしっかりと活用される。

(1)　基盤研究所（京阪奈）、ライフサイエンス研究センター

基礎技術研究所は関西文化学術研究都市（京阪奈）にあり、長期視野に着眼した基礎技術

研究が行われている。〝先端分析測量技術〟と〝装置組成部分〟等二つのテーマによる開発研究に従事。ライフサイエンス領域では、ゲノムとタンパク質分析の新方法論の開発研究を基礎とし、〝疾病標識探索〟と〝新診断方法開発〟研究が進んでいる。

(2)　田中耕一紀念質量分析研究所

田中耕一紀念質量分析研究所は二〇〇二年ノーベル化学賞を授賞した田中耕一が所長を務め、生物体関連物質を中心とした質量分析方法の研究が行われている。研究範囲は基礎研究から社外の研究者の方々との連携など広範にわたる。

(3)　島津分析技術研発（上海）有限公司

二〇〇七年迅速な速度で発展する中国上海に島津分析技術研発（上海）有限公司を設立。中国の研究機関と協力して質量分析の基礎技術研究を進めている。

(4)　島津欧州研究所

一九九七年、質量分析技術発祥地であるマンチェスターに島津欧州研究所を設立。質量分析から、表面分析など独特の技術に着手、イタリア、ロシア、スペイン等の大学や研究機関と共同研究開発を行っている。

島津の経営範囲

島津の経営範囲は四項目に分かれる。分析機器、医務機器、産業機器と航空機器である。これら領域は医療、食品、化学、エネルギー等各方面の製品が含まれる。主な検査測定器は下記の通りである。

(1) 分析検査測定機器

あらゆる産業の研究、開発、質量管理上、分析技術は不可欠である。特に科学技術は日進月歩の今日、研究開発機関であれ、生産製造企業であれ、分析検査測定器の要求は増してきている。島津は一九四七年と一九五二年、一九五六年のそれぞれにおいて、日本初の電子顕微鏡、光電式分光光度計、ガスクロマトグラフィーを製造した。それ以降、分析技術領域において始終創新精神を維持し続け、不断に開発を続け、クロマトグラフ分析、スペクトル分析、組成分析、表面分析等高技術製品を産み出してきた。これ以降、島津は不断に先端技術を追求し、時代要求を満足させる製品を開発していくだろう。将来に向けて、島津の分析測定器は更に先端技術の工具をも開発し巨大な作用を発揮させていくであろう。

(2) 環境測定検査測定器

島津は一九七〇年頃より環境測定器の研究開発に参入した。島津は環境問題を最も重要な課題の一つとし、研究開発、生産製造、販売、流通を問わず、環境負担減少に関わっており、健全なる環境管理システムを建立、推進してきた。同時に、豊富な技術経験から、大気、水源、土壌等各種領域の分析測定器と測定システムを開発してきた。〃人と地球の健康のために〃を経営思想とし、美しい地球を永遠に保持し、人類の生存環境を保護し不断に分析測定検査技術を研究し、新製品を開発している。

(3) 産業技術（測定機器）

産業技術の向上のためには、多種多様な生産形式に適応する産業機械や産業機械システム性能が極めて重要であった。島津は産業発展が必要とした産業設備装置の電子化、自動化を以って需要を満たしていった。研究開発レベルが高い製造と計測設備は産業先端領域における製造を後押しした。

(4) 医療技術（検査機器）

島津の先進的画像診断測定器は疾病の早期発見と治療に役立ち、医療事業の新しい頁を開いていった。昨今、ゲノムの研究は飛躍的に推進されており、多くの人類の健康と生活に莫大な恩恵をもたらしている。島津の生体科学技術はすべて生命科学の領域における発展に貢献をしている。

(5) 航空機搭載技術（設備）

島津は「安全、快適、リラックス」を原則として、航空業界に先端の航空器材を提供している。伝統精密加工技術と電子工業の先進技術を融合させた搭載測定器とシステムを提供し、乗客の飛行安全と快適に貢献をしており、主要なものとして航空機搭載設備や地面補助設備など。

島津の革新と発展ハイライト

一八七五年　島津源蔵（一八三九～一八九四）が京都で理化学器械製造を創業

一八七七年　水素気球試作製造、京都御所にて有人飛翔を成功させる

一八九七年　蓄電池生産開始

一九〇九年　日本初医療用X線装置制作

一九一七年　株式会社島津製作所に改組（九月一日設立、資本金二〇〇万円）、蓄電池部門を分離、日本電池株式会社を設立

一九三〇年　第二代島津（一八六九～一九五一）日本十大発明家の一人に選出されその年の宮中晩餐会に招待される

一九三四年　日本初分光写真機を制作

一九三九年　北京出張所設立

一九四七年　日本初電子顕微鏡制作

一九五六年　北京、上海での日本商品展覧会に参加。日本初ガスクロマトグラフィー制作
一九七五年　創業一〇〇年の節目に、米国島津科学機械株式会社設立
一九八〇年　北京事務所設立に、島津科学技術振興財団設立
一九八九年　テクニカルセンター開設、英国クレイトス集団（KRATOS GROUP PLC.）買収
一九九一年　けいはんな研究所、泰野工場開設
一九九二年　〝人と地球の健康〟への願いを実現するを新経営思想として確定
一九九四年　〝北京島津科学儀器中心〟を北京に設立、〝天津島津液圧有限公司〟を天津に設立
一九九六年　〝島津フィリピン製造有限公司〟をフィリピンに設立
一九九七年　日本島根県に、〝島根島津株式会社〟設立、〝島津ベトナム医療高科技有限公司〟(Shimadzu Philippines Manufacturing Inc.) 設立
一九九七年　〝島津（香港）有限公司〟を香港に、一九九八年〝島津儀器（蘇州）有限公司〟を中国に独資設立
一九九九年　遺伝子解析装置を開発、島津国際貿易（上海）有限公司を設立
二〇〇〇年　韓国にドンイル島津開設
二〇〇一年　京都と筑波に、ライフサイエンス研究所設立、生物科学検査測定器および試剤の長期研究開発に従事し、オーストラリアの蛋白組成学システム会社（Proteome

Systems Ltd）と共同研究しタンパク質解析前処理装置を共同開発、大規模タンパク質解析の需要に応えた。

二〇〇二年　田中耕一がノーベル化学賞と日本文化功労賞を授賞

二〇〇三年　直接変換方式フラットパネル検出器（FPD）を搭載した世界初の循環器用X線診断装置を開発

二〇〇五年　創業一三〇周年、インドにShimadzu Analytical India Ltd. 設立

二〇〇六年　〝島津（広州）検測技術有限公司〟を広州に設立、新分析測定器工場を本社三条工場内に竣工。欧州にShimadzu UK Ltd. など三社を同時設立。

二〇〇八年　三菱重工からターボ分子ポンプ事業を譲受

三　革新すなわち社会事業：家族の退出

一九〇五（明治三八）年、第二代島津源蔵は三六歳となり、その弟源吉は二八歳、日露戦争従軍後退役してきたその下の弟常三郎は二二歳。三兄弟はまさに少壮期に達し、初代島津源蔵の優秀な品質と才能を継承していた。三兄弟の努力経営のもとで、島津の家業は高度発展時期を迎えていた。

一九一七（大正六）年一月、蓄電池製造の事業を分離独立させた島津源蔵は、東洋随一の工業国として、日本が確固たる地歩を国際社会に築くためには、科学技術の振興こそ最大の急務であり、そのためには、島津製作所の事業の本流である理化学器械製作の分野を拡大し、さらに、広く産業機械生産の分野へ進出することを決意した（『島津製作所史』三三頁）。

当時の日本国力は敏速に上昇しており、多くの企業家の雄心壮志を刺激したことは想像に難くない。島津製作所はすなわち〝日本の国際市場地位の確立と科学技術振興〟を己の責務とし、企業の発展に対し、時代の使命感と責務を与えた。この情況下において、島津は家族企業の限界から飛躍しようと考え始め、さらに多くの資金と人材を吸収し、それを以って〝さらに一歩、運営範囲を拡大する〟ことを目指す。

島津においても需要が急増し、事業拡張の好機を迎えていた。〝科学技術で社会に貢献する〟との基本理念のもとに経営を進めていた源蔵は、外部資本を導入して、理化学器械の分野をさらに拡大し、産業機械の分野にも進出して、企業の近代化を図りたいと考えた。

源蔵は、先に日本電池（株）設立に際して支援を受けた地元の有力者などの協力を得て、島津事業の株式会社への改組を進めた。この改組手続きは、当時の三菱銀行京都市店長加藤武男氏の支援を得て順調に進んだ。同氏は後に三菱銀行頭取として日本財界に大きな足跡を記し、三菱傘下の企業と当社の業務連携の基礎を築いた。

一九一七年九月一日、株式会社島津製作所が、資本金二〇〇万円（払込金一〇〇万円）で発足した。社長には島津源蔵が就任した（『未来への挑戦―島津製作所一四〇年の歩み』一二頁）。

この背景下、一九二〇（大正九）年四月を境に、島津製作所はもとの家族経営から転換し株式会社となった。会社の歴史から視ると、この株式制変革は企業の公共化に向かわせたようである（上場の有無とは無関係に）。多くの百年老舗がこの時期株式会社化しており大変化を遂げている。その変化とは、一面では、大量の社会株主を引き入れ、家族の株式が大きく希釈化していったこと。もう一面では、株式制を通じて大量の資金と人材を吸収し、企業の規模拡張の基礎を打ち立てたことである。さらに重要なのは、この動きが同社の持続発展のための科学的管理組織メカニズムを建立したことである。

島津源蔵は、さきに日本電池設立に際して尽力された地元の有力実業家、内貴清兵衛氏の協力を得て、京都・大阪・東京など各地の著名人・学者などを歴訪して、会社設立の発起人として参画することを求めた。幸い、明治初年の創業という島津の老舗としての盛名と信用、そして新会社の将来性に対し、各方面から予想外の好意と多大の期待が寄せられ、地元の実業家、藤井善助・稲畑勝太郎・松村甚右衛門の三氏をはじめ、岐阜の河崎助太郎、大阪毎日新聞社社長の本山彦一の諸氏のほか、当時、島津レントゲンの熱心な協力者であった室馨造氏の奔走によって、緒方正清、肥田七郎、難波要各医学博士など医学界の権威九氏を含め四三名が発起人として、その名を連ねることを快諾され、ここに、資本金二〇〇万円による株式会社設立の議が急速に具体化した（『島津製作所史』三三頁）。

株式会社の創立委員は島津梅治郎と島津常三郎を除いて、藤井善助、内貴清兵衛、松村甚右衛門、稲畑勝太郎と河崎助太郎であり、創立発起人は四三名（創立委員含む）。これで当地実業界と金融界の広範な支持をとりつけた。

資本金　金二〇〇万円也　総資本金　之を四万株一株の金額を金五〇円とす。発起人の引受けは二万六、六五〇株（うち島津源蔵が七、〇〇〇株、島津源吉、島津常三郎各三、五〇〇株）ならびに賛成人の引受けは一万三、三五〇株であった（『島津製作所史』三七頁）。数字を観てみると、島津家族は新設のこの株式会社の五二・五三％を保有しており、絶対的制御権を持っていた。

会社創立後の初代社長は第二代島津源蔵であり、島津源吉と常三郎は常務取締役となり、よって家族の三兄弟は実質新会社の主要株主であり領袖でもあった。同時に、鈴木庸輔を本店支配人に任命する他、東京と九州等の支店長を任命した。ここにおいて、家族所有の規範を維持しながら社会資源と人材を取り込むという新たな企業構造となり、営業内容は従前に比して拡大していった。『株式会社島津製作所定款』中下記のような業務方針が列挙されている。

一．器械部
(イ) 学術用器械器具の製作並に販売
(ロ) 化学工業用及び各種工業用機械器具の製作並に販売
(ハ) 度量機器の製作並に販売
(ニ) 以上に付帯する工事並に修理
(ホ) 学術用品及び薬品の販売

二．電気部
(イ) 医療電気器械器具及び医科器械の製作並に販売
(ロ) 電気機械器具の製作並に販売
(ハ) 以上に付帯する工事並に修理

三．器械、電気及び化学その他の工業を目的とする他会社の株式・社債券を所有し、有限責任社員となり、または同種の営業をなす商人に対し出資をなすこと

四．機械、電気及び化学工業の研究に従事すること並に同一目的の研究者に対し研究費を幇助しその研究に依り得たる産出物の製造販売の権利を取得しこれを経営すること

（『島津製作所史』三五頁）

島津家族が株式会社化後の初期は一途に会社運営をリードし、積極的にこの株式会社をコントロールしていたことに疑問の余地はない。しかし後の株式会社の発展の上で、家族成員に関する情報が次第に減少していくのを我々は感じ取った。歴代社長のリストから視ると、第二代島津源蔵は、一九一七年、株式会社に改組して第一回目の社長に就任し以降、同族事業の社会化目標を明確にしていく。[1]その後、弟島津源吉は一九三九年取締役会で第二回の社長に選出され、戦時中の会社経営を率いていた。一九四五年、非家族で外部登用の鈴木庸輔（第一回取締役会では総支配人であった）が、第三回社長となり、これ以降、家族成員及びその後進が再び社長名簿に現れることはない。家族成員とその後代の発展情況は如何に？　何故企業に再び現れることがなかったのか？家族の株式はどのように何故売却されていったのか？　調査の中で我々はこれら質問を試みたが、基本的に明確な情報を得ることはなく、説明する資料も存在しなかった。島津製作所は株式会社化とともに一つの社会組織となり、創業家族とその中の数代にわたる卓越貢献と革新は歴史となった。その事業と使命については、その後株式会社が一つの組織として継承し、島津がすでに一介の

表 11-1　島津創業者・歴代社長と在任期間

			在任期間
創業者	初代	島津 源蔵	——
初代社長	二代	島津 源蔵	1917(大正 6)年 9月～1939(昭和14)年 6月
第二代社長		島津 源吉	1939(昭和14)年 6月～1945(昭和20)年11月
第三代社長		鈴木 庸輔	1945(昭和20)年11月～1965(昭和40)年 5月
第四代社長		三浦　懋	1965(昭和40)年 5月～1971(昭和46)年 5月
第五代社長		上西 亮二	1971(昭和46)年 5月～1981(昭和56)年 6月
第六代社長		横地 節男	1981(昭和56)年 6月～1986(昭和61)年 6月
第七代社長		西八条 實	1986(昭和61)年 6月～1992(平成 4)年 6月
第八代社長		藤原 菊男	1992(平成 4)年 6月～1998(平成10)年 6月
第九代社長		矢嶋 英敏	1998(平成10)年 6月～2003(平成15)年 6月
第十代社長		服部 重彦	2003(平成15)年 6月～2009(平成21)年 6月
第十一代社長		中本　晃	2009(平成21)年 6月～

出所：『未来への挑戦—島津製作所 140 年の歩み』。

家族や同族、個人の事業でなくなったことは極めて明確であった。

家族は次第に会社の歴史から離脱していくが、一方島津の産品ラインは不断に多元化、国際化する。その歴史の中で家族企業の関連は少なくそれについては省略する。ここでは大方の発展状況を考察し、今日の島津をより理解してもらいたい。戦後、島津は多元化を始め、会社は事業部制となっていく。

一九五〇年二月、当社は、全社の組織を、総務、営業、製造の三部門に分けた機能別横断職制に改革した。さらに、一九五七年一二月には、分権を図る目的で事業部制に改革した。これにより、科学器械、機械、レントゲン、計器、航空機器の五部事業部が発足した（『未来への挑戦—島津製作所一四〇年の歩み』一八頁）。

一九七五年、島津は創立一〇〇年の節目として創業記念資料館を設立する。この資料館は日本近代の革新と科学技術発展における重要な歴史を記録した拠点となった。

一九七五（昭和五〇）年三月、当社は創業百周年を迎えた。同年一一月一日、河原町二条の本社講堂で記念式典が開催されたが、時節柄、きわめて質素なものであった。この年、創業百周年記念事業の一貫として、創業地・京都木屋町二条に残る建物を改装し、日本の科学技術史研究上貴重な資料の保存・公開の場として、また科学技術分野の社会教育施設として、島津創業記念資料館を開設した（『未来への挑戦—島津製作所一四〇年の歩み』二一六頁）。

四　島津の社会責任

革新とは利益追求の為の術なのか、或いは人類の幸福を造る道程なのか？　この初発の道徳的問題が、組織革新の主旨の違いを決定するかもしれない。島津は初発から〝科学が人類の幸福を造る〟という原則を打ち立て、利益追求を二の次に置き、利益は組織が社会に幸福をもたらした恩賞であるとしていた。恐らくこのような要因によって、島津はけっして大型の世界的多国籍企業（GEやシーメンスなど、革新と規模や利益が直接連携しているケース）のようには成長せず、革新と社会の幸福創造を一番の目標とし、規模や利益を犠牲にしてまでそれを追求しようとした。このあたりを次のようにまとめてみたい。一つに、島津は莫大な利益を得られるような新製品や新技術開発は二の次に置き、現存の製品や技術の不断なる改良によってさらに多くの人が利益を得られるような（低コスト、高性能、喫緊需要充足）製品、たとえばX線装置、蓄電池などを主題としていた。二つに、家族の利益は最重要案件ではなく、家族運営が革新の為の融資、人材や経営の要求を妨げる時、機敏に株式会社に転換し、銀行や外部資金人材を引き入れる。これは間違いなく家族制御権を希釈化し家族株権退出の重要な原因となっている。これは日本家族企業の独特な一面である。我々は島津製作所や安川電機のケース研究中、このような規模的成長後には家族同族経営が不断に薄められていく過程を観た。これ以外に、利益ではなく革新に集中することが、企業の発展路線を決定づけたことを島津の成長プロセスの中で容易に見てとれた。創業者と研究者は一体となって、ビジネスや利益競争から身を引き、静かに科学研究と基礎研究に投入し、失敗すら考慮せず投身するほどである。ここに一冊の本がある。島津製作所の『島津・失敗応用学』だ。同書の中ではその実例が十分に体現されており、その集団主義精神の発揚が二〇〇二年ノーベル化学賞を授賞した田中耕一の身の上で実際に起こったのである。以下は島津の元社長服部氏へのヒアリング記録であり、ある意味で上述論点の証左となっている。

社会責任の強調は我社の社是であり経営理念である。金銭はたしかに重要であるが、もっと重要なことは精神であり、創業以来、島津の理念は革新精神であり、果敢に革新し失敗を恐れぬことだった。社員は社会に貢献する責任感の中で成就感や精神的やる気を獲得する。我社が強調する科学技術で社会に貢献すること、人類と地球の健康に貢献すること、は決して根拠のないスローガンではない。それどころか、社会の需要と緊密に結びついている。彼（元社長）は一九六〇年代について語った。日本は重化学工業が大きく発展したが、一方で汚染が激化、スモッグの情況は今日の北京、上海と同じであった。この時、社会は大気質量測定器を必要としていた。当時は困難なことであったが、需要は逼迫しており、研究員達と生産者等は全力を挙げてこの測定器開発に打ち込んだのだ。今一つの事例は、製鉄業の発展がもたらした自動車産業の振興であるが、精密な質量検査測定器の需要が急増しており、この需要が島津のこの分野での革新を推し進め、社会貢献することによって収益をあげ、社員の高い自意識や誉感の源泉となっていった。社会責任が研究と革新の目標であり動機となっており、それが汚染防止であれ、人類の健康であれ、あるいは現在の最新研究である人類疾病の早期検査測定（例えば癌等）であれすべて社会責任の一点に帰結できる。また社会責任中細かいことだが、X線測定器を発明した時分、技師は直接に放射能環境下で操作しており、身体に影響を与え職業病を発症していた。その後、島津ははじめて検査技師と設備を分離し、これが医者と技師の職業病を大きく減少させたのである。

田中耕一は二〇〇二年ノーベル化学賞を授賞したが、彼はタンパク質検査測定研究の五人チームのごく普通のメンバーであり、先輩が設計した測定器とその支援から多くを獲得していた。彼の発明は一つのとても意外な操作失敗から生まれた。間違って異なる材料を混合し、本来やり直すべきだったが、彼は失敗した操作で実験を続けて観察した結果全く新たな発見をした。これは疑いなく一つの意外な驚きであった。彼は当時英文は上手でなかったがチームの先輩が彼を激励し英文でこの結果を発表させた（当時彼はまだ二八歳）。まさにこの論文がその後彼のノーベル化学賞授賞につながったのである。日本が強調するのはチーム精神であり、革新は個人の努力や発見ではなく、組織と団結が長期に蓄積した結果である（しかし、会社は達識がなく、この発見が測定器になったり製品化されることはなかったが、この意外な発見以降改めて重視されることになったという[2]）。

彼（元社長）は、革新は個人の意外な驚きと喜びなどではない、多くは長年堅持された蓄積による結果であると強調する。一つには、素朴に革新を追求（派手さを求めず）する精神、しっかりと脚を地につけることが重要。二つには、社会需要を満たすこと。三つには、社会責任を実行すること。これ以外に、彼が特に言及したのは、革新については、基礎的技術開発が大変重要であること、例えば理化、細胞等方面の研究が極めて重要であると強調した。

島津は、企業は無論利潤追求しなければならないが、しかしそれを第一ないし唯一の指標としてはいけない、企業は革新の失敗すら容認せねばならないとする。島津は革新に対して度量が大きく、研究は高度な自主性と長期資金の支持が必要だと認識している。一例をあげると、島津は英国マンチェスターの研究所に年間一〇億円もの研究費を投入しているが未だ成果がない。それでも会社は支持し続けている。招聘されているのは当然一流の科学者でありエンジニア達であり、予算も莫大だが、それでも寛容であり、一般予算を超過しても支持を継続している。半年に一回成果聴講会を開き研究の進展を報告させるが、非常に厳格であるとも言えない。島津の年間研究開発費は売上の七％であり、創業以来一四〇年、二〇一七年現在売上は三三〇〇億円、社員は一万人を超えている。

島津はＧＥやシーメンスのような巨大なグローバル多国籍企業にはならなかったが、大型企業化には不可欠な株式会社化を経て不断に拡張し、戦後迅速に発展した日本の他の企業、三菱、住友、パナソニック、ホンダ、東芝、ソニー等のように、順調に拡張成長していった。これら企業は技術面で迅速に世界に追いつき、品質とコストで勝ち抜いた。その革新は中核的技術のみならず、より多くの要因は消費者の需要変化に適応したこと、日本伝統の革新精神（製品品質と優れたサービスの持続的改善、環境重視で精緻な製造、省エネ、省材料）に符合したことにあった。島津は革新において先頭を走るリーダーであり、後続する企業群も同じく製造に力を尽くし、同時に革新を製品品質、効率とサービス中に融合していったのである。

五　グローバル化と革新

一九二三年ベルリン事務開設以来、島津製作所の科学技術は全世界市場に向き始める。島津は世界各地に子会社と生産工場を設け、六〇の支店、三〇の海外拠点、二〇〇の代理店をもって全世界的販売とサービス網のネットワークを構築し、それらはドイツ、英国、ロシア、米国、ブラジル、ドバイ、トルコ、中国、シンガポール、インド、オーストラリア、フィリピンなどに及んでいる。

島津製作所は北米、中南米、欧州、中国、アジア太平洋の五大軸を以って基礎とし、全世界に販売と生産基地を構築し、様々な国家と地域の市場需要を満たし、全方位的サポート体制を構築している。科学研究と市場管理拡大における国際協力と、技術開発の国際化を積極的に推し進めている。

米国島津

大型の国際的企業が集結する米国で、顧客がパートナーとなるべく、相互関係を強化、積極推進している。島津の強力な販売能力と完全なアフターサービスは高評価を受け、世界各地に生産基地を有する製薬や化学工業の大型企業に対し彼らの対グローバル顧客総合サービスに向けた提案をし、積極的に大型プロジェクトを進めている。例えばガスクロマトグラフィーのパッケージディールがそれである。

アジア島津

昨今、アジアは〝世界の生産基地〟として注目を集め、島津はガラス繊維、ポリエステル製造機器や各種産業機械を提供している。韓国と中国台湾では半導体、FPD等発展が迅速で、さらにアジアで重要な国、中国では環境保護活動を展開し、島津は中国市場発展需要に応えるべく、生産環境検査測定器戦略をとっている。

欧州島津

英国、ドイツ、イタリア、オーストラリアでは現地法人による事業展開方式をとり、またCIS（独立国家共同体）、東欧を対象として、積極的に医療、分析、環境等市場を開拓している。特別なのはCISであり、現存のモスクワ事務所以外にも新たに事務所を開設している。技術開発面では、英国マンチェスターにある表面分析、質量分析など先端技術の島津欧州研究センターを中心に、国際共同研究開発を積極展開している。

島津は技術を以って社会サービスを展開する企業であり、革新こそがその成長の動力となっている。さらに国際化とグローバル化の配置についていえば二つの動機が考えられる。一つは、国際化とグローバル化は其の革新に対し学習と知識源泉を提供する、様々な国や地区に研究センターや現地法人、支店などを設置して現地と協力できる、それらの市場潜在力と社会需要を研究して製造できる、さらに各地が直面する環境、社会問題を一早く研究の中に融合でき、同時に現地の人材や資源を活用できる、等利益が大きい。これらは疑い無く革新の発展を推進している。もう一つは、グローバル化が成熟化した技術や製品／サービスにさらに広範な市場を提供すること、グローバル市場需要規模と多様性が革新への不断な動力となり、巨大な市場利益をもたらす可能性があることである。革新的企業のグローバル化戦略は一般的製造企業のそれに比べてさらに価値がある。利潤獲得のみならず、知識獲得が革新発展をさらに一歩前進させるからである。島津のグローバル化革新発展戦略は疑いなくこのモデルであると言える。

付録：島津中国の主要沿革

島津は一九五六年中国北京、上海で開催された日本商品展示会に参加し、そこから中国との交流が始まる。一九八〇年、島津は中国北京に正式に事務所を開設。その後の二〇年間、中国で迅速に業務を展開し、主要都市のほぼすべてに事務所を開いた。今日、島津は中国で既に半世紀の歴史を経た。島津は中国で八つの独立法人を設立しており、その足跡は広く中国各地に広がり、業務は広く深く各地の関連領域と業界に浸透している。

一九五六年、中華人民共和国第一回国際商品展示会に出品、中国との友好貿易の往来が始まる

一九七二年、中国にて新技術新産品交流会を複数回実施

一九七三年、北京日本自動化電子機器医療機器展示会に参加、上西亮二社長が副団長を努め周恩来総理と接見

一九八〇年、北京事務所開設

一九八二〜一九八九年、上海、広州、瀋陽、成都に相継いで事務所開所

一九九二年、北京島津医療器械有限公司設立

一九九四年、天津島津液圧有限公司設立

一九九七年、島津（香港）有限公司設立

一九九八年、中国衛生部との合弁で〝山東島津放射技術教育センター〟建立、島津儀器（蘇州）有限公司を設立

一九九九年、島津国際貿易（上海）有限公司を設立

二〇〇〇〜二〇〇三年、南京、重慶、西安、ウルムチ、昆明、深センに相継いで事務所開設

二〇〇五年、浙江省に〝寧波島津真空技術開発有限公司〟設立
二〇〇六年、広州に〝島津（広州）検測技術有限公司設立
二〇〇七年、島津の中国各地の事務所全部が正式に支社化、島津GLC公司設立
二〇〇八年、蘇州工場設立一〇周年、島津武漢支社設立、島津瀋陽分析センター設立

注

（1）『島津製作所史』の中で、言及に値する一件がある。「一九三七（昭和一二）年四月一日、京都府の設立許可を得て『私立島津製作所青年学校』を設立し、四月二四日に校旗の入魂式を行い、同二六日に生徒三五三名で開校した。学校設置者　島津源蔵、顧問　島津源吉、島津常三郎、鈴木庸輔、学校長　小山俊二。これは徒弟制度を廃止し、企業のために熟練工と技師を養成する職業学校であった。「開校時は、その学制を本科五年、研究科一年と定め、昭和一四年からはこれに併置して、三年制の技能養成所を設けた。また、青年学校はあとにのべるように、一九四八（昭和二三）年学制改正により島津工科学校となり、発展的解消するようになる」（六七頁）。

建校時、学年制は本科が五年、研究科が一年であったが、昭和一四年には合併し、三年制の技能養成学校となった。その後の言及に拠れば、この青年学校は昭和二三年（一九四八）には、制度改変して島津工科学校となり、最終はさらなる発展を獲得したが解散していった。

（2）二〇〇二年田中耕一のノーベル化学賞授賞で、同社は彼に一千万円の奨励金を与えた（約六〇万人民元）。同社はこの研究を長期に支持してきたことが、チームワークの成就に繋がったと認識している。集団主義はこの一側面から充分に成功していると言えよう。

第十二章　日本の百年老舗企業：伝統と革新

以上、七社の日本老舗企業のケース事例を詳細に表現してみた、我々は現在、一つの重要な問題に回帰している。それは本書の主題である——伝統と革新——である。我々はこの問題が、おそらく日本老舗企業生存百年から千年の〝秘密〟であると認識してきた。時空的視点から鑑みて、企業の衰退は多くの要因の影響を受け、政治、経済や文化、さらに、自然災害、危機、および運なども それに入ろう。さらに、家族と産業、習俗、時流や外来文化と技術等の要素もある。我々はこれら要因をひとつひとつ歴史的意義の上で展開することはできない。もしそうならば、我々は歴史の枝葉末節に陥ってしまう。そのほかの課題として、この七つのケースは時代、産業、規模、あるいは家族制御や管理モデル（いつくかのケースでは家族承継が途絶え非同族企業となっていた）においてそれぞれが異なり、ケース間での比較は困難で、一般性のある結論やモデルを打ち立てることはできなかった。我々の本ケース研究は、比較研究というよりも、日本老舗企業の多様性と豊富性を示したものとなった。

とはいえ、我々はこれらケース企業と所在産業、時代背景から、一種の比較的普遍的なもの、つまりこれら企業が時代や世代を超えて伝承した根本的動力や、あるいは一般の意義における長寿の〝秘訣〟、あるいは、日本老舗企業が世界の異なる制度文化の中で表出させた独特の要素などを探し出すことができた。それらはおしなべて経営学者や企業家が関心を集める処だと思うが、我々はそれを〝伝統と革新〟と帰結した。その理由は下記に依る。第一に、一時ないし或る期間内の組織発展はそれぞれ異なれども、長寿企業は必ず、その歴史が打ち立てた〝伝統〟と、現代的環境や資源および競争を結合してきている。さらに伝統は、その組織の慣例、文化を包含するのみならず、組織と過去数代の経営者が創造してきた精神と道徳面の〝伝統〟、すなわち、価値観、家規、家法、家訓、さらに産業的伝統と精神、そして基本的制度とプロセス（日本老舗企業が維持保全してきた工匠精神と制度など）を包含していたからだ。イノベーション（革新）文化至上主義を強調する現代経営学理論においては、〝伝統〟維持と発揚の価値は比較的軽視されているようにみえる。しかし現代経営学においてこそ、長寿企業から学ぶ重要内容には十分な価値があると思われる。次に、イノベーションは、現代企業市場競争と生存発展の核心的要素であり、革新の速度や性質は今日根本的に変化してきている。長寿企業がもし、時代要求に呼応せず、伝統に固守し革新に乏しければ、市場生存テストから逃れられるのはほぼ不可能だ。これが多くの老舗企業が直面する最も深刻な挑戦であり、必ず現代市場変化に呼応し、現代的管理技術に溶け込み、製品やサービス、組織管理、そして文化の上で根本的革新と変革を起こさねばならない。百年老舗はかようにしてこそ継続生存し市場競争に打ち勝つことができる。最後に、我々のケース研究で十分に表明されたのは、伝統と革新の間に合理的平衡を保つことが、老舗企業生存発展の鍵となる戦略であることだった。原因は、伝統と革新のいずれか一端のみを強調するのでは、企業の発展を操縦することができず、悪くは企業を停滞と混乱無秩序に追い込むか、資源供給不足によって破産状態に陥る可能性すらあるからだ。革新を強調し過ぎて、数百年来蓄積されてきた産業、技術と精神文化の伝統を喪失するかもしれない。伝統固守するがあまり、時代の発展機会を喪失し、時代変化に適応できないかもしれない。理由はそこにあり、伝統と革新の整合こそ、老舗企業が歴史を超越して生存発展した鍵だ、と我々は気づいた。以下はそれらの具体的分析である。

一　日本：伝統保存の最良国家

D. P. Singhal(1)は、その著作『インドと世界文明』の中で、日本が、世界、とりわけ東亜文明を吸収し伝承し、知識面において貢献をもたらしたことに高い評価を与えている。

日本……工業化と技術現代化を実現しつつ自己伝統文化特色を失わず顕著な発展をみせた国。

この伝統と現代性の独特な融合の主要原因は、外来の受容と適用を彼ら自らが望んだことである。日本は外国文化特性を借用し吸収することが文化的に低い表現ではないこと、それどころか文化に活力があることを証明した（Singhal 1972, 中国訳、八頁）。

……日本人は外からの知識を渇望し、細心にそれらを保全し、それをさらに豊かにした、それにより日本はいみじくも東亜文化の宝庫と常に描写されてきたのである（Singhal 1972, 中国訳、九頁）。

確かに、日本は中国隋唐以来、その制度文化と技術伝統を保存するばかりか、同時に、近年の欧州からの学習過程においても西側思想と制度文化を融合吸収した。なおかつ、日本の伝統と東方特色を保持し、日本の近代化とりわけ企業の発展において、西側の道程を超越し、一種独特な日本式経営と組織文化特性を形成したが、老舗企業の伝統と革新発展にはその典型的表現が観られる。今回の老舗企業のケース研究には、辛加尔の観点を十分に裏付けるものがあった。日本は、中国、朝鮮、そして近代には、欧州の伝統、技術、制度と文化、を吸収し、適用させて発展し、この基盤の上で日本の特色をもった経営制度と組織を創造し、日本に強大な競争力を有する製品とサービスを形成してきた。疑いなく、日本老舗企業は、伝統を伝承、発揚し、革新を実行する模範である。このようにして、日本は全世界中、最多の長寿企業を有し、人を驚かすほどの企業文化と伝統を展開してきたのである。

日本の近代は西方学習開始に遡ることができ、それは幕府の〝蘭学〟時期に始まる。オランダ人は欧州文芸復興以来の文化と技術をもたらし、当初は皮相的で浅く、言葉は最大の障害であった。しかし、これが根本的に後の対外学習態度形成に向けて大きな変化を及ぼした。まず技術から始め、医学、銃器、製造、化学等、さらに明治維新期に入って、挙国一致政策によって法制から機構配置、日常生活などが基本的に模倣され、西方を学習していった。企業はこの転向過程においてさらに機敏であり、多くの商人や企業がいち早く西方の貿易から始まって、商業制度、つまり会社法、株式制度等を西方から学び自ら建立していった。その中で、日本は技術、市場と組織等の最新知識を吸収するのみならず、その精神と価値観レベルでも転換を実現していった。これが日本経済の戦後の高度成長の鍵となったと考える。日本老舗の現代化からもこの展開が観察された。

明治維新の前、日本企業は基本的に伝統組織と経営方式に留まっていた。工房や工匠式、徒弟制度による経験伝承主体方式が主流を占め、中国儒学伝統から倫理と社会価値的商道を学び、また義理観念の中に商人の社会道義的合法性を追求し、伝統、経験と倫理が商業経営の基本準則となっていた。しかし明治維新後、日本企業の価値体系は普遍的に激変した。これは西方文化と商業精神、制度の影響と主体的学習希求の結果である。尚且、学習の動力は鎖国がもたらした国家的衰弱と西方列強との衝突であり、とりわけ西側列強のインドや中国への領土と市場侵入が日本の強国政策と西方学習を統一していった。この学習過程は、意識形態において文化啓蒙と直接観察の効果を生み出し、価値観の上でも基本的一致を認識しており、而して全面的に西方制度文化と価値を接受していったのである。そして、経済、日常生活方面における具体化の中で、重要な価値観、つまり、商業の重視、商業の国家強大化への意義と認識が醸成されていき、そのプロセスにおいて、没落した皇族、武士および一部の官吏が商業に転換していった。これは、同時期中国の清末民初においてはごく一部に過ぎなかったのだが、日本では比較的広範囲で展開していった。つまり、日本近代の商業を支えた者たち、あるいは企業家等は、生存すら難しい小民である底辺層の人々（中国の情況）ではなかったことだ。それは、新商人等は、文化と志を有する一部の精鋭たちであった。たとえば、一部の日本農民は経済情況が比較的良好で、寺子屋やそのほか地方で一定の教育を受けているものが少なくなかった。商人においては、日本では普遍的に比較的高い社会的地位があり、それは前述した社会情況と無関係ではない。かようにして、日本商人は、中国的儒家文化と西方の市場競争、法治文化を容易に受け入れることができ、これが士文化として構築された現代倫理と市場価値体系であり、日本商人が有する比較的高い道徳水準と社会理想を支える支柱となっていったと思われる。

同時に、所謂、現代価値倫理と文化啓蒙の意義はさらに突出しており、日本明治維新以来、科学精神が西方商業制度と商業文明の核心となり、商業に受容され実践されていった。この一点においては、マックス・ウェーバーの『プロテスタンティズムと資本主義精神』中に示される通り、現代商人と伝統に依拠し経験と運で経営をしてきた商人との間には本質的違いがある。前者は理性に基づいた経営管理を実践し、理性が最重要な表現であるとの科学精神を有し、これが、日本老舗企業が近代化に転向していった際の最も重要なる特徴の一つであった。たとえば、月桂冠の発展中観られるその事例は、科学を応用し設備を整えたことで、天候に依存していた清酒醸造を、四季を通じた年間製造に転換したことである。研究所を設立し、科学実験と研究を進め、不断に新商品開発を行い、製造過程を改善していった。ほとんどのケース企業が、遅かれ早かれ、全面的あるいは部分的にも科学を取り入れて、伝統的経験や匠によるものづくりを置き換えていっている、しかし、匠のものづくりは依然として、伝統工芸や手工生産の工芸品において作用を発揮しており、例は美濃吉や川島織物に顕著に観ることができた。

日本の商人は、科学面においては進んでいる。今回のケースでは、従前は匠技術に依拠していたが転換を図ってきた企業、たとえば古梅園、香蘭社があり、中には自らが科学的発明者であるような、島津製作所や安川電機、あるいは伝統を継承しつつ、現代革新を起こしている川島織物、シャボン玉石鹸等があった。基本的に、日本伝統老舗企業は、一部の伝統産品やサービス企業を除き、基本的に全てが技術と現代経営管理と緊密に連携してきている。一部の伝統的飲食業、醤油、清酒の製造業においても、製品のイノベーション、製造プロセスおよび組織管理の上で、科学化を重視し、科学技術こそが生産力であるとした。たとえば月桂冠、美濃吉、福寿園などである。一部の伝統産業、たとえば漢方薬は、〝蘭学〟後、西洋薬製造プロセスや技術を学び、伝統的漢方薬製造、服用方式、販売方式などに改造を施していった。科学はこれら企業と産業の転換の為の根本的動力となり、これが日本商人の近代西方から学習する中で実現した重要な商業文明要素であるといえた。全力で学習し、吸収し、ためらうことなく経営活動の中で運用し、それは市場競争の為の重要な手段となり、商品品質、サービス、価格と同等かそれ以上にすら重要な要素となっていった。もし、我々が、日本企業が近代以来、科学の受容から主導的運用をもって革新を起こしてきた事実を軽視するならば、日本老舗企業の現代化と新生、そして転換を理解することは到底できないだろう。

二　企業承継、革新責任と道徳統治の保証

今日、企業統治構造が著しく重要視される中、我々は往々にして企業を制約する外部制度環境や作用については軽んじているところがある。資本市場では上場企業統治に対して一連の、不断に改善されている外部統治政策や制度の整備があるが、それらは往々にして監督とコントロール性の法

規条項が主となっている。二一世紀初頭、とりわけ欧米市場では、厳格な監督制度失墜の為、所謂エンロン事件のような上場企業の不正事件を引き起こしている。さらにグローバル金融危機においては、ガバナンス欠如の問題が露出し、監督制度と企業統治条項の改善が叫ばれた。少なくても、これら企業統治にかかるコストは増大し、さらに多くの場合、企業家精神発揮に制約がかかることすらも事実となった。

我々は日本老舗企業研究を進める中、ひとつの有意義な現象に遭遇した。それは、多くが同族企業として存在し、厳格なガバナンス機構を持たず、その為、法律や規則による制約はむしろ少ない事という事実であった。

ガバナンスがあるとすれば、最も重要だと思われるのは、正式な法制の基礎の上に造られた経営者の権力への監督、情報発信や役員会制度ではなく、一種の道徳倫理的、文化意義上の準拠と制約である。多くの老舗は所謂明文化された家訓があるわけでなかったし、また企業主の政策決定や行動を監督し制御する専門委員会、現代意義上の経営人インセンティブ激励制度等も少なかった――家族の領袖ないし経営者の報酬が普通の管理職よりそれほど高いわけではない一方で、責任と家族事業の期待は極めて高い。ここにおいて我々が観たものは、権力とは、多くの場合、一種の家業世代が継続発展する上での責任と委託にほかならず、創始者あるいは歴代社長を模範とする制約であることだった。そして、社会的制約はさらに、多くが道徳性と責任感を伴うものであり、自我享楽や責任欠乏に陥る領袖に対しての、一種の集団的ないし社会的譴責、集団的排斥でもあり、ここにおいて外部的ガバナンス、つまり倫理と精神意義を以って、さらに大規模な伝統と文化のガバナンス機構、を彼らは創造していたのだ。明らかに、これは現代企業統治と大きな違いがある。

日本長寿企業の秘密は、一貫として人々の関心を集めてきた。多くの人々が、これら数百年生存した老舗には、その伝承プロセス、ガバナンスや家族領袖の選択において、一定の非凡性があったのだと認識している。しかし、我々の一つ一つのケース事案中では、奇跡のような話に遭遇することはなく、どれにおいてもごく普通の人々の物語であった。歴史上、彼らは社会底辺で生まれた商人であり、まず高等教育を受けることは少なかったにも関わらず、彼らは市場と社会の中で多くの技能と処世術や経営管理の道を極めた。一代一代が伝承しながら現代に向かってきたのであり、我々が想像したある種の伝奇的鮮やかな物語ではなかった。我々のケース研究から、老舗企業家族統治面においては、下記のような特徴を得ることができた。

(1)　超人的経営者〝英雄人物〟や、シュンペーター風の英雄はこれら長寿企業の歴史中ほとんど見かけることはない、現実にはカーズナー的〝適応型〟企業家を多く観ることになった。確かに一部卓越したリーダーが存在はしたが、数百年の起伏は、卓越したリーダーの成就の話よりもむしろ、如何に危機と困難を乗り越えたのかが鍵であった。ここにおいて、むしろごく普通の、或いは問題があるような企業リーダーが率いて企業を衰退に向かわせることを回避することかこそ関心を向ける価値がある。この意義において、日本の長寿企業の独特性は、社会全体で一種の重要な道徳性縛りを形成し、企業リーダーに普通人以上の高い責任、道徳を付与している処にある。そして社会普遍的に、投機ビジネス、豪奢、私利私欲と不正行為を追放し、一種の文化、気風と道徳を訴求しながら、徳を失った企業経営者や家族リーダーが社会的批判を受け、社員や企業のご意見番達による指責を受けて、最悪には罷免にまで達するような環境を形成している。如何にして企業リーダーが徳を維持し、対企業不正を予防するか、これは現代企業ガバナンス課題中、重要度が高い問題である。これに関して、我々は日本老舗企業の研究中驚いたことがある、つまり、優良な伝統的百年老舗において、徳治と倫理的制約が、企業主や家族リーダーのガバナンスの上で、最も重要だと認識され、事実、最も効果的な方法だったことだ。我々は普通に卓越した、超凡的企業リーダーを期待し、これらの出現が〝奇跡〟を起こしていると期待していた。しかし、我々は、普通の人によって企業継承された後、如何に組織の衰退を阻止したのかを考慮してはいなかった。この思惟モデルと実践が、不断に〝救世主〟の出現を起こすことを期待するのだが、明らかに現実的ではなかった。長い歴史中、我々が期待できるのは、〝普通人〟であり、その普通人のリーダーシップの下で、困難を打破し進歩を実現してきた老舗企業の〝奇跡〟であり、根本的なガバナンスの秘訣であることを知った。老舗企業は数百年、このように一代一代を継承し、人を驚かせるような物語や伝奇も少なく、しかし彼らは脚を地につけた労働と伝承文化そのものであった。これらリーダーは多くが〝適応型〟企業家であり、日本老舗企業はまたしても、優秀な〝適応〟能力を示し、ブレークスルー型（転覆的）革新とは違う方向能力を発揮していた。

(2)

老舗企業には形式化された正式の〝家訓〟を持つ企業は少ない。多くの企業主は、伝え残された〝家訓〟があっても、それを暗記するだけではいかなる問題も解決できないと考えている。日本経営者は、創業者や祖先の「背中」を重要視し、その所作、思想、習慣、理想、大義を見様見真似で模倣し、子孫に継承していく。朝五時前に起床し、全心全意、仕事に専念し、素朴で勤勉、倹約、質素の生活を一日続け、毎日早くから遅くまで仕事をするのが正常、など、まるで〝修行僧〟のような生活方式と職務態度であるが、それが承継者にとって最良の教育方法となっていた。如何にその企業史の中で、伝統と文化が創造されてきたのかを探るのは研究に値する。我々のケース中、比較的普遍的に観られたのは、およそ一〇〇年企業のほとんどが、祖先による創業史と創業のエピソードの記録を重視していたことだ。たとえば重要な経験と教訓、そこから引き出された経営遺訓、ないしは家規である。すなわち誠心誠意であること、投機性行動を排除すること、本業に徹すること、全力で製品とサービス向上に務めること、等である。これら内容は常に漢字の書道作品で表現され、企業の色々な場所に掛軸や扁額の形で残され、承継者と社員がいつでもこれら貴重な文化訓戒を観て心に刻むように配置されている。そのほか、いくらかの企業は博物館や学校を建立し、産業の角度から産業伝統文化を保持し継承し、自社の創業発展史を出版していた。今日、いずれの老舗企業でも、一代一代の家族リーダーの創業発展過程、産業沿革、社会変遷の中での一部始終の商業史と社会史を、後進達が生き生きと追体験することができる。ここにおいて、子孫、ないし承継者は、実在の歴史感と責任感を感じ取り、伝承された文化と価値観、および産業精神等において直接に触れる感覚で、その実態を学習することができる。想像に難くないが、家族子孫と社員ではともに参観し学習する中で融合し、企業に対する情感と精神上の思い入れを醸成していくのである。

(3)

社会普遍的な商業道徳規範を構築したことは、日本老舗企業がもたらした最も重要な貢献である。これは、一つ二つの企業の事例ではない。すでに日本社会の構造そのものであり、集団行動として成立している。日本の商業道徳は、悠久の歴史伝統を有するが、その中で、注目すべきは、中国から取り込んだ儒学思想や仏教、そして自らの神道をもって一連の重要な倫理と道徳原則を建立したところにある。さらに重要なのは、現代の商業道徳啓蒙が、すなわち明治維新前後から形成されたことである。一連の重要な政治家、武士、儒学者が、商業と商業従事者の道徳教育に献身的に身を投じた。代表的な人物と教えは日本近代の著名な福沢諭吉とその『学問の勧め』、そして、渋沢栄一の『論語と算盤』だ。彼らは積極的に、自ら実践するのみならず、理論を打ち立てて書籍に残し、現代商業道徳のモデルと成った。この現象は、世界でも多く見られるものではない。商人は商業帝国を建設するのみならず、高い社会理想を抱き（これは多くが儒家文化の影響を受けている）、理論をうちたて、学校を起こし、同業商工会や銀行を建立し、他の企業の発展を促進した。そして互いに社会の崇高理想を実現することを助け合い、協力し、一種の社会責任、道徳意識と行動規範を樹立していったのである。これは疑いなく、西洋流の商人や起業家の概念を超越しており、それらを打ち立てたのは歴史上の石田梅岩、鈴木正三、そして近代の渋沢栄一である。また軽視すべきでないのは、日本史上、一貫として、商人の道徳倫理（商道）および商業技能（会計等）が醸成されたことだ。極めて早い時期から、全国的に学校が創られ、儒学や商道および商業技能教育が一体化して実施された。それが懐徳堂であり、石門心学明誠舎であり、商人の基本的倫理と精神体系を定着させ、普通の人間をして終身学習と修行を通じ、比類なき優秀な商人に変貌させた。これらが、日本企業の長期経営に保証を与えたのだと筆者は考えている。これは全世界をみても大変珍しいことだ。これら制度と組織の建立が、商人精神と倫理を一種の社会構造と成し、また、商人の貪欲さ、投機性、豪奢、私利私欲の抑制メカニズムを形成した。そして不断に商人の社会理想と責任感を強化し、社会価値を実現し、社会的尊敬を蓄積していった。これら制度と伝統が、深く日本老舗企業発展に影響を及ぼし、企業経営者の統治意識を規定し、その結果、企業人としての簡素かつ集合体的倫理統治が醸成され、それが多くの日本老舗企業の長期発展の基石となっていった。日本老舗のこれら社会道徳性ガバナンスは、日本が、人類に指し示した一種の、重要な倫理価値実践の遺存であり、これら老舗の社会道徳性統治は、西側とくに米国からもたらされた現代企業ガバナンスおよび企業内部統制（主に法治統制）の結合モデルに対して、深い思考をもたらすところである。「道高一尺、魔高一丈」（道徳を高くすれば不正はそれを超えて高まる）、という古語が示すとおり、明らかに「法治統制」のみでは不十分であり、道徳ガバナンスの価値と意義は疑いなく現代企業経営の中で最も思考と探索の価値ある問題である。日本老舗企業の道徳統治と実践は現代社会道徳実践のモデルと言えよう。

（4）　企業が一種の事業体であり、尚且金儲けの道具でないことが、日本老舗企業の基本的社会定義である、これは西方が数百年来言い続けてきた私有経済制度とは見るところ対立的でもある。経済学の古典理論中、私有財産権は、希少な資源と人類の無限なき要求の間の矛盾を解決するとしてきた、しかしその中で、私有財産権の社会性意義を軽視してきたのではないか――私人ないし個体が占有するのでなく、経営権利を授与され、その資源と組織の権利を保護する、と同時に一種の社会責任をも与えられる――経済と社会資源を保存し、不断の革新と発展を遂げる、ここにおいて、企業とは〝公的〟事業の基本的出発点であると認識される。二〇世紀八〇年代において、企業社会責任と利益相関者理論は、企業の社会的責任意識の強化を促したが、しかし多くの場合、利益目標下のバランスと価値宣言をするのみで、きちんと経営管理実践の中でそれを実現した事例は少ない。さらに困難なことは、株主と利益相関者が、組織とは一種の社会的〝公器〟であると意識しないことであり、よって産業伝統、産業精神と文化、価値体系の維持が、多くの場合、社会的レベルで責任かつ責務となっていないのである。

企業は社会〝公器〟である。おそらく日本のみが明確にそれを提示できるのであり、堅実にこの原則を実践している、これは人を驚かせるものだ。老舗企業は一貫してこの社会原則を堅持し、明確に利益追求主導型主体と区別される。日本老舗企業はこの〝公器〟の性質を下記のように実現している。

まず、日本の老舗企業とりわけ非公開伝統同族企業は一種の疑似血縁制度であることだ。そこではすべての社員が異姓による家族集合の如くであり、彼らはまるで同じ〝祖先〟を敬うが如くに、創業者や自ら共に建立した事業を尊敬する。日本老舗企業に関して言えば、疑似家族形式組織から出来上がった企業であり、その根本目標は〝事業〟の継続と発展、如何なる血縁家族や個人でもない。職位はこの〝事業〟に基づいて決定され、個人的利益ではない。企業従事とは、給料やキャリア発展などの個人的利益追求もあろうが、その前にまず組織の〝事業〟に服従しなければならない。よって、同族企業においては〝業〟が一番であり、個人や家庭は二番目ないし、その家族企業内に融け込んでしまう。このため、我々が容易に観る事ができたのは、日本老舗企業が数百年来、一代一代の承継者と社員が初心を忘れないこと、祖先が創造した事業を堅守し、たとえ環境が変わろうとも、伝統と家族の目指す目標と価値体系を、一代一代伝承し続けることだった。日本老舗企業は、家訓や創業伝統、産業精神、製造プロセス技能、ないしはあらゆる勤務行動において、歴史の数百年を堅持し広く発揚し、少しも誘惑に負けて目標から離れることがない。これによって代々承継者と社員が、同族事業の〝公共的〟目標と使命を全うすることができるのである。

次に、日本老舗企業が〝公器〟であることは、個人と家族を企業から切り離すことでもあり、これは他経済における非公開企業組織であまり観られるものではない。これは、創業者であれ承継者、非血縁の〝養子〟、〝継子〟、〝娘婿〟であれ、彼らが、およそ個人や家族の利益を放棄して、自ら〝公的〟事業の担い手となり、誠心誠意家族企業に奉仕することを意味する（養子、継子は企業と企業の姓に対して全力で働くが、自己の出生家族利益を考慮することはない）。同族企業のリーダーになることは、彼らは代理人(2)であるばかりか、事業の承継者でもあり、歴史の責任を負うことも要求される。代理人は現存の利益関係者に対してサービスを提供するのみであり、利益最大化だけを目指す。しかし、承継者は事業そのものが目標であり彼らは家業の担い手である。よって社会の〝公器〟の守り人でもある。忠誠心が必要であり、価値共有が必要であり、責任の担い手であり、全力を以って業務にあたり、革新発展を遂げねばならない。同族企業リーダーとは、高い経営目標を持つことであり、同時に社員を激励し、高い要求を保たせ、自らを奮い起こし、家族と同様に仕事維持し発展させるよう指導している。

次に、個人的奮闘目標と幸福が家業と一体にあり、それは利益獲得の道具ではない、これは日本老舗企業が〝公器〟であることの今ひとつの特徴だ。日本の老舗企業は社員を家族とみなし、保護と成長を担保し、一定の時期に達すれば、技能習得した匠社員の独立を支援し支持もする。伝統ある企業は自らの菩提寺院や墓地を建立し、社員の死後も企業墓地に安葬し哀悼を捧げる。

最後に、最も重要なことだが、創業者であれ承継者であれ、同族企業のリーダーとしては、粉骨砕身で仕事を行い、勤勉で質素倹約につとめることが、すべての老舗企業の基本的リーダーのあり方（美徳）のようである。毎朝最も早く起床し、最も早く仕事場に着き、祖先を拝み、清酒で庭を清め、社員出勤にお辞儀し敬礼を送り、夜は誰よりも遅くまで仕事をし、ほとんど休暇もとらない。収入は職務給与のみで、私用の為に随意に会計を操作し、私腹の為に公を毀損することはあり得ず、家業と私人財産の間には明確な一線を引く。これは中国において、業務と家が分離不能な家族企業が少なくないのとは鮮明な対比である。そのほか、家族リーダーには、明確な職位、職責の意識がある。職権を超えて何でもツルの一声で押し通すようなリーダーは少ない。とりわけ、社長引退後は、多くが顧問的形式で企業への貢献を継続するが、承継した社長の決定や経営管理に再び干渉することは控え、要求されただけの顧問的仕事をするのみである。これは文化として解釈すべきではなく、これこそが、日本老舗企業が、〝企業は公器である〟との価値観を有し、企業は私人創造物ではない（特に創業者）し、私物でもないと認識している証左であろう。異なる観念が異なる経営管理理念と組織方式を産み、中国の普遍的な家族企業創業者と指導者らは、引退後も企業に対し権力を放さず、企業と家業の公私を分けることなく混乱無秩序を引き起こす。本質的には、我々の家族企業に対する認識——企業とは私物と同じ——から発生しており、これが中国と西方商業社会において生み出された深刻な混乱問題なのだと思う。日本老舗企業が我々に与えている対照的な警示は、実に深い思慮に値するものだ。

注

（1）インドの歴史学者。

（2）ここでの〝代理人〟はエージェント理論の〝エージェント〟を意味すると思われるが、敢えて原語のままにした（訳者注）。

第十三章　日本百年企業の革新と発展

如何にして、革新と発展と向かうあうべきか。これは、おおむね、企業の永続経営における最も核心的問題である。革新によってのみ、時代の移り変わり、環境変化、技術発展と激烈な競争に適応できるのであり、今日の世界で守りだけの企業が存在することはなく、伝統堅守し革新を起こさなければ、最後には時代適応に遅れ、淘汰され市場退出を免れない。競争における淘汰率は、百年企業の考察を続ける上で一つの分水点であり、革新と変化のみが発展を持続させ得ると言える。しかし、革新の概念といっても、その認識、行動において、異なる企業が異なる価値観、戦略、組織を持ち、それぞれに大きな差異がある。所謂、革新といってもそれは発展でなく、逆に企業に損害と打撃を与えるものかもしれない。たとえば、盲目的に機会と斬新な技術導入を試みた革新は、所謂、市場脱臼（市場と整合性がとれない）革新であり、革新が組織内部や外部の支持を得られないこともある。よって、革新とは、企業組織内において最もリスクのある戦略なのかもしれない。百年企業は如何に革新と発展を進めたのか？　これは最も考察に値する、持続性戦略の問題である。

我々が、日本老舗企業調査中に発見したことは、多くの企業が革新に乏しく、革新の手法やプロセスを有せず、停滞状態に陥っている一方、一部の企業が、伝統を継承しながら技術、経営、ビジネスモデルと組織管理に不断の革新を加え、時代の活力を放ち続け、〝隠れたチャンピオン〟や、業界リーダー、そしてグローバル企業に発展していた事実だった。老舗企業の中には、業界トップ製品やサービス提供企業があり、技術と組織管理の革新と発展をリードしている事例もあった。

一　伝統と革新の結合

老舗企業と近年創立した企業の間の最も大きな違いは歴史性であり、数百年来に打ち立てた伝統、技能プロセス、文化と産業精神は極めて貴重な資産である。一旦喪失すれば、老舗企業といえども近代企業と差がなくなってしまう。その為、老舗企業の革新は、まずもって、伝統の基礎を継承し発揚する延長線上の革新でなければならない。悠久の歴史を備えた飲食、清酒、調味料、紡績、漢方薬、茶葉、墨汁、陶器であろうが、現代技術を有した電機、分析機器であろうが、企業の革新は、多くの場合が伝統、地域と産業構造の嵌入（埋め込まれた）の中にある。この点を、近年多くの学者が指摘し始め、De Masse et al.（2016）も述べたように、同族企業とは、伝統と革新においで、同族企業所在地域の伝統を継承し、発揚する基礎の上に存在している。よって、顧客チャンネル、サプライチェーン、地方政府や大学研究機関や、当地市民との間に、深く密接な関係が存在し、競合相手とも良好かつ秩序ある競合合作関係を築いている。革新とはまさにこの密接な社会ネットワークと相互学習と促進の中に存在し、とりわけ顧客維持の謙虚な態度、革新と改良は、企業が打ち立てた使命と責務となり、企業活動は営利のみで駆動するのではない、といった諸特徴が現れる。

歴史上の商業伝統は、一種の進化する物質文化であり、形態が生産であれ、サービスであれ、本質は人文精神的産物であり、当地の気候、歴史伝統および物産の相結合した飲食、調味料、陶器工芸品などがあげられる。日本長寿企業調査の際、老舗企業の物語、たとえば福寿園の宇治茶、香雪軒の毛筆、古梅園の油烟墨（紅花墨）、香蘭社の有田焼瓷器等の世界を紐解いた。これらはすべて自然と歴史人文下の創造物であり、一企業や一個人の創造物ではない。それらの技術や商いの要諦は、多くの工匠と商人が産み出してきたものであり、一つの工房や工場の創造物ではない。ここで言えるのは、特定地域に凝集した工房、販売商人、市場及び工匠や工場こそが革新の実践者であり、近隣または遠方の顧客とともに製品改良を重ね、製品の美しさを高め、製品に誉を与え、物語を創り、暮らしの足跡を残してきたことだ。明らかに変貌しつつあるのに一途に伝統文化を堅守し、新たな時代要求、技巧、原料、スタイルに不断に適応するのにその中核的技芸と価値理念は不変である。これらが商業伝統のおおまかな描写であった。

古梅園は一つの典型的事例であるが、その歴史は四四〇年に及び、実際それ以前の奈良では寺院による製墨が数百年に亘って行われていた。朝鮮を通じて中国の製墨技術を取り込み、その後日本の書道や絵画からの要求に応じた改良改善を組み合わせて発展させてきた。日本は頑なにしきたりを変えようとしない頑固者ではなく、学習し吸収し革新過程を切り開いてきた国である。古梅園はそのように油烟墨の製造過程を革新的に創造した。その菜種油と桐油の煤煙から創られる油烟墨は、中国の松烟墨顆粒よりさらに細かく、日本書道と浮世絵等から来る要求を満たすことができるものだ。古梅園は中国と不断の交流を続け、新たな技術と素材（骨膠を素材として使用）の探求を続け、製墨技術を最適化している。一代一代の伝統が維持されているのみならず、不断の高度化と改良に努め、最終的には奈良の製墨業の翹楚となった。古梅園は天皇家と大名家の御用達であり、多くの文化人に愛された。

興味深いことは、写経や書道、絵画にほとんど毛筆を使わなくなった現代、市場需要は激減し、企業生存は危機に達していて転換型企業の選択も考慮されねばならない。たとえば墨汁の他に、毛筆や関連商品を生産するとかの戦略だ。しかし、古梅園は一途に製墨の伝統工法を堅守し、その姿勢を微動だにしない。墨水は書道とは異なると認識し、伝統の書道絵画の文房四宝に徹し、そのための最良墨水を制作する。江戸時代と変わらぬ墨汁を製造し、この初心堅持の為には代償をも払い、間違いなく経済損失を免れないであろう。伝統価値堅守を使命とし、当代の利益至上主義社会においては極めて貴重な存在だ。今ひとつ訪問した、香雪軒は夫婦二人だけで事業継承していたが、伝統工法こそが最良の毛筆を作るとの信念のもと、拡大生産ではなく市場が要する量にのみ応じて生産していた。このような本業堅持精神は、前述したように、継承者に与えられた責任と責務と無関係ではなく、継承者は歴史伝統と文化そして家業と産業使命感を発揮し、それに対して消えぬ執念と愛情を持っている。彼らは時代に適応した大胆な革新や変革が新たな利益をもたらすことに無頓着ではなかったかもしれない。しかしある意味においては、革新は伝統を忘れさせ、放棄させる作用もあり、後進者にとって重すぎる歴史的負担でもある。

地域の伝統は、老舗企業の伝統と革新発展の中で重大な意味を成し、今日強調されている組織エコロジー理論概念と関係があるかもしれない。百年企業はその悠久の歴史の中で、地域の産業ネットワークや関連するすべての社会、政治、経済、ないし文化の影響に組み込まれ、企業はこのエコロジー（生態系）の変遷の中で革新と発展を遂げてきた。我々は調査の中、多くの業界で、競合相手やサプライヤー、中間業者が、同じ地域のエコロジーに共存しているのを観た。たとえば、月桂冠は京都伏見が所在であるが、当地の軟水と山田錦米が良質な清酒製造に適していたし、百社を超える清酒メーカーが同時に存在していた；福寿園の宇治は、歴史によれば僧侶が中国から茶葉を持ち帰り栽培始めたのだが、その地は特色持つ茶産業風格と文化を産み出し、さらに多くのお茶製造と販売工房を作り出した。香蘭社は有田焼の代表格だが、伊万里地区陶器文化の代表でもある。伝統文化を有する精神やサービスは多くの場合、特定地域の資源、人文、政治と密接な関係があり、そこで育まれた企業は当地の伝統、技能、文化等総合要素が創造したものである。企業間競争はあったであろうがより主要なことは、サービスに優れ顧客を取り込み、市場の需要変化に適応してきたことである。製品の質、信用、特色や特殊な技巧とサービスが革新の鍵となってきた。

これら企業について言えば、伝統はさらに重要である。何故なら伝統は企業と消費者共同の歴史記憶であるからだ――独特の食感、記憶を思い起こさせる外観設計やパッケージ、店舗の独特な設計や風格とサービス等。特定の風土と情感と店舗、製品、サービスに味覚の好みの全てが伝統を構成しており、この伝統が精緻に形式化されればされるほど、歴史の記憶は当地の文化の中に融合していく。歴史上長く続く製品やサービスは、おおむねこのような性質や性格を持ち、個性化して特定の歴史と伝統的次元を創造し、消費ですら一種の文化と成っている。それは一種の集合性を帯び、地域独特の文化消費を育むようになる。よって、伝統の革新こそが、継承と発展の戦略の方向性となり，簡単に伝統を放棄することはできないのであって――シュンペーターの〝創造的破壊〟や今日言われている〝転覆性創造〟は一定の意味において、伝統的革新とは同じではないし、百年企業にとっては異質のものかもしれない。

大雑把に言って、伝統による革新にはいくらかの特質がある。第一番目には、それは歴史と地域文化の中に組み込まれていることだ。歴史とは一連の事件が構成してきたものであり、これら事件はひとつひとつの製品開発に沿って持続的革新と改善を発生させてきた。そしていくらかの卓越した企業家が産業にもたらした開拓性貢献、つまりサプライチェーン、流通と消費者および工匠などは産業を創造する上で発揮された彼らの持続的努力であった。地域文化はすなわち、当地の天賦資源、産業伝統、産業集積とネットワークとエコロジー、産業精神と持続的進化遂げる産業、企業と地域緊密関係など多くの要素に基づいてきた。歴史と地域文化から離れるならば、我々は企業と伝統について話すことができなくなる。第二番目には、この長期かつ緊密な産業とエコロジーのネットワークを取り込んだ上で、伝統と革新に基づき、さらに多くの表現によって地域と良好な関係を築き合作し関係を深め、相互貢献を継続する。とりわけ、現在位置している地域の天賦資源、制度文化および人的資源などは、企業への支持力となり、企業は地域発展の為に雇用を提供し、社会責任を履行し、相互促進関係を形成していく。よって、伝統に基づいた革新は、さらに多くの利益関係者や地域の支持を獲得し、直接的にかつスピーディーに、製品やサービスへの革新や改良需要を反映することができる。最後に、顧客との間には長期的良好合作関係があり、尽力を惜しまずに、精神やサービスに改良と時代適応の革新を加え、それは伝統と革新の内生的駆動力に基づいている。日本企業はこのひとつの伝統を極めて良好に保存しているように見える。すなわち大規模生産と流通が主流の今日、彼らの殊勝なところは、生産者が、心中においては、顧客が作る歴史上の近距離消費と同じ考え方をしていることであり、伝統の気質と文化を重視し、衷心より顧客の需要を感じ取り、より良い製品とサービスを生み出そうとしている。これが、彼らが持つ歴史伝統的競争力の特徴だと思う。日本料理、清酒に醤油、百貨店の日本製家電、炊飯器やお椀や現代的コーヒーテーブルに至るまで、十分に精緻化され人情味にあふれている。製品は各種のモデルを有し、個人、及び異なる人の数の家庭使用に耐えられる製品作りをし、同時に各種の場合の便利性と安全性を加えている。

消費者の要求をすべて満足させ、さらに消費者に予想しない驚きや喜びをもたらし、消費者が現場にいない前提でも（非人格性）すべての便利性と問題解決可能性はすべて彼らのために考え尽されている。このような、周到かつ、心地よく、気配りのきいた、今日の競争の中で価格とか品質とかで伝えられぬもの、それはつまり一種の、顧客に対する手厚いもてなし（款待）、である。心をこめてサービスし、〝お客様は神様〟の精神のもと、十二分の努力を払う誠摯な心そのものなのである。これは、今日的意義上の競争と革新などを遥かに超越しており、ある種の、伝統意義における、品格と道徳基礎上の革新と呼ぶべきものだ。

伝統の革新を如何に理解するか？　簡単に言えば、そのままの伝統を維持するのか、或いは、現代の需要や変化と融合した伝統を表現するのか？　明らかに、後者こそが老舗企業が持続発展する革新的方法である。我々のケース企業調査中、多くの老舗企業が長い歴史を持ち、たとえば古梅園は四〇〇年を超える企業で、そのままの伝統技術と文化を継承することをもとめたが、時代の需要が大きな変化を遂げたため、一握りの専門画家のみが真正古墨の価値を理解できる一方、需要は厳しく不足し企業生存の脅威となっている。如何に伝統と時代の需要を結合し革新を進めるかが、企業が停滞と衰退状態を突破する重要な戦略である。三八〇年の歴史を誇る月桂冠は明治維新以来、速やかに現代技術と組織管理法を取り入れ、積極的に製造過程技術と営業手法に革新をもたらし、今では年商四〇〇億円を超えるグローバル企業と成長している。月桂冠は日本清酒醸造文化を良好に継承したのみならず、日本でも先駆けて研究所を創り、醸造の機械化と四季醸造に取組み、酒瓶装丁や清酒販売方式に変化を加えてより遠い地域へと市場拡大を遂げ、さらに国際化を通じて清酒の影響力を上昇させてきた。日本の清酒、醤油、寿司、漢方薬等の企業は、すべて、伝統の基礎の上で、現代的工匠技能、製造、販売、組織管理と国際化等方面の革新を実現し、伝統的単一生業や地域を超越して、日本有数かつ代表的な伝統価値と製品、サービス企業へと成長している。これらは伝統的革新意義において非凡なことであり、経営学研究者として残念なことは、これら研究が今始まったばかりで、然も容易に現代技術が素早い進化、改変に惹かれてしまい、伝統的革新の価値についてはそれを軽視しがちになることだ。本書はこの研究においてスタート地点に立ったにすぎない。さらに多くの研究者や実践者が関心を持って、この長い歴史において常に新しい革新の研究を推し進めてほしいと思う。

二　現代的革新：老舗企業の挑戦

今日の技術革新は不断に加速しており、市場競争は一段と激烈化を増してきている。その背景下で、老舗企業の生存と発展は厳しい挑戦に晒されている。

生存危機に直面する老舗企業はどんどん増えており、老舗企業が倒産したり買収されたりすれば、伝統の技術もそこで喪失する可能性があり、これは社会的関心を集める話題である。(1) 日本の『中小企業白書』に拠れば、二〇世紀の八〇年代以降、老舗企業の誕生率は廃業率を下回ってきている。(2) 京都、大阪、東京等の地方自治体が、専門的老舗企業の協会や社会を組織し、その生存と発展に高度な意識を向け、政府が一連の保護政策を打ち出して、これら歴史伝統と文化価値有するブランドや製品保護を提唱している。これは時代変革が起こした消費需要、文化価値の変化であり、現代的技術と製品革新が老舗企業にもたらす挑戦なのである。如何にこの時代変化に適応するか、革新と組織上において、如何なる調整と変革をすべきなのか。それを如何に実現し持続発展するのか。少なからぬ老舗企業が事業転換や革新の過程で失敗しており、日本で最も歴史の長い企業である金剛組（五七八年創立）はその伝統的寺社仏閣建築建造設計領域を超越し、現代的セメント建築やそのほか多元的領域に進出して転換する大きなリスクにも直面し、最終的には他社による買収によって、一四〇〇年に亘る家族伝承の歴史の幕を閉じた。本文で討論した美濃吉のケースは、一九八〇年代にすでにマクドナルト経営管理方式を試験的に実践し、その伝統的日本料理店に転換をもたらしたが、その実験は失敗に終わる。その後、改めて伝統の高級懐石料理に回帰し、同時に中底流層需要に呼応した料理と惣菜、さらにテイクアウト料理業務を開発していった。美濃吉は、一方で日本料理伝統と精神を堅守し、一方で現代市場要求と結合し、関連業務とサービスを開発し、企業の規模と収益、影響力を全面展開して、日本料理とサービス業のリーダー格的地位を確立した。まさに伝統に基づいた革新発展戦略と言えよう。

一般的に言って、老舗企業が革新の挑戦に直面することについて言えば、幾つかの方面から下記のように分析でき、それは直面する市場、技術と組織管理方面の挑戦に及んでいる。

第一は、市場と需要の変化および細分化であり、それらは老舗企業に転換型圧力を生み出す根源となる。それは伝統的顧客の需要が、新時代がもたらす大きな変化に出会った時、あるいは新たに開発された製品やサービスによって満たされ始めた時に起こる。たとえば伝統的馬車が、現代的自動車、自転車、モーターバイクにとって代わられ、伝統的馬車の製造業は旅行関係や文化的場所でレトロな記憶や観光サービス以外市場需要がなくなった例である。これら企業は微小なニッチ市場空間でのみ生存可能になる。我々が調査した伝統的墨汁、毛筆、手工業織物、等は同じように小規模企業形態でのみ存続できていた。

第二は、技術的変革と革新を推し進める市場変化であり、技術は明らかに市場と競争構造の変化を起こす根本的力量である。これによって全面的に新たな製品やサービスがもたらされることとなる。たとえばインターネット金融は、伝統的銀行業務に取って替わり、電子メールは伝統的郵政業務に取って替わった。それ以外にも、技術は、伝統的製品とサービス、その生産組織に深刻な変化をもたらしている。幾らかは、いくら時が経っても変わらぬ需要、というような製品やサービスもある。たとえば飲食調味料、酒類、ファッションなどで、これらは製品需要が変化しにくいかもしれないが、それでも技術要素は、その製品やサービス形式や内容を不断に改変している。たとえばインターネット技術がもたらすデリバリーサービス、調味料の現代醸造技術や酒類の鮮度維持技術等があり、もし伝統老舗がこれら技術変化に適応しなければ、その製品とサービスの競争力は下降し、さらに新参入者に取って代わられる。本研究で重点的に討議した月桂冠、福寿園等の伝統老舗はすべて、技術と管理の革新を通じて、不断に新製品とサービスを開発し、市場競争力を維持していた。

第三は組織管理の革新である。この一点においては、伝統百年老舗が直面する最も厳しい課題となる。伝統老舗の組織管理は、数百年の歴史の延長線にあり、組織慣例と伝統は現代組織的変革時に大きな圧力に遭遇するからである。如何に現代企業ガバナンスと組織管理方式をとりいれ、伝統的同族企業を改造するか、同族企業は現代において如何に創造力と競争力を高められるかの根本的問題となる。一部の日本老舗は、明治維新後の比較的速い時期に制度改革を行い、伝統的家族制度や合資会社から株式制に転換していった。この一大転換の最大の挑戦は、企業家の伝統的かつカリスマ的権威（ウェーバーは支配について〝伝統的権威〟、〝カリスマ的権威〟、〝合理的権威〟と分類した）が、近代企業による民主制度型の〝合理的権威〟に転換していったことだ。日本の法治啓蒙と公民意識は、明治維新後に良好な訓練が施され、後日の経済社会転換においてしっかり根を張った。企業統治と家族の分離、技術と理性が企業発展の重要な力量となり、尚且、伝統と儒家商道の結合によって、日本組織管理中、重要な現代革新と発展を形成した。但し、この転換過程において、相当の老舗企業、とりわけ小規模企業はこの制度転換の影響を受けておらず、基本的に歴史的伝統の面容を保存していった。これは企業の現代技術と管理適応性に大きく影響を与え、技術、製品と組織等の革新を制約していったと思われる。よって、多くの老舗企業は、今日では歴史記憶の保存だけのための存在に留まり、企業の成長能力を喪失したとも言える。ここにおける主要な問題は、制度転換の遅れがもたらす停滞、或いは環境との不適応である。

基本的会社制度変革以外に、組織の変革と環境、技術、競争への適応の変遷過程は、おそらく今日、組織の持続発展に重要な影響を与える要素となっている。インターネット、モノのインターネット（ＩｏＴ）、デジタル技術、ＡＩ等の推進力の受け入れは、組織の構造やその周辺のすべてに深い変化をもたらすはずである。伝統の組織は時代遅れになり、新たなネット組織やプラットフォーム組織、エコロジー型組織は、今日の市場発展と競争の基本形態となっていくであろう。この変革の時代、伝統的老舗企業が、如何に組織と管理上、革新と発展を進行させるか、すなわちその競争力に如何なる影響を与えるか、が重要な課題となる。

注

（1）韓国ＫＢＳ〈百年老舗〉制作番組が指摘するには、「〝フォーブス〟調査資料に拠れば（これはフォーブス五〇〇社のことだろう：筆者注）、その中で百年を超える企業が、米国で一五二社、英国で四一社、ドイツと日本にはそれぞれ二四社と四五社があった。さらに専門家の指摘では、今後一〇年のうちに、このうち現在の核心的産業を維持できるのは三〇％に留まり、四〇％は吸収や買収される可能性があり、三〇％は市場から消滅するであろう」と予測した。これはおよそ百年企業中、比較的大規模企業衰亡の速度であると思われる。

（2）老舗企業誕生数については創業年から数えて現在百年以上の歴史の企業を数え（百年以上の歴史）、日本帝国データバンクに拠れば、大正期（一九一二年元年）創業企業が毎年一、〇〇〇社の速度で老舗企業と成っている（前川　二〇一五、中国訳、二一〇八頁）。

第十四章　日本企業調査研究報告：伝統と革新
――中日家族企業比較――

本書の最終章と結論として、中国と日本における家族企業に関する研究報告を添付した。ケーススタディとアンケート統計を通じて、中国と日本における長寿家族企業の基本的な現状と結論を提示した。本書の記述的なまとめにもなっており、さらなる議論と研究につながることが期待される。

長寿家族企業の伝統と革新――中日長寿企業に関わる調査研究報告書（二〇一九）

日本は世界で最も多くの長寿企業（老舗）を有する国家である。それら企業は百年ひいては千年以上の製品――サービス・製造工程・技能と文化伝統を継承するのみならず、同時に生き生きとした時代性も表現しているばかりか。時代の需要と発展に呼応し、市場と技術、社会の変化に絶えず応じ、製品とサービスを改善し、技術と工程設備の流れを革新し、そして組織管理の変革を実現している。

かような意義において、長寿企業は伝統と革新との動的変遷と融合を表し、日本長寿企業の持久性、膨大な数、及び革新上の現れは世界の耳目を集めることとなった。

これら長寿企業には、持続経営を可能にする「長寿遺伝子」が積み蓄えられているかもしれない。当該報告書は中山大学中国家族企業研究センター―と日本北九州大学中華商務研究センターの共同研究により出来上がったものであるが、中国商業連合会中華老舗企業工作委員会、日本帝国銀行データベース（ＴＤＢ）、京都府庁、京都老舗の会などにも大いに協力して頂いた。

当該報告書は、中日長寿企業（日本側老舗企業と中側老舗企業）に対する調査研究と分析を通して、伝統と歴史文化に基づいた長寿企業の特徴、特にその伝統の継承と革新、発展を洗い出すことを主旨とする。「創造的壊滅」を重要視する時代の革新変革の波に、ビジネス中の伝統と文化道徳の価値、及び伝統と革新との融合を見直すことこそ、持続且つ健康なビジネス発展の道である。中日長寿企業を研究し比較すると同時に、儒家文化の伝統及び東アジアにおけるビジネス発展に基づく独自性の特徴と価値体系を提出し、欧米に主導されたビジネス道程に存在している課題に対しても、選択余地を与える一考となり得るだろう。

作成者：李新春　鄒立凱　朱　沆
研究チーム：李新春　王效平　古田茂美　朱　沆　劉光友　葉文平　鄒立凱　張　琳
研究機関：中山大学中国家族企業研究センター　日本北九州大学中華ビジネス研究センター
二〇一九年五月

一　調査研究の方式

当該調査研究報告書は中山大学家族企業研究センターと日本北九州大学中華ビジネス研究センターとの協働により展開した中日長寿企業関連の調査研究プロジェクト成果である。

プロジェクトは中日両国長寿企業を対象として、中日双方が現地でのケース調査研究に協力し、アンケート調査票を合同設計し、標本調査を実施した。日本側のアンケート調査票は日本の老舗企業を対象とし、中方は中国の老字号（中国語で老舗の意味）を対象に標本調査を行った。当該調査研究報告書は日本長寿企業の伝統価値、革新の特徴、及び現代化経営管理、革新、国際化などその企業の直面する企業成長上の問題点を分析することを目指し、最後に中日長寿企業簡略比較分析を行う。

ケーススタディ調査：調査研究チームは二〇一六年と二〇一七年に二回日本の京都、東京、奈良、大阪、北九州で現地調査研究を行った。一回目は長寿企業を五社訪問し、一一社の長寿企業と会議懇談を行った。日本における最大の企業信用機関である日本帝国データバンク（以下はＴＤＢ）を訪問調査した。二回目には長寿企業を一二社訪問、京都府庁及び京都老舗の会を訪問ヒアリングした以外に、石門心学明誠舎、懐徳堂などの商人教育機構も調査研究した。それら訪問企業の基本情報については巻末付録を参照のこと。

アンケート調査。ケーススタディの調査研究をベースとした上で、アンケート調査を実施した。アンケートは二つの部分を含める。日本老舗企業対象のアンケートはＴＤＢに依存し、日本老舗企業のサンプリング調査をして頂いた。アンケート調査票の配布は二〇一七年二月から四月末までで、全部で一五〇〇部配布され、六五七件回収、回収率は四三・八％であった。

日本京都老舗企業対象のアンケートは京都老舗の会に依存し、京都地区老舗企業のサンプリング調査をして頂いた。アンケート調査票の配布は二〇一七年一月から三月末までで、一三〇〇部配布で、一二五件回収、回収率は九・六％であった。中国長寿企業対象のアンケートは中国商業連合会中華老舗企業工作委員会に依存し、中華老舗のサンプリング調査をして頂いた。アンケート調査票の配布は二〇一七年六月から八月末までで、三〇〇部配布され、一五六件回収、回収率は五二％であった。本報告書においては長寿企業を経営時間一〇〇年以上の企業と定義した（表14―1参照）。

表 14-1 アンケート調査票の配布、回収についての説明

配布機構	日本帝国データバンク（TDB）	京都老舗の会	中華老舗工作委員会
対象	日本老舗企業	日本京都老舗企業	中華老舗企業
データの設計数	日本長寿企業対象のアンケート調査票	日本京都長寿企業対象のアンケート調査票	中国長寿企業対象のアンケート調査票
データの回収	回収数 657 件（有効数 642 件）	回収数 125 件（有効数 116 件）	回収数 156 件（有効数 153 件）

注：日本老舗企業について、一致した定義がないが、経営時間が 100 年以上の企業を言う場合が多い。中華老舗企業については、はっきりした定義がある。【歴史が長いこと；世代継承されてきた製品、製造工程或いはサービスを持っていること；鮮明な中華民族伝統文化背景と深い文化基盤があり、社会的に幅広く認められていること；信用の良いブランドが確立されていること；商標所有権か使用権を有していること；ブランドが 1956 年以前（1956 年込み）に確立していること；継承されてきた独特製品、製造工程或いはサービスを有すること】など七つの認定条件を設けている。

標本企業の基本分布。TDB が 2010 年に公表した【創業 100 年以上の「長寿企業」に関わる現地調査】によると、営業年数の長さから見れば、過半数の日本長寿企業は年齢が 100～200 年で老舗全体の 76％を占める。産業構成から見ると、製造業の比率が最も大きい。その次は小売り、卸売りである。規模から見ると、中小企業が主流である。今回 TDB 抽出企業の分布は日本老舗企業全体分布とほぼ一致しており代表性を確認できた。標本企業の平均寿命は 180 年ほどであり、100～200 年の企業は 67%、営業年数の最も長いものは 1465 年創業であった。標本企業は小売り、卸売りと生産製造業がメインであり、その内、建築業も比較的に多い業種であった。標本企業の平均従業員数は 75 人。規模別分類では、零細企業が全体の 41.8％で、中小企業が 43.7%、大企業が 14.5% であった。標本企業の基本情報については文末付録を参照。

二　報告概要

本章の構成について：第三節で日本長寿企業の伝統と価値の関連分析を行った。つまり、日本長寿企業の伝統の内容及びケース分類に関わる分析、日本長寿企業伝統の意義及び伝統と現代化との成長に関わる分析である。第四節では日本長寿企業の革新（イノベーション）の関連分析を行った。つまり、日本長寿企業の世代を跨える革新の形態、標本企業の革新の方式及び革新の投入・産出分析である。第五節では日本長寿企業の戦略性における二元性均衡分析を行った。分析項目は経営支配権、経営目標及び業務多元化である。第六節は中日長寿企業の比較分析である。最後の第七節では本報告の主な結論と検討をまとめる。

三　日本長寿企業の伝統と価値分析

（一）日本長寿企業の定義と分類

1．日本長寿企業の定義

長寿企業は、企業規模を問わず、宗教法人、財団、社団など法人団体、あるいは公益団体、学校、医療機構以外で、おしなべて一〇〇年以上の事業経過があり、主事業運営を継続し、数世代的に渡る事業承継を実現し、経営価値を有し、且つ、良好なる営業成果を維持している企業を言う。日本帝国データ銀行（ＴＤＢ）が二〇一〇年に公表した【創業一〇〇年以上の「長寿企業」に関わる現状調査】によると、創業一〇〇年以上の日本長寿企業は二二、二一九社とあるが、長寿企業専門学者後藤俊夫によれば、二〇一四年末で日本の長寿企業は二五、三二一社で、順位は世界第一位、第二位はアメリカで一一、七三五社、第三位はドイツ、その後はイギリス、スイス、イタリア、フランス、オーストリア、オランダ、カナダと続く。

2．日本長寿企業の分類

明らかに長寿企業には高度に差別化された結果として、それぞれ異なる類型がある。存続時間（時代、承継世代数等）に大きな差があるのみならず、而もその規模、組織管理の方式、企業ガバナンス、及び伝統と現代化に対する態度や行為にも大きな差異がある。色々な長寿企業を考察してみると、その産業、製品、製造工程と文化の伝統及び時代の要求に直面した際にとった革新行為そのものが、異なる長寿企業を特徴づけるものであり、それこそが長寿企業を分類する一つの区分基準かもしれないことに気付かされる。というのは、いかに伝統と現代化とを結合させるか、その瞬間こそ、長寿企業がさらに一歩前進し発展できるかの要の所在であるからだ。

長寿企業は伝統の重要なキャリヤー（媒体）であり、継承者である。伝統は長年の沈殿を経過して継承された風俗、習慣、礼儀、道徳、思想、芸術、制度などを含む。本報告書では現地で実施したケース案件の調査研究を統合し、関連研究を参考にして、長寿企業が伝統と現代化に対応した戦略行為に従って、長寿企業を三種類に分ける。

第一類：伝統的主業の堅守型長寿企業。すなわち、伝統主業型企業、

第二類：伝統を堅守しつつモデルチェンジを求める長寿企業、すなわち混合型企業、

第三類：積極発展めざし経営を他業界へモデルチェンジする長寿企業、すなわち現代化モデルチェンジ型企業。

伝統主業型企業。このタイプの長寿企業は、専門的な発展を堅守し、歴史と伝統を相続させることを自分の責任として、特定の産業領域或いは特定の製品／サービスにピントを合わせている為、新しい業界か領域に進入するのは少ないか、或いはほとんどない。

現代化モデルチェンジ型企業、このタイプの長寿企業は、二つの方向に沿って現代化に統合していく。一つの方向は既存の産業や製品（サービス）範囲内で、時代の発展又は市場技術の変化に順応し、新しいプロダクト（サービス）ラインを絶えず開拓し、新しい技術又は管理によって伝統を改造する方向である。もう一つの方向は多元化の発展ルードを積極に開拓し、既存領域や市場をさらに一歩先へと延長しながら時代に適応し、新しいチャンスを積極に開拓していく方向である。

表 14-2　長寿企業分類

	専業型	多角化型
伝統	伝統専業型	—
革新	混合型	現代化モデルチェンジ型

注：①産業多角化レベル—専業か多角化か。②伝統と革新—伝統堅守志向か革新志向か。

混合型企業、このタイプの長寿企業は、上記二種類の比較的極端な類型の中間に位置し、一種の混合モデルと言えよう。伝統維持を重視するとともに、新しい業務や領域を積極開拓し、伝統と現代化間における良好なバランスを実現している。

以下、本報告書はケーススタディ（定性分析）とデータ分析（定量分析）を通して、次のような日本長寿企業分類を得ることができた。

(1)　ヒアリングしたケース企業の分類。私たちは二〇一六年と二〇一七年にかけて、一七社の長寿企業に対して調査研究を実施した（半構造的インタビューの他、月桂冠、美濃吉、島津製作所などに関しては、全方位的調査研究を実施）。さらにその企業史の読解を行い、企業戦略が集中か多元化か、及び伝統か革新か、の二次元特徴から、一七社のケース企業を分類し、また、ヒアリングの内容に基づいて、日本長寿企業の各社間の違い及びその分類意義を表現してみた。

(2)　TDBによる日本長寿企業の分類。上記分類の操作定義により分類を

表 14-3　ヒアリング調査したケース企業の分類

革新 ＼ 多元化		専業 1	2	3	4	多角化 5
伝統タイプ	1	香雪軒	—	—	—	—
↕	2	古梅園 京山城	石藏酒造	—	—	—
	3	宇佐美松鶴堂	半兵衛麸 松栄堂	福寿園 香蘭社	大同生命 塚喜集団	—
	4	—	—	月桂冠 美濃吉	シャボン玉	川島織物
革新タイプ	5	—	—	安川電機	—	島津製作所

注：専業か多角化か：1. 非多角化型。2. プロダクトライン延長型。3. 関連領域延長型。4. 組織管理変革型。5. 領域超越型。
伝統か革新か：1. 非革新型。2. 僅かな革新型。3. 普通レベル革新型。4. 大規模な革新型。5. 完全革新型。

試み、標本企業の四六・四九％は伝統専業型企業、四五・四〇％は混合型企業、八・一一％は現代的モデルチェンジ型に属すると判明（図14—1参照）。

従って、本報告書は伝統—現代化分類の核心を巡って、先ず、日本長寿企業伝統の意義を確認

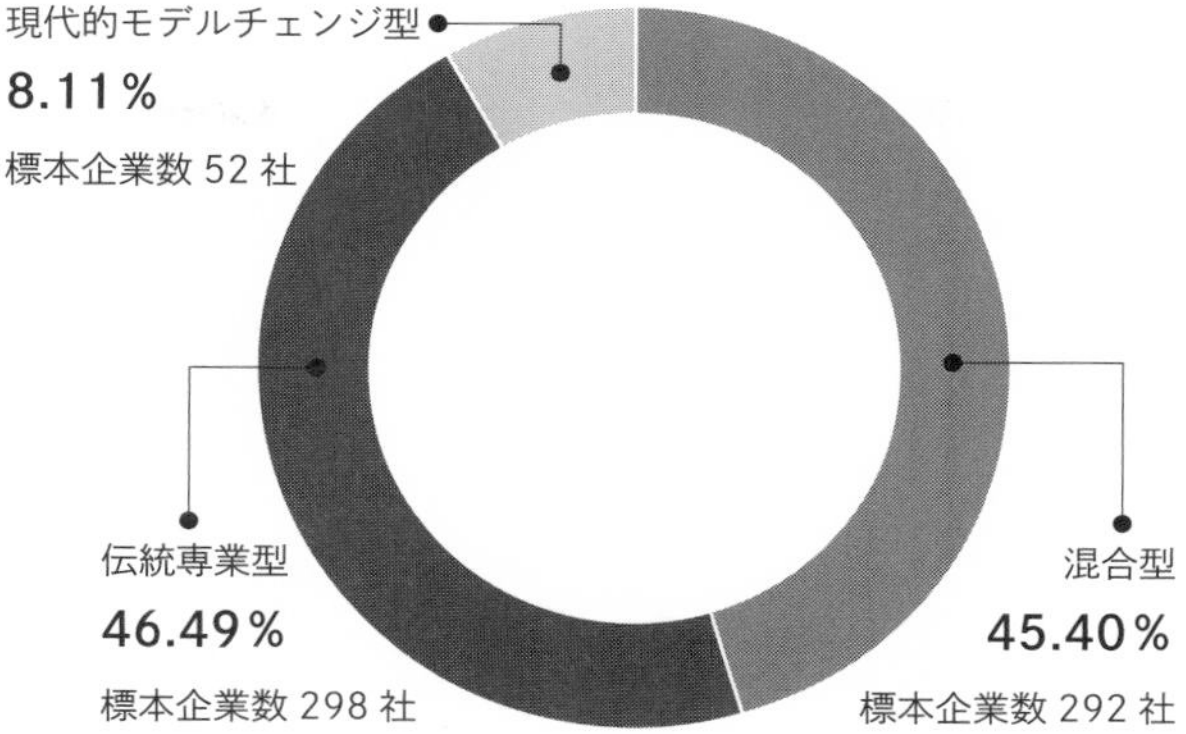

注：伝統専業型―創業以来当該業界に集中、混合型―主業を堅守すると同時に他のチャンスも模索、現代的モデルチェンジ型―積極新開拓ないし他業界に進出。

図 14-1　日本長寿標本企業の内訳

し、さらに如何にして伝統を堅守し、ないしは現代化に向かうのか、そこには多元化と国際化も含まれているがどのようにそれらを選択していくのか、まずは分析していきたい。次に日本長寿企業の革新を分析する。ケーススタディを通じて、日本長寿企業の革新のパターンを分析し、アンケート調査を通じて、日本長寿企業革新の手法を明らかにする。また、二〇一四年〜二〇一六年の三年間における革新投入―産出の現状を分析し、革新と企業成長及び業績との関係性を探る。最後に、伝統―革新間の均衡を要求される日本長寿企業の、戦略二元性選択の問題について分析、日本長寿企業の経営上の独自性と知恵を明らかにしたい。最後に中日両国の長寿企業の伝統、革新及び戦略二元性選択について両者比較を行い、両国長寿企業の差異性と類似性を明らかにする。

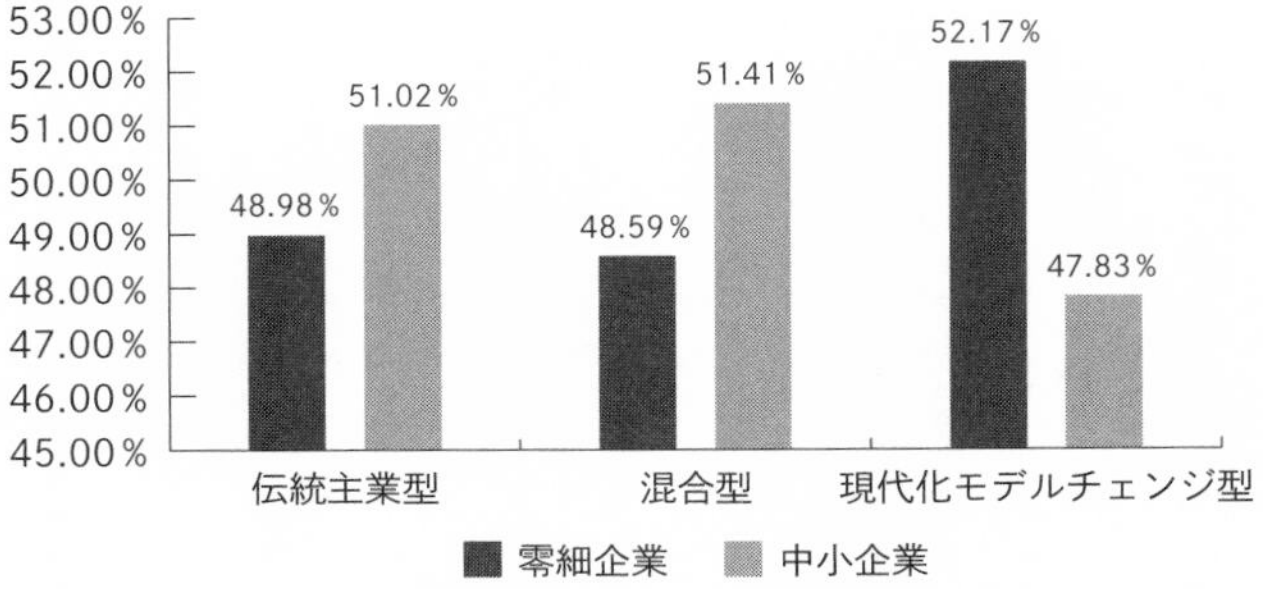

注：零細企業：1-20人；中小企業：21-100人；中堅企業：101-300人；大企業：>=301人。本報告書の標本企業では大企業と中堅企業が14.46%しか認められず、分析外とした。

図14-2　三類企業の企業規模分布

(二)　長寿企業の伝統の意義

日本長寿企業アンケートとケーススタディ分析を通して、明らかになったことは、彼らは経営判断をする際、百年もの経営伝統を意思決定の土台においていることだ。詳しく言えば彼らは：一つに、数百年以来踏襲されてきた「本業」を継承し、産業伝統を堅持している。二つに、伝統道徳を継承し、道徳を首位に置いている。三つに、ものづくりの技能伝統と文化伝統を保護し継承しているのであり、ここにおいて、産業、道徳とものづくり伝統が、長寿企業の重要な伝統遺伝子になっていると推察できる。

その他、標本企業の、伝統に対する、規模別、時代区分別の違いを明らかにする為、サンプル群を零細・中小企業と大型・中堅企業の二組に、また、創業一八六八年以前（明治時代以前）と一八六八年及びその以後（明治時代及びその以後）の二組に分けた（図14―2、図14―

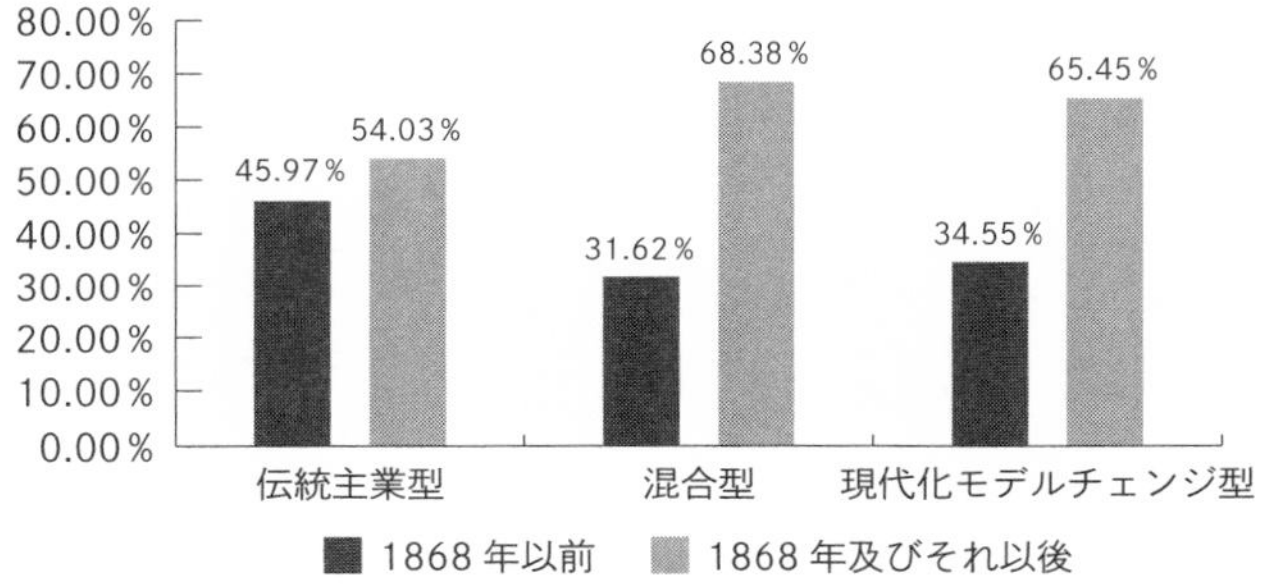

注：1868 年以前：明治時代以前；1868 年及びそれ以後：明治時代及びそれ以降。

図 14-3　三類企業の時代分布

3参照）。

1．産業伝統の堅守

本業こそ日本長寿企業の伝統内部の核心である。長寿企業は創業以来の本業から容易に離脱せず、一貫して本業に集中する。ここにおいて本業は企業が伝統を維持する重要な媒体であると言える。標本企業の主要業務調査において、発見したことは彼らが容易に変革を起こしていないことだ。四六・四九％の標本企業が伝統的従来業務に集中していた。一方、四五・四〇％の標本企業は時代に沿って変革を選択しており、僅か八・一一％の標本企業が多元化に積極的に取り組む選択をしていた（図14―4参照）。

標本企業による伝統的主要業務への集中レベル比較。本業や従来業務集中と多角化（時代変化への対応型＋積極的多角化開拓型）を、企業規模と創業時代区分別に分析してみた。規模別に見ると、大・中堅企業のほうが零細・中小

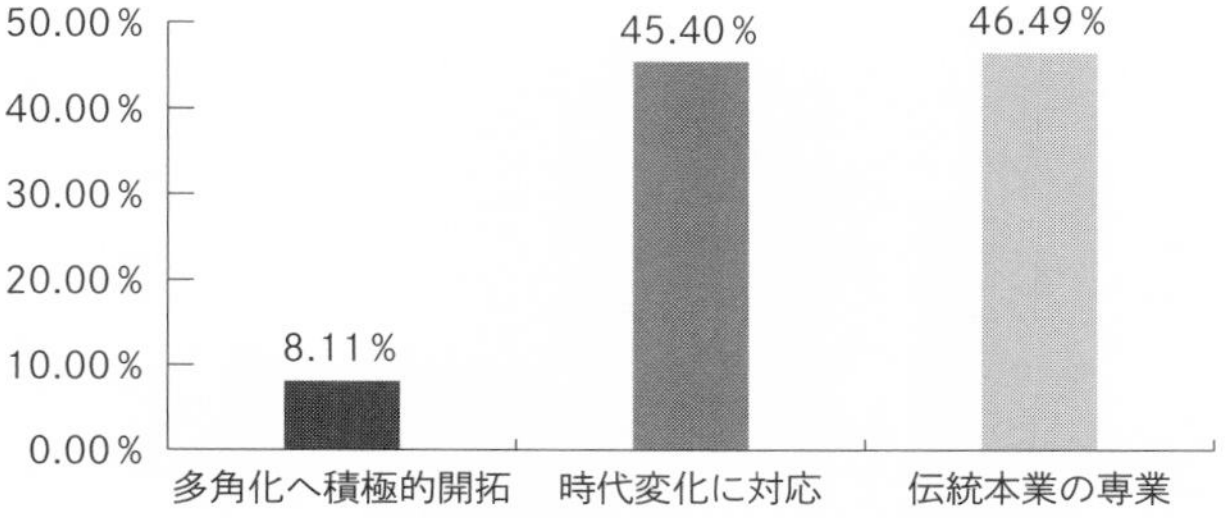

図 14-4　日本長寿標本企業の主要業務

企業より本業集中が見られた。両グループの本業集中率はそれぞれ五一・六一％と四五・三七％。両グループ平均値の差異は顕著であった。時代によるグループ分けからみると、明治時代以前創業企業グループの本業集中率は五五・二五％で、両グループ平均値の差異は顕著であった（図14―5参照）。

2．道徳伝統の堅持

日本長寿企業の経営理念は仏教、儒教及び神道に多

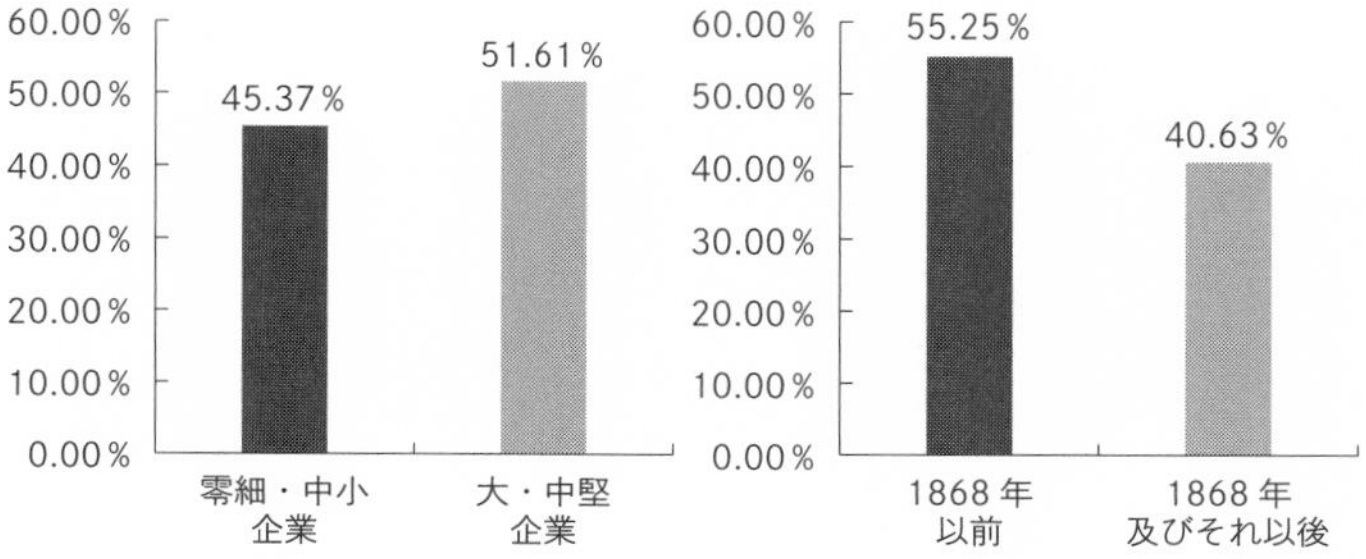

注：零細企業―1-20 人；中小企業―21-100 人；中堅企業―101-300 人；大企業―301 人以上。

注：1868 年以前―明治時代以前；1868 年及びそれ以後―明治時代及びそれ以後。

図 14-5　企業規模、創業時代区分別本業集中率比較

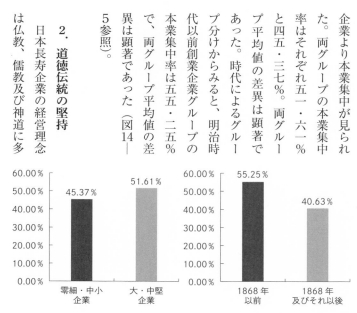

く影響されている為、経営政策決定において、道徳心による判断を堅持し、利益を経営目標の首位に置かない傾向が観られる。標本企業の経営判断調査において、最も適用された準則は道徳心に基く価値基準であった。標本企業の三四・四九％が、儒家を代表とした東方文化との関わりを示唆した。標本企業が重要視するいま一つの観念は「因果応報」帰結観で、二四・二九％を占め仏教思想の影響を反映していた。利益を唯一の判断基準としたのはわずか五・九二％であった（図14―6参照）。

標本企業の道徳性をどれ程重視するかにおいての本質問は、経営判断においてもっとも重視する思考調査であり、道徳性経営理念と経済性経営理念に分けて分析する。「道徳性経営理念」は道徳心に基づく判断、因果応報観、と先哲の教えに従う等の項目を含む。経済性経営理念は、利益を唯一の判断基準とする、理性による合理的判断をする、の項目を含む。標本企業中、六二・六六％、が道徳性経営理念重要視を選択した（図14―7参照）。

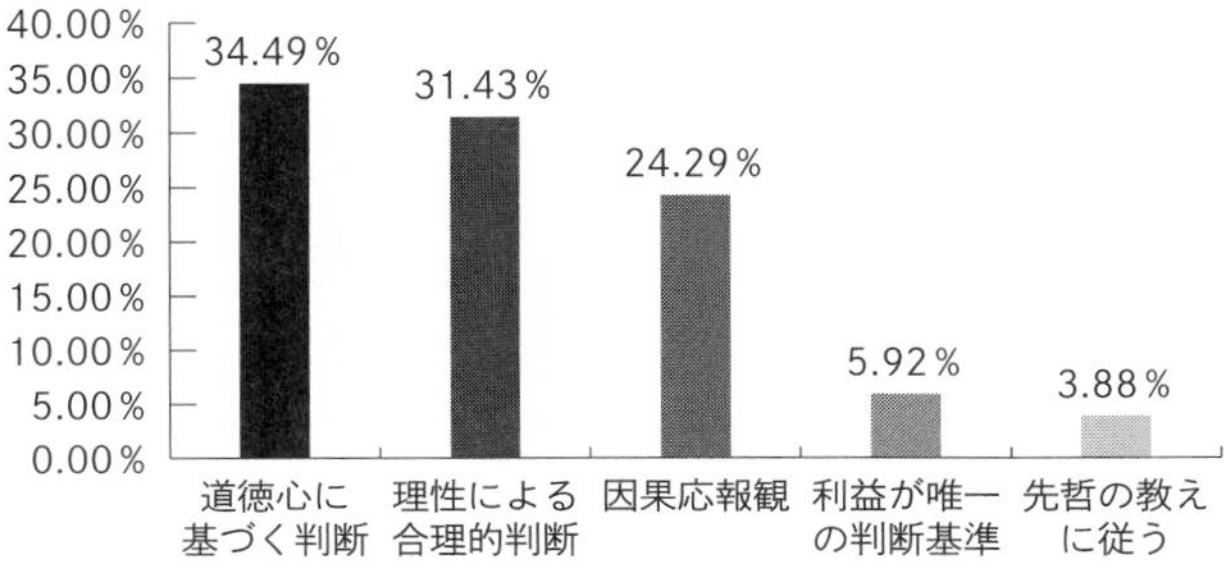

図 14-6　見本企業の経営判断

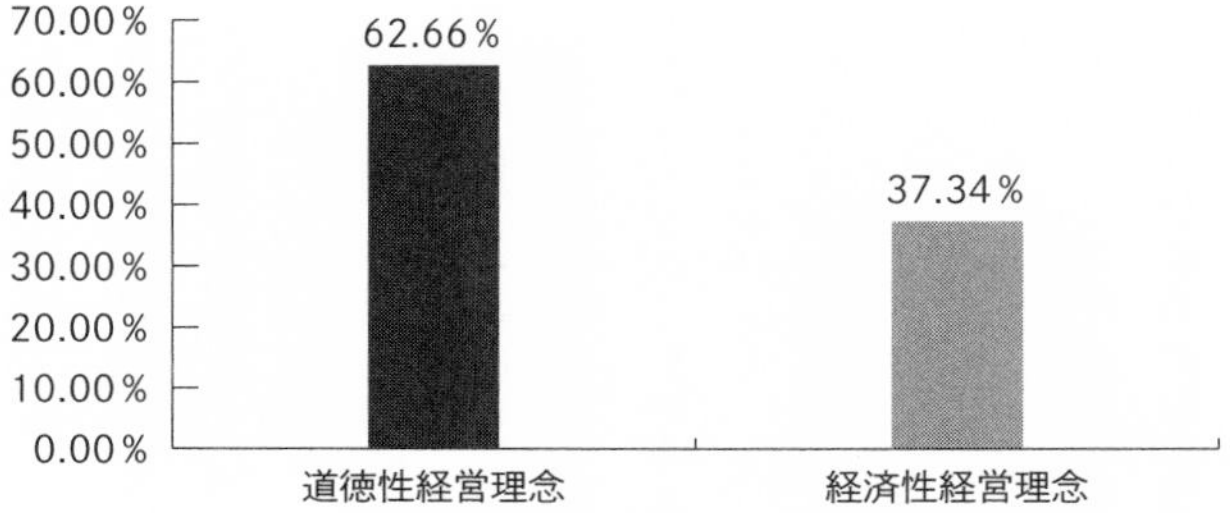

図 14-7　標本企業の経営判断

規模別グループでみると、零細・中小企業標本企業のほうが大・中堅標本企業より道徳性経営理念を重要視しており、前者が六三・七九％、後者が五四・三九％であった。両グループ平均値の差異は顕著であった。時代区分別グループからみると、明治時代及びそれ以後創業のグループは道徳性経営理念をより重要視し、シェアは五二・九三％にのぼった、両グループ平均値の差異は顕著であった（図14―8参

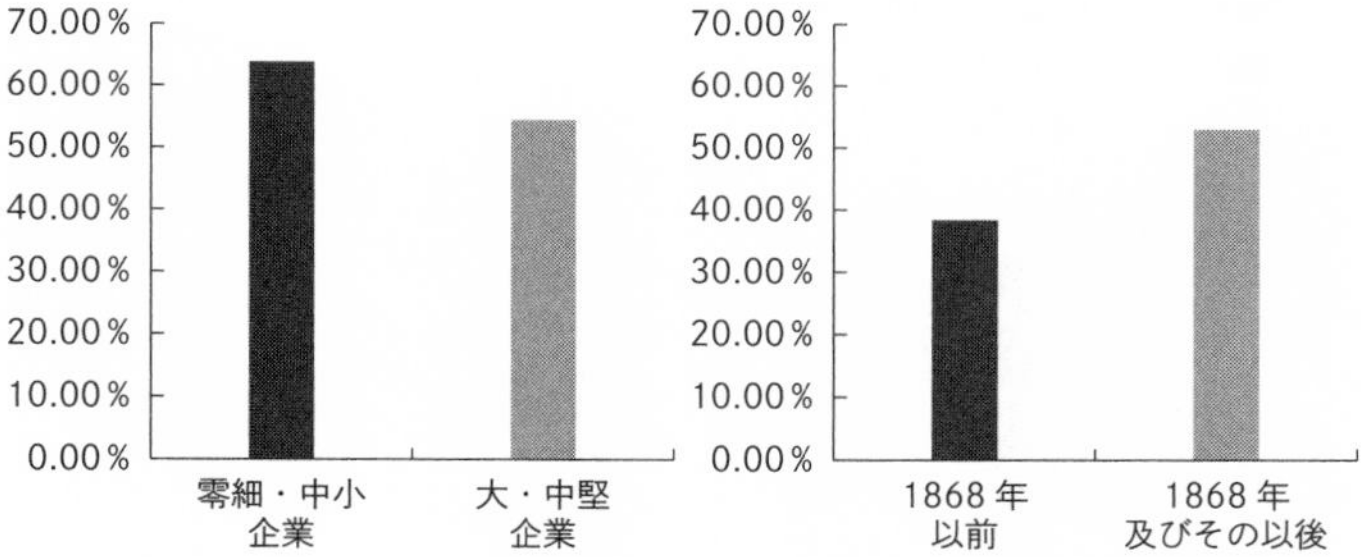

注：零細企業—1-20 人；中小企業—21-100 人；中堅企業—101-300 人；大企業—301 人以上。

注：1868 年以前—明治時代以前；1868 年及びそれ以後—明治時代及びそれ以後。

図 14-8　標本企業の「道徳性重視度」規模別、時代区分別比較

照)。

3．ものづくり技能と文化伝統の継承

日本長寿企業の伝統は、所在地域の伝統的ものづくり工法にその起源を見出すことができる。それらは、各々の異なる歴史を経て継承され、企業の伝統工芸、ならびに文化の源泉となっている。ケース分析を通じて判明したことは、日本長寿企業が、それら伝統に関係する工芸技能と文化を、明文化した記録媒体として、ないしは文化記念館の形式を以って継承していることであった（表14

表 14-4　伝統製法と文化を継承する典型的ケース事例

案件企業	古梅園	美濃吉	月桂冠	川島織物
伝統起源	奈良墨	京都懐石料理	日本伏見清酒	京都西陣織
製造工程及び文化	奈良墨の制作技術 日本の墨文化	京都懐石料理の製造工程 茶道文化	清酒醸造の製造工程 日本の清酒文化	西陣織の手工芸 伝統紡績文化
伝統継承の媒体	《古梅園墨譜》	《美濃吉料理譜》	月桂冠大倉記念館	川島織物文化館
企業の関連歴史資料	《墨の道》	《300 年企業美濃吉の商法教学》	《月桂冠の歴史資料集》	《川島織物創業の歴史》
伝統の継承	四百年来の原料、製法による伝統的製墨堅守	京都高級料理文化伝統を継承し発揚	日本伏見清酒の伝統文化を継承し発揚	京都西陣織伝統工法で緞帳・祭礼幕製

—4参照)。

(三)　伝統堅守か現代化か

1．伝統堅持と現代化企業間の成長比較

激しい社会変動の中で、長寿企業は伝統業界の経営難局、及び現代化企業との競争に晒されている。生存、経営上の挑戦に直面する中、一部の日本長寿企業も多元化へのモデルチェンジにより、経営発展を実現するべく計画している。私たちは企業の寿命、企業の規模、企業の経営業績を其々の指標として、伝統堅持—現代化企業、という二つのベクトルにおける成長比較を行った（図14—9参照）。

標本企業の主要業務に基づき、伝統従来業務への集中グループと多元化グループに分けて、両者について平均値Tを検査した結果、従来業務集中の長寿標本企業グループは、多元化長寿標本企業より寿命が長いが、規模、売上及び営業利益において、多元化長寿標本企業のほうが従来業務集中標本

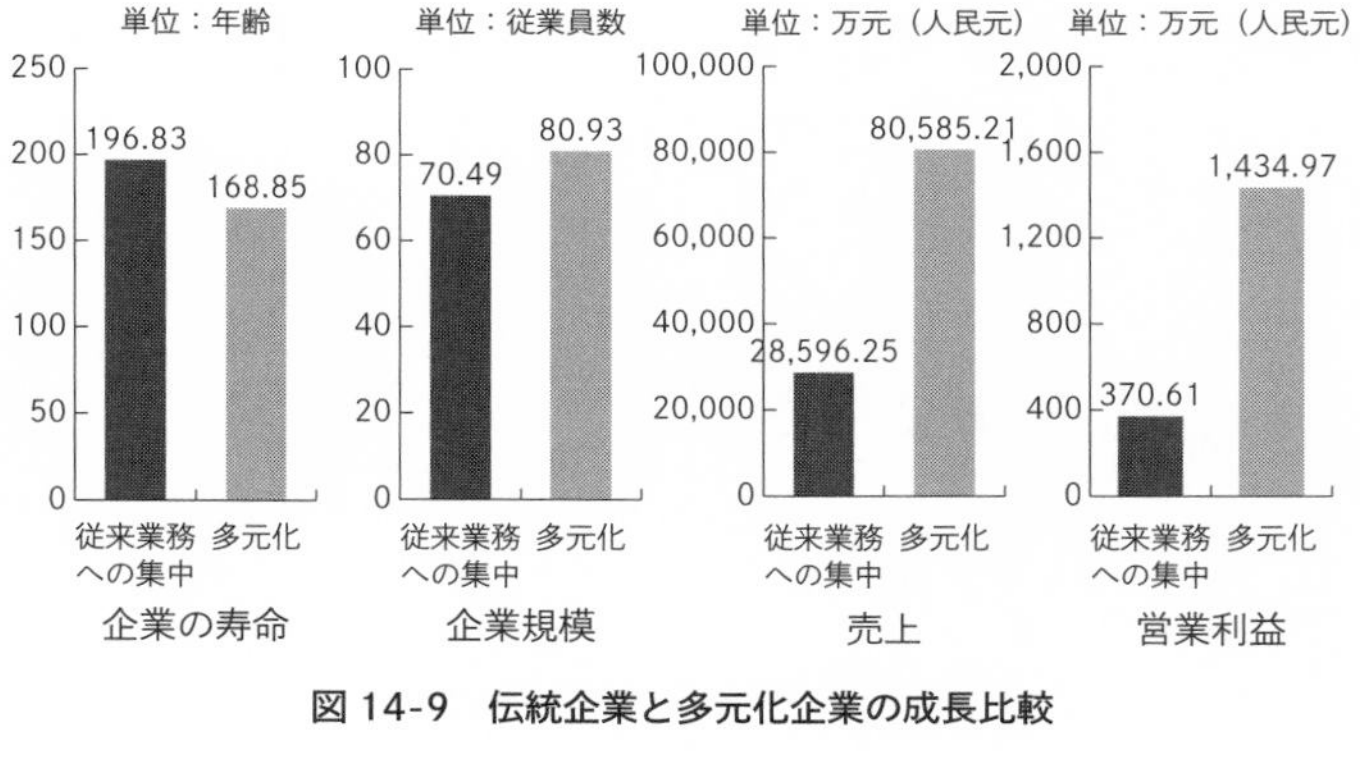

図 14-9　伝統企業と多元化企業の成長比較

企業より良い結果をしめした。結果から判明したのは、従来伝統業務集中長寿企業のほうが、長久的経営をより追求し、現代多元化に向かっている長寿企業のほうが、企業規模の拡張、経営業績をより重要視する傾向にあることである。これは日本長寿企業が現代化へ進んで行く過程中、伝統長寿企業と多元化長寿企業が異なる発展経路を歩んでいるのを表している。

2. 標本企業の現代的国際化

国際化という言葉が時代のキーワードとなった現在、長寿企業も同じく、グローバル化の波に取り込まれている。日本長寿企業が国際化していく過程において、本国市場が飽和状態という挑戦、及び海外企業からの競争などに直面している。これら日本長寿企業も、国際化により新しい市場を開拓し、経営発展を余儀なくされている。

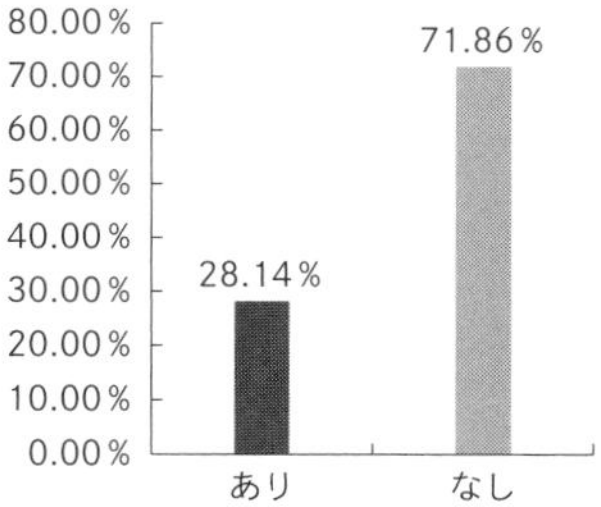

注：海外拠点は海外に設立された工場、事務所、子会社及び販売機構等を言う。

図 14-10　標本企業海外拠点の設立

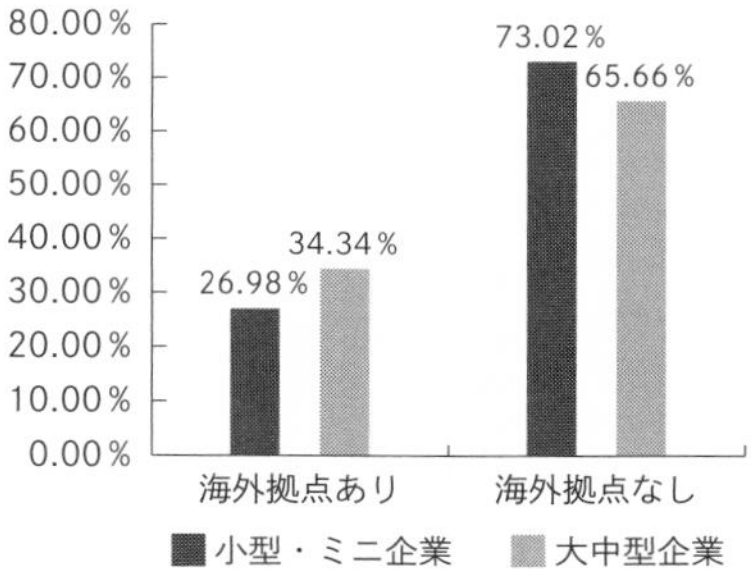

注：零細企業—1-20 人；中小企業—21-100 人；中堅企業—101-300 人；大企業—301 人以上。

図 14-11　標本企業の規模別海外拠点設立

全売上に占める海外市場比率から見ると、日本長寿標本企業全体の、二〇一五年における海外市場売上比率は五％より低かった。海外市場売上比率は低く、営業収入源は主に国内市場である。海外拠点設立状況においては、標本企業海外拠点集計結果から、過半数の日本長寿見本企業が海外拠点を設けていないことが判明。海外拠点設立した標本企業は僅か二八・一四％であった。一方、大・中堅標本見本企業は、零細・中小企業に比して、海外設立拠点比率は高く、それぞれ、三四・三四％と二六・九八％であった。グループ別海外拠点比率の差異は非顕著であった。

　国際化と企業規模、業績との関係から、標本企業の国際化経営と企業の業績との関係を探求する為、二〇一四～二〇一六年の売り上げ成長率と純利益成長率の平均値を指標として、企業経営の業績を計測した。標本企業の海外市場売上の有無に基き、有るグループを国際化組、無いグループを非国際化組と分類し、両者について平均値Tを検査した結果、国際化組が非国際化組より財務業績が良く、売り上げ成長率と正味利益成長率はさらに高く、平

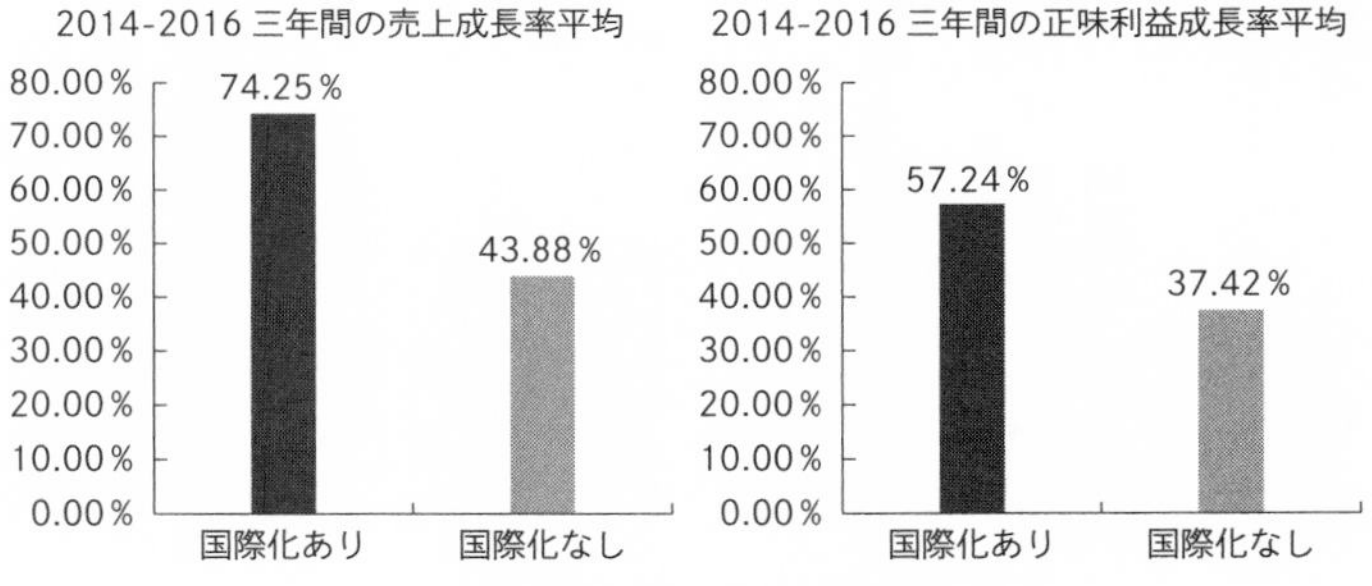

図 14-12　国際化と経営業績

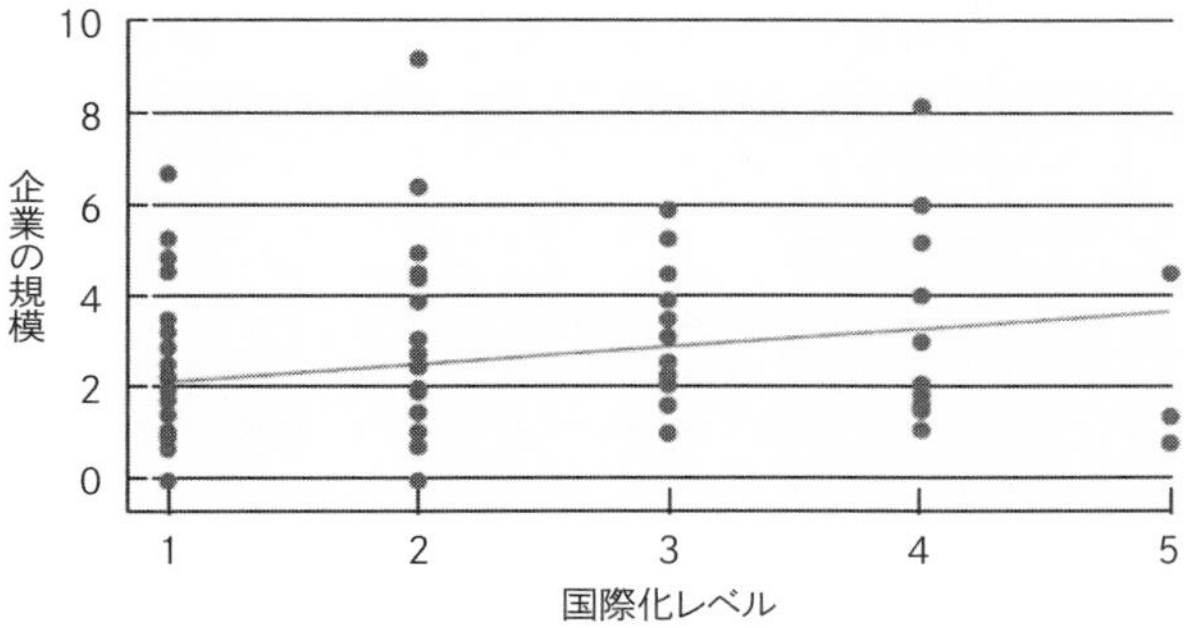

注：企業国際化発展レベル：1. 低い。2. 比較的低い。3. 普通。4. 比較的高い。5. 高い。企業規模：従業員数は自然対数適用。

図 14-13　日本長寿企業の国際化レベルと企業規模との相関図

均値には顕著な差異を認めた（図14―12参照）。

本質問結果の回帰分析により、標本企業の国際化発展が、企業規模にプラスの影響があることがわかった。回帰結果から、国際化発展レベルと企業の規模間には、顕著な正の相関関係（$p<0.05$）があることが判明したのである。国際化の波に直面した長寿企業が国際化することは企業業績の向上、規模の拡大に寄与し、国際化は長寿企業の現代化経営戦略の重要な選択肢となっていると言えよう（図14―13参照）。

四　日本長寿企業の革新分析

（一）日本長寿企業革新形態

各ケース企業形態を歴史的角度から見ると、日本長寿企業は、百年以上の経営過程の中で、革新について探究的、且つ、開発性展開、と変遷を辿っていることが見て

表 14-5　探究性的、開発性的革新起こした経営者の典型的ケース

探索的革新	月桂冠	美濃吉	川島織物	香蘭社	津村
重大な技術革新 市場開発の率先性 管理システムの変革	第七代 第一一代 第一三代	第八代 第一〇代	第二代 第四代	第八代 第九代	第一代 第二代
開発的革新	**月桂冠**	**美濃吉**	**川島織物**	**香蘭社**	**津村**
既存製品とサービスのさらなる細分化 市場シェア確立	前の 六世代 第八～ 第一〇代	前の 七世代 第九代	第一代 第三代 第五代	前の 七世代 第一〇代 第一一代	第五代 第六代

注：探究的革新とは主に、新しいチャンスを探し、新しい資源と能力を発見し、且つ利用することによる革新活動に体現される。開発的革新は深く発掘することと、既存資源と能力をさらに開発することによる革新活動に体現される。

とれる。すなわち、世代から数世代に亘る企業経営者下で、重大なる製品と市場の変革がされており、後の数世代継承者は先人の探究的革新の基礎の上で、さらに伝統を継承し、不断の改良、深化を行い、いわゆる開発性革新を実現してきている（表14—5参照）。

1．探究性的革新

探究的革新は、企業の重大な変革と革新を左右し、数十年ひいては百年以上後の経営を決定付けることすらある。探求的革新の特徴は（月桂冠を例とする）：一、重大な技術的革新が特に基礎技術領域に起こる。たとえば、第一一代企業経営者の大倉恒吉は日本では第一軒の酒作り研究所：大倉酒作り研究所を設立した。瓶を使って酒を入れるという創造的イノベーションを起こし、而も防腐剤のかわりに

微生物とその殺菌技術を使用した。二、市場開発における進取性の存在。既存市場において、先人未踏の方式を実施。たとえば、大倉恒吉は国内販売ルート拡大にあたり、清酒を一般の家庭市場まで広げ、早い段階で海外事業に着手した。三、管理システムの変革。たとえば、一九〇五年に大倉恒吉は新商標「月桂冠」を登録、清酒の品質認定制度を整備した。総じて言えば、月桂冠の第一一代企業経営者が実施した数々の探究的かつ開発性革新が、その後も、或る経営一代中に、技術、経営、オペレーションにおけるイノベーションを発生させ、さらに、或る一代において、継承者が率先して技術大革新と自主知的財産権を有する新製品や新技術を具体的に生み出すことに繋がっていった。それらを基礎にして、未来市場需要予測がされ、システムとオペレーション上の大転換が進むと展開を実現していったのである。

2. 開発性的革新

日本長寿企業は経営過程中、多くが不断の改良と開発性革新を起こしている、探求性革新が起こった後、次に比較的長い学習と吸収の時間を経て製品改良を進め、既存技術を再度吸収消化した上で改良することが見られる。月桂冠第一二代が実施した開発性革新に代表されるように、一つには、初期開発段階ですでに既存技術をくまなく不断改良し、既存清酒製品に品質面での改良を加えている。二つに、市場浸透状況を重視し、製品ラインを市場に対応するよう生産調整した。

表 14-6　世代横断革新の特徴

革新の特徴	時間のスパン	重点	革新の主要方式
段階性	ある世代のみの短期間	率先した市場開発、技術的突破	大変革、急進的
伝統と革新との相互促進	数世代にわたる長期間	漸進的市場拡大、製品継続投入	漸進的局部改良と吸収

総じていえば、時代に渡る革新の中で、家族伝承と時代変化を融合し、伝統を十分吸収した上で時代に渡る革新を起こし、一種独特な、時代横断的革新モデルを進めているように見える。その性質については、〝探求性的革新〟、そして〝開発性的革新〟、そしてまた〝探求性的革新〟といったサイクル・モデルを築いているように見える。

(1)　段階性。探求性的革新の段階性、不連続性、は主に二つの方面から見出すことができる。一は、革新が企業の重要な同族性時期に現れることである。たとえば、革新的創業者、先頭を切った企業家、新産業を興した経営者、などに革新が起こっている。二は、企業イノベーションが時代変革とともに起こることである。時代が動くとき、長寿企業はそれに対応して、時代発展をリードする傾向が見られる。ここにおいて、時代横断革新モデルは単一的ではなく、一種の混合状態であり、時代を超えた革新には、探求性革新の再利用における不断の交互作用において発生しているようだ（表14―6参照）。

(2)　伝統と革新との相互促進。長寿企業は、百年以上の経営の中、多くの時間的段階において、開発性革新を発生させている。開発性革新においては、過去に形成された伝統、つまり伝統技能や職域や家族価値観などを尊重するとともに、市場の変化に素早く対応し、時宜に沿って新たな革新を起こし、新製品やサービスを投入することである。ここにおいて、新製品は市場需要変化に対応するとともに、伝統要素を維持し、〝時宜に沿った革新という伝統〟を通じて過去を繋ぎ、時代と共に活きてきた。

表 14-7　典型的ケース企業の伝統と革新の特徴

伝統と革新	古梅園	美濃吉	月桂冠	川島織物
伝統の本業	古法による墨の制作	京都料理	日本清酒	西陣織
主要革新	第六、七代が製墨技術上重大革新を実施	第八代が食品サービス革新を実施	創業時と第一一代が技術化を開始	前二世代が紡績技術に重大革新を実施
	第一一代以後の家族成員による製墨がなく、技術革新がその後希少	第九、一〇代が現代化経営とプロダクトライン多元化を実施	第一二代～第一四代が国際化経営とプロダクトラインの多元化を実施。	後日、上場企業に転じ他領域へ進出
市場環境への適応性	変化に影響されず、伝統堅守する	強力な学習と革新能力有する	時代に応じて、現代化技術と経営システムへ変更する	伝統商品ラインの圧縮
	小規模専門型企業を貫く	料亭経営新システムを新商品を革新投入	グローバル開拓	新領域と新製品の開発
伝統の相続及び変革	伝統に専念される	伝統を主としつつ時代の需要に順応	伝統の変革を発揚	伝統をサブとし新領域へ多元化進入

（二）　日本長寿企業革新手法

ＴＤＢ提供の日本長寿企業データ分析を通して、標本企業には次のような傾向があることが判明した：①革新重視するものの、その革新方法が、積極的開拓よりは、製品改良と生産方法革新への注力を堅持すること。②経済利益の為の革新ではなく、顧客に品質の優れた製品とサービスを提供することを企業革新の重要目標とし、顧客価値を重視し、その為の不断改良と革新こそが内在的動力となっていること、であった。

1．改良式革新、継続改善をより重視

標本企業はその長期経営の中、革新的への投入を重視している。本項目調査結果から、標本企業全体の四一・五三％が革新的投入を重視、重視しない企業はわずか二一・一九％であった（図14—14参照）。過半数の標本企業が、依然として革新的投入を堅持し、生産技術、製品研究開発投入を継続し、不断の変革、新技術の研鑽、新製品の開発に努めていることがうかがわれる。

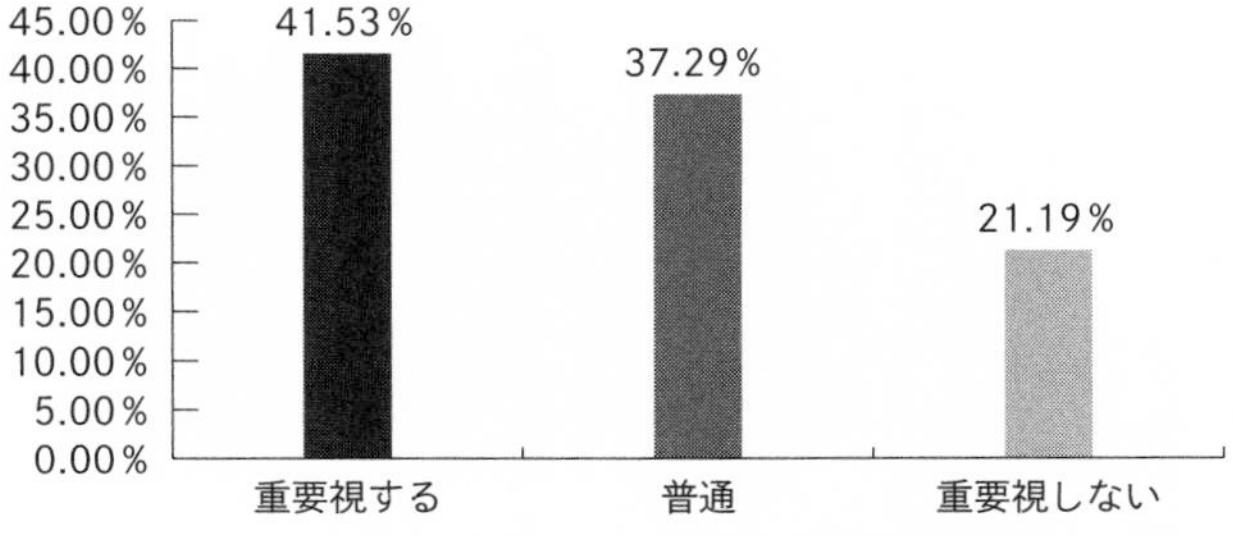

図 14-14　標本企業による革新的投入への重要視度比較

2．品質とサービスが優先

革新を起こす手法選択について、標本企業は、既存製品の改良手法的革新を重視、従来の革新の上にさらなる不断改良を重ねる。本項目では、「既存製品の品質に対する態度」について聞いており、七三・〇八％の企業が不断に改良することを選択した。製品品質関連の改良を不要とし、現状維持を選択したのはわずか五％弱であった（図14―15参照）。これは、製品品質を究極まで上げるという「匠人精神」が強烈に表れた結果だと考える。

同じ質問の回答を類型別に示した。これによると伝統主業型企業と混合型企業のほうが現代化モデルチェンジ型企業より製品品質重視度はやや低く、統計上顕著な差異が確認できた。伝統主業型企業と混合型企業はほぼ同値で統計上顕著な差異は見られなかった。

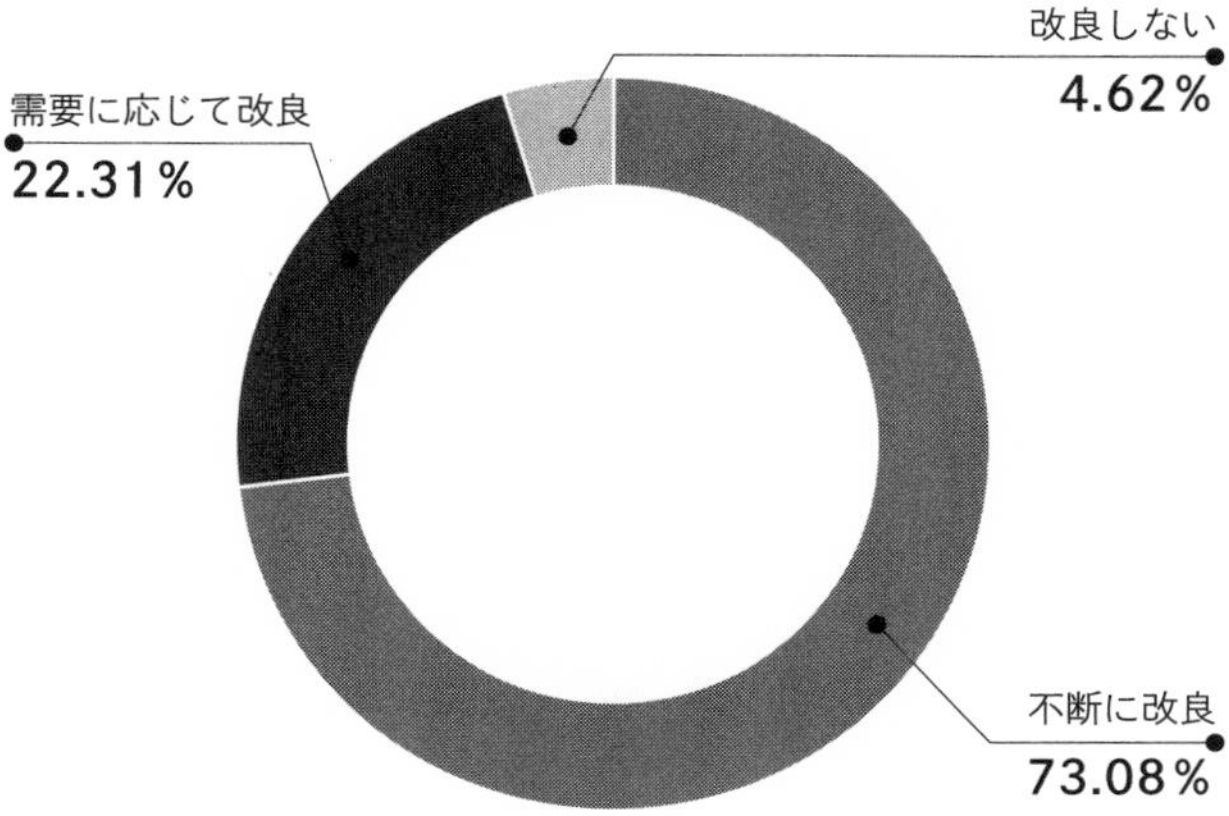

図 14-15　標本企業の既存製品（商品かサービス）品質に対する態度

3．顧客（市場需要）志向の革新

企業の主要目的を聞いた本質問では、三八・三九％の回答企業が、企業の主要目的は、顧客に高い品質製品とサービスを提供することにある、と答えている（図14―16参照）。これより、日本長寿企業の不断改良と革新努力継続の内的動力が、顧客需要を満足させる、という企業目標にあることが認められる。

本質問を類型別に見てみると、伝統主業型企業が、顧客利益を企業の主要経営目標としている比率が最も高く、五三・六九％を占めた。混合型企業の四八・一一％、現代化モデルチェンジ型企業の四二・三一％よりも高く、統計上顕著な差異がみられた。ここから、伝統主業型企業において、企業利益拡大よりも、顧客利益を優先することが、不断改良と革新の内的動力で

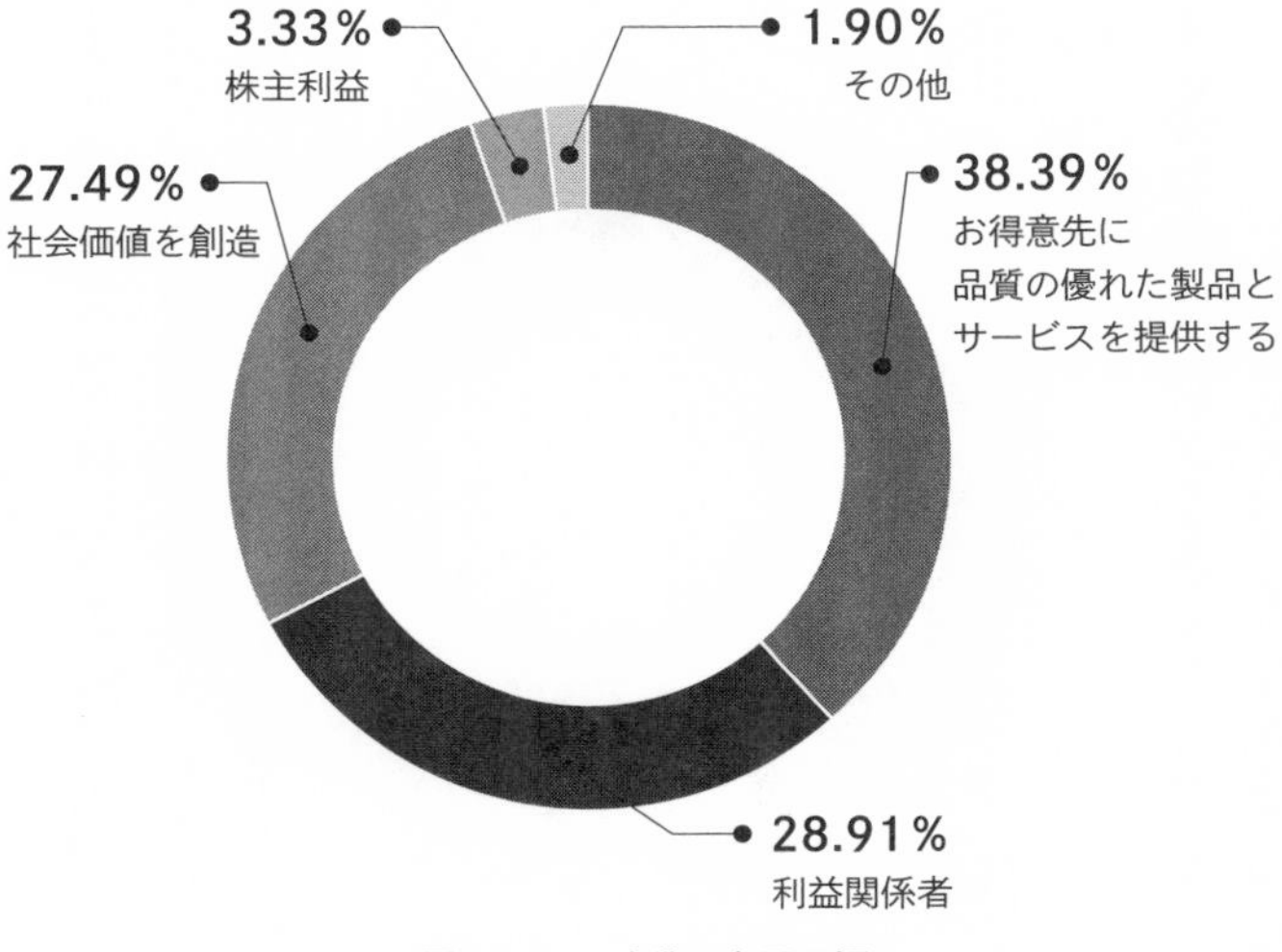

図 14-16　企業の主要目標

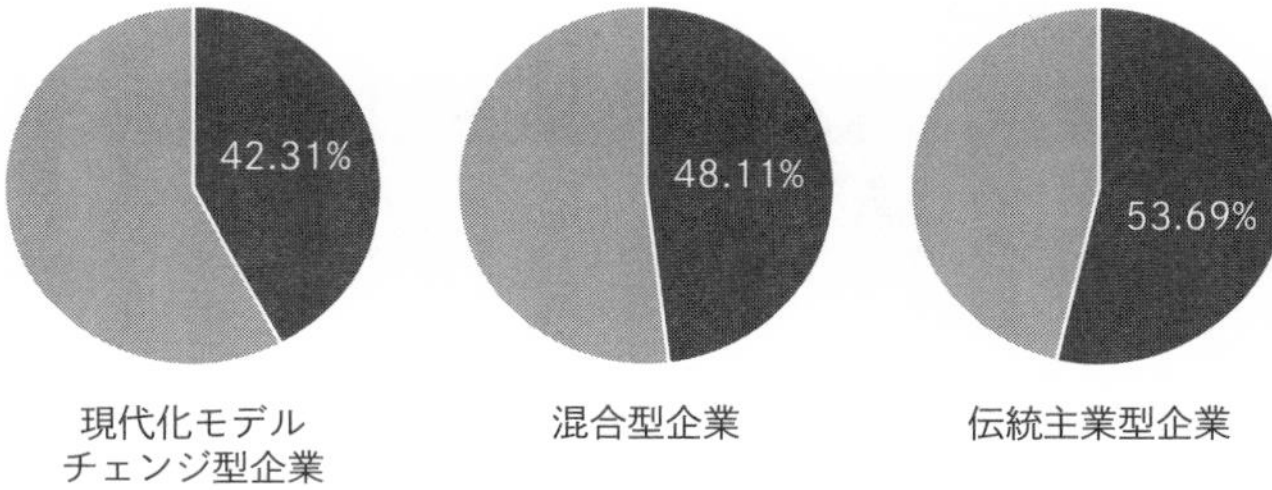

図 14-17　顧客利益を最も重要な経営目標とした比率

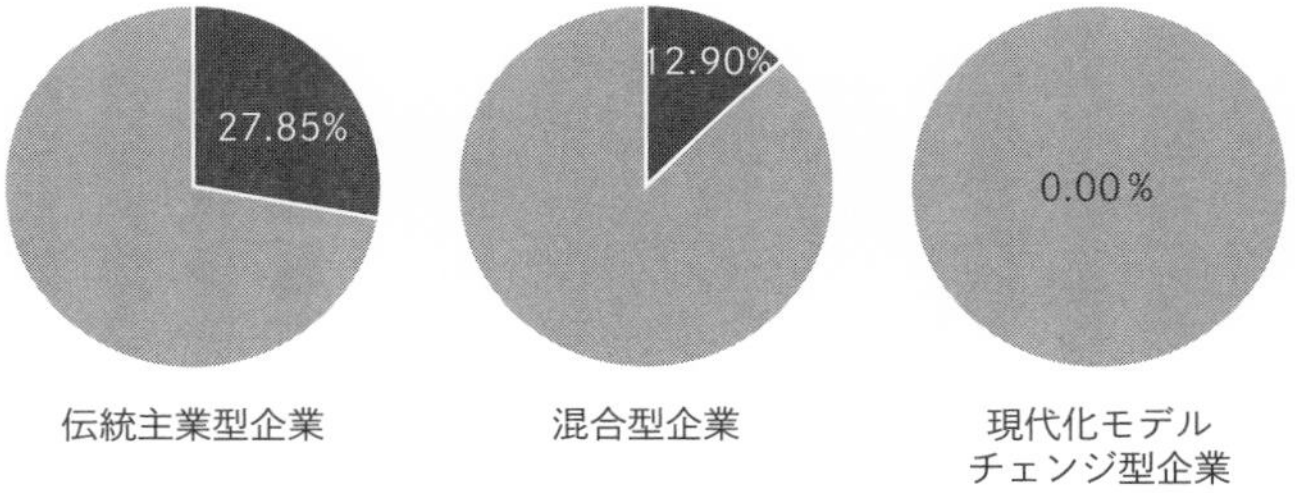

図 14-18　顧客への高い品質製品とサービス提供が企業の主要目的である（類型別比較）

あることがみてとれた。

顧客利益についてさらに細分化した結果、顧客への高い品質製品とサービス提供が、企業の主要目標である、と答えた企業は、伝統主業型企業グループで二七・八五％、次に混合型で一二・九％と判明した。現代モデルチェンジ型企業グループではゼロであった。

(三)　日本長寿企業の革新投入産出分析

ＴＤＢ提供の長寿企業データ分析を通じ、今回の標本企業全体における研究開発の強度は中等程度と分析できた。回答企業中、二〇一三～二〇一五年の研究開発費平均が売り上げに占める比率は二・

表 14-8　2013～2015 年　標本企業の革新　投入－産出現状

革新投入－産出指標	平均値
研究開発投入関係が売り上げに占める比率（%）	2.61
特許出願件数平均（件数）	1.22
新製品開発数量（件数）	5.23
大学・研究機構などとの合作による革新が革新投入全体に占める比率（%）	0.43

六一%、特許出願件数平均は一・二二件、新製品開発数量平均は五・二三件、大学・研究機構などとの合作による革新投入の、革新投入全体に占める比率は〇・四三%であった。

1．革新の投入（インプット）

本項目は革新への投入意欲調査であり、標本企業の長期経営展望における革新への意欲を見ることができる。類型別にみると、伝統主業型企業の、革新投入（研究開発への投資、新製品開発、新製造工程）重視レベルはやや低く二・九五%。混合型企業の革新投入重視レベル三・四五%より低かった。混合型企業の投入意欲が最も高かった。

この研究開発投入調査では、二〇一三～二〇一五の三年間における研究開発投入状況は伝統主業型企業が最も低い八%であった、次は混合型企業であり、一番

図 14-9　革新投入重視度レベル～類型別企業比較

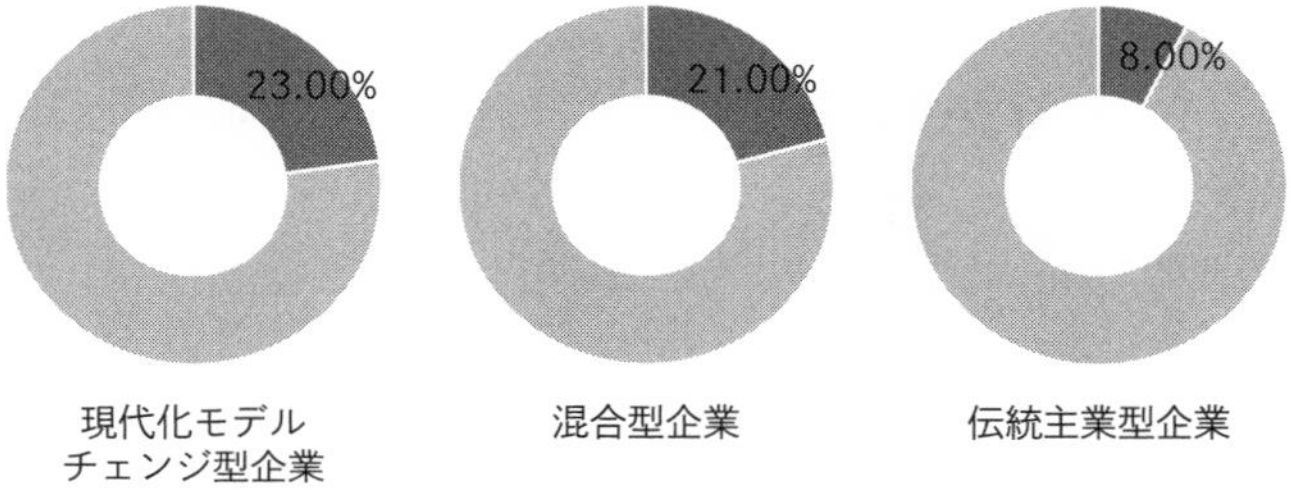

図 14-20　2013～2015 間の研究開発投入～類型別企業比率

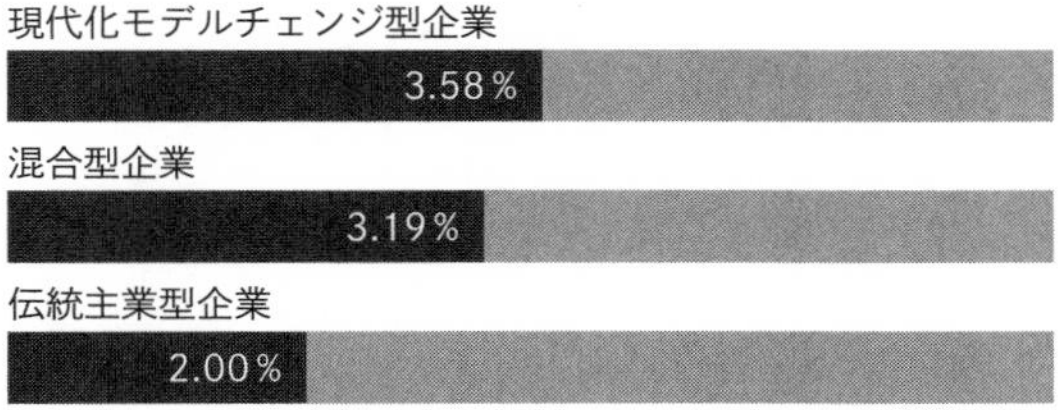

図 14-21　研究開発投入の強度～類型別企業比較

高いのは現代化モデルチェンジ型企業であった。同三類型企業間の差異は統計上顕著とみとめられた。研究開発投入の強度調査では、伝統主業型企業は研究開発投入の、売り上げに占める比率は二%、混合型企業の三・一九%と、現代モデルチェンジ型企業の三・五八%より低く、顕著な差異がみとめられた。綜合的にみて、本質問結果においては、伝統主業型企業は、混合型企業と現代化モデルチェンジ型企業に比して、研究開発投入意欲強度がやや低いように見える。

一方、企業規模別、時代区分別各グループ間比較を行った結果、革新関係投入においても、規模、時代区分別間には、統計的差異が認められなかった。

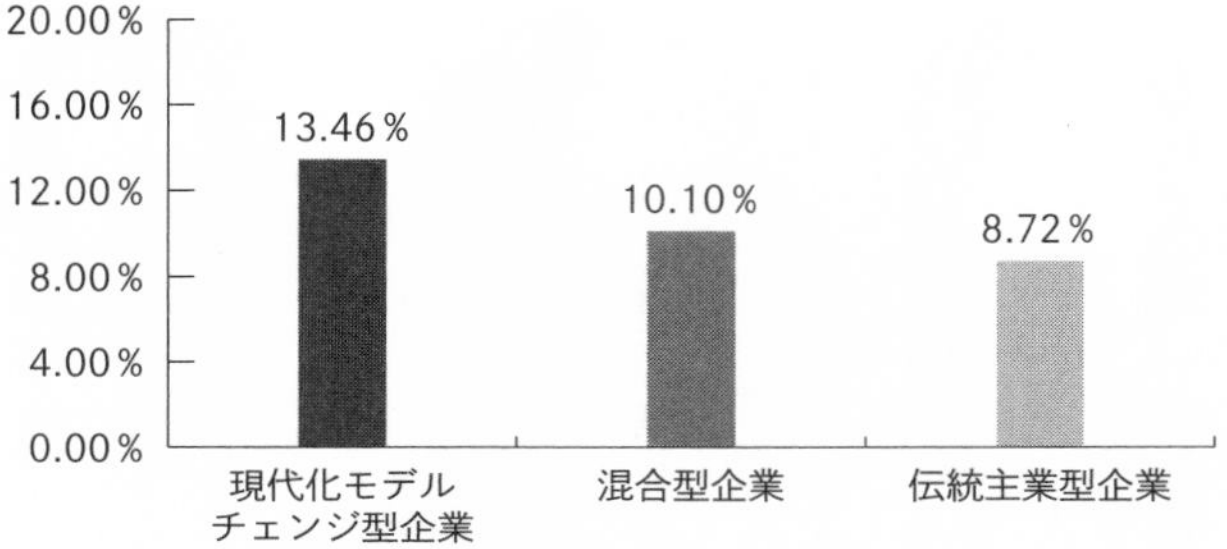

図 14-22　2013-2015 年外部機構との合作による革新の比率～類型別企業比較

研究開発投入の方式調査では、伝統主業型企業は混合型企業と現代化モデルチェンジ企業に比して保守的であり、社内革新方式を志向する傾向があるようだ。二〇一三～二〇一五年間の三年における革新投入で、外部機構との合作を行った伝統主業型企業は僅か八・七二％、外部協力による革新志向は希薄であった。

2．革新の産出（アウトプット）

新製品の市場投入に関する質問において二〇一三～二〇一五年に新製品の市場投入があった標本企業は、伝統主業型企業グループで最低の二％、次が混合型企業グループ三・一九％、現代化モデルチェンジ型グループは一番高い、三・五八％であった。知的所有権の申請では、同期間伝統主業型企業グループは知的所有権申請量平均が最も高くて、一・四五件、その次が混合型企業グループの一・〇四件、現代化モデルチェンジ型企業グループは申請量が一番低く、〇・五二件であった。

一言でいえば、革新産出面からみて、二〇一三～二〇一五年

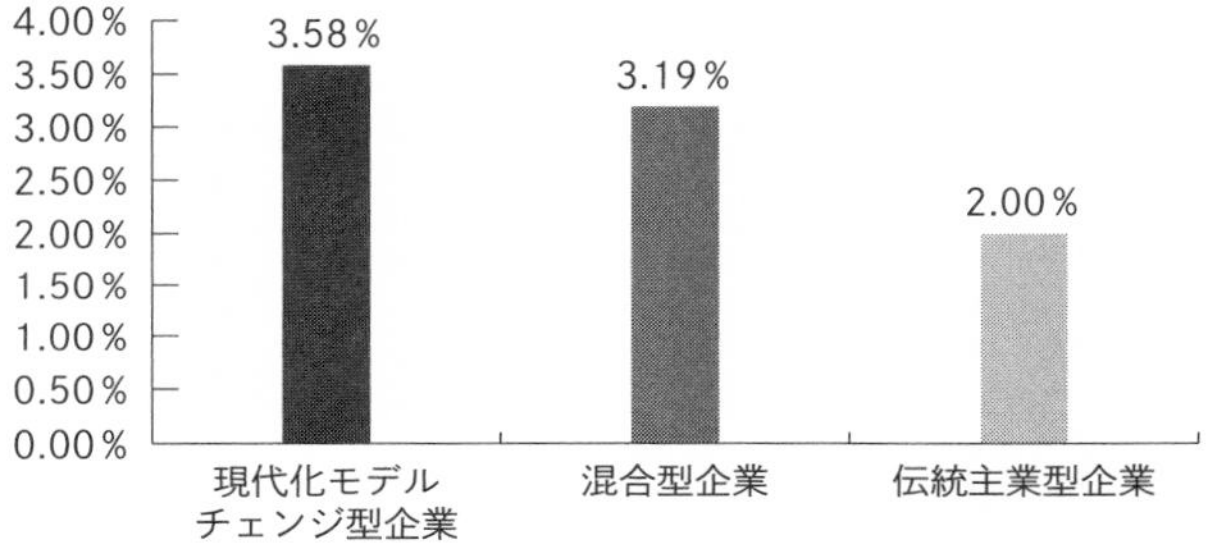

図 14-23　2013-2015 年間に新製品の市場投入があった～類型別企業比較

間、伝統主業型企業の新製品市場投入率は比較的に低いが、知的所有権申請量において、伝統主業型企業はその他の二類型企業群より多い。これは、伝統主業企業が、投入―産出率を重要視していることを表している。この種の革新方式は伝統主業型企業が、新製品の開発と市場投入を強調するよりは、伝統製品の改良にむしろ主眼を置くことを体現している。

本質問を、さらに企業規模別、時代区分別グループ別で分析した結果、新製品市場投入率、および知的所有権申請量平

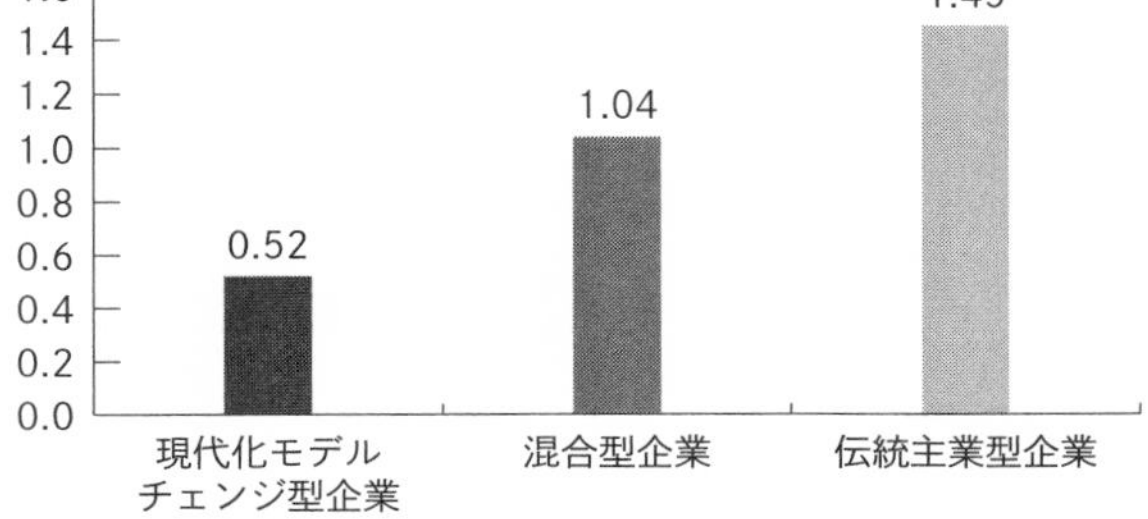

図 14-24　2013-2015 年知的所有権申請件数～類型別企業比較

均において、統計的顕著な差異がないことが判明した。

3．革新と企業成長

革新が企業成長の鍵であるに異論のない今日、「伝統」と「保守」というラベルを張りつつ、工業化や現代化の進展の中で、現代化した企業からの挑戦や競争に直面しつつ、これら長寿企業は如何にして伝統と革新を共存させながら発展してきたのか、考察に値する。

先ずは企業業績の良し悪しに関わらず、長寿企業がやはり革新投入を堅持している事が確認できた。我々は税引き後の利益率平均値をとり、標本企業をそれ以上か以下で二グループに分けた。この二組の標本企業の革新投入について、平均値Tを検査した結果、二組のグループ企業の革新投入には顕著な差異がないことを発見した。これは、革新の選択に直面するとき、標本企業の業績が平均レベルより良いかどうかに関わらず、長寿企業が依然として革新の投入を選択していることを表明している。これは日本長寿企業が革新関係

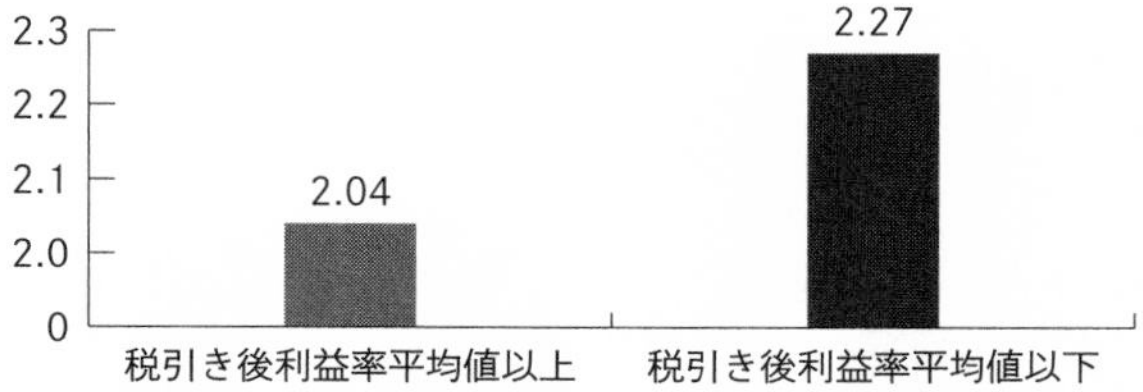

注：革新関係の投入意欲：1. 全く重視しない、2. 重視しない、3. 普通、4. 比較的に重視する、5. 非常に重視する。

図 14-25　経営業績と革新投入意欲比較

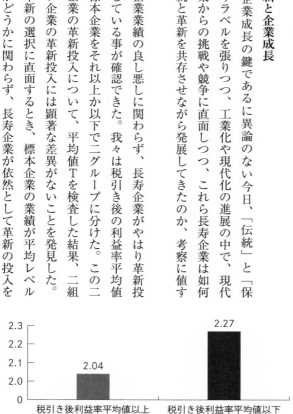

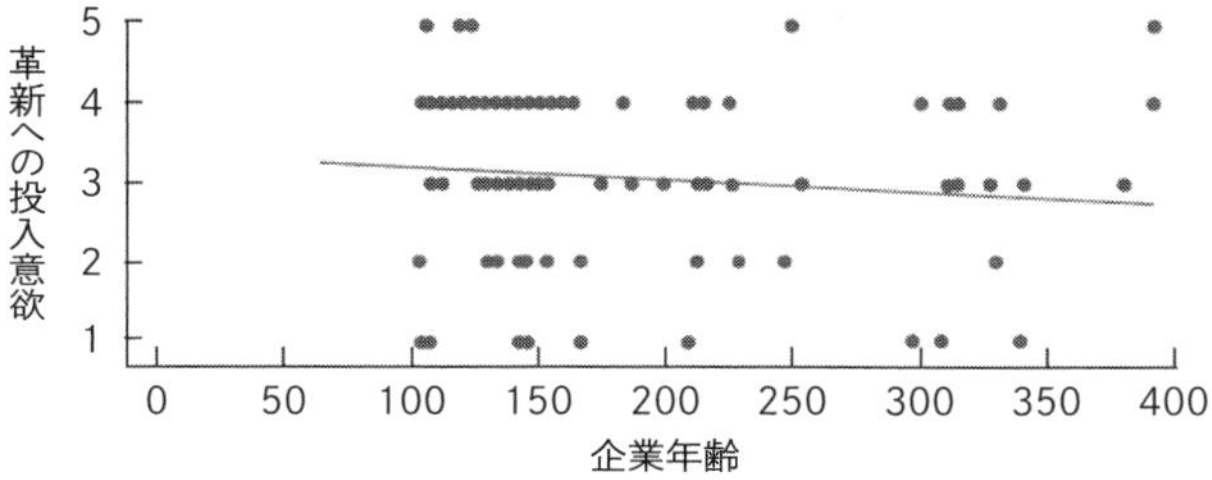

注：革新投入意欲：1. 全く重視しない、2. 重視しない、3. 普通、4. 比較的に重視、5. 非常に重視。

図 14-26　標本企業年齢と革新投入意欲の相関

の投入に対して、強い粘り強さと同意があることを示している。

そのほかに、企業の寿命が長ければ長いほど、企業の革新投入—産出効率が高いことを発見した。革新投入意欲、新製品数量を従属変数とし、企業年齢を独立変数として、企業経営者性別、年齢、教育レベル、家族特徴、企業規模、業界、所在地区など変量を制御した結果、標本企業の年齢と企業による革新投入重視度間に、顕著な負の相関がみられ、標本企業の年齢と新製品開発数量間には、顕著な正の相関が出ることを発見した。これは企業の年齢が長ければ

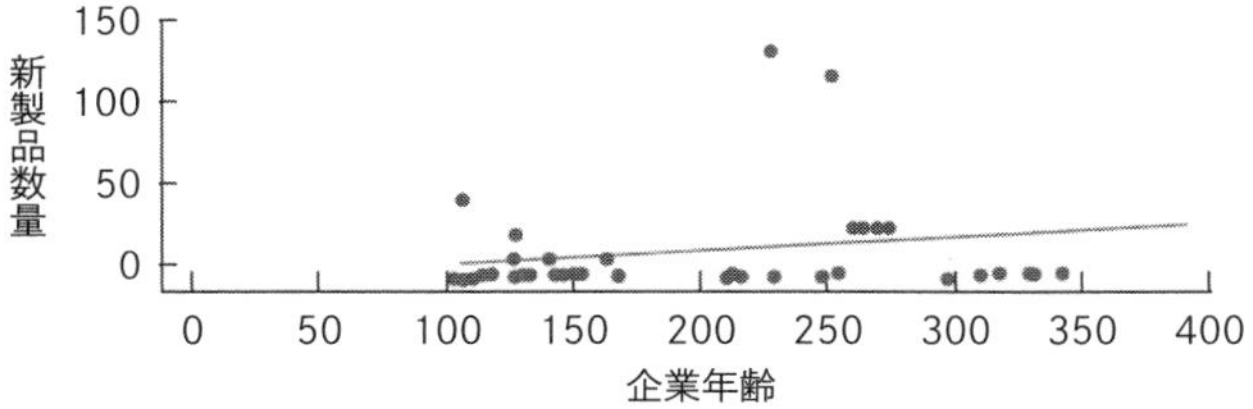

注：新製品数量は 2013〜2015 年ここ三年に見本企業の新製品数量平均である。

図 14-27　標本企業年齢と新製品数量の相関

長いほど投入—産出効率が高くなると示唆している。

最後に革新投入と企業規模拡張との関係を検討する。現代化の過程において、長寿企業の成長は新しい機会と挑戦に絶えず直面する。回帰分析を以って、革新投入が企業成長を促進できるか否かの検証をする。企業規模（従業員人数）を従属変数とし、研究開発投入を独立変数として、企業経営者性別、年齢、教育レベル、家族特徴、企業経営年数、業界、地区など変量を制御した結果、標本企業の研究開発投入強度は企業規模と著しい正相関（p<0.05）を現した。これは、研究開発投入の増加が企業規模拡大に寄与でき、企業成長を実現できるかもしれないことを示唆している。

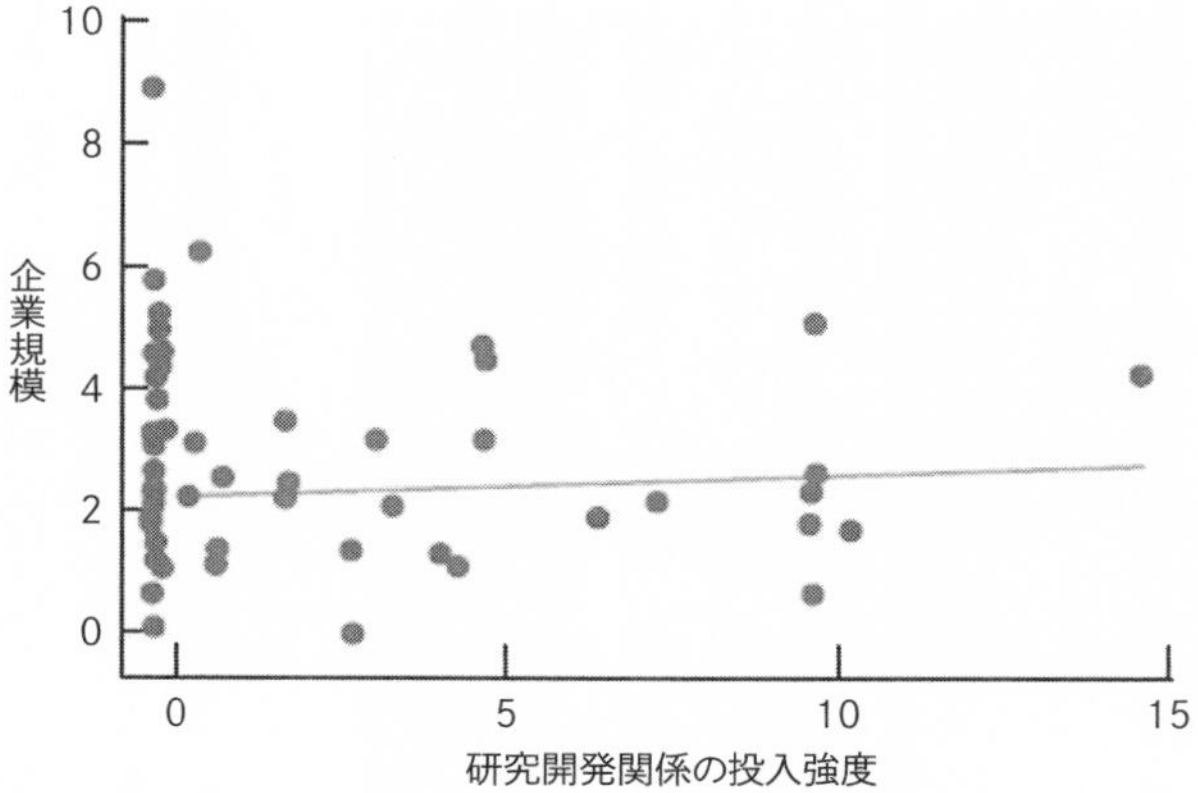

注：研究開発投入強度：2013-2015年間、研究開発投入平均が売り上げに占める比率。企業の規模：従業員人数（自然対数を適用）。

図 14-28　企業の研究開発関係投入強度と企業規模の相関

五　日本長寿企業の戦略二元性分析

（一）　標本企業の戦略二元性分析

戦略二元性に対する考察は京都長寿企業のデータを基に行われた。アンケートでは、京都長寿標本企業が戦略目標衝突に直面した時、戦略二元性をどのように平衡させるかの傾向を調査した。質問項目の左の戦略傾向度数はマイナス数値（-1, -2）、右の戦略傾向度数プラス数値（1, 2）で、中立の場合、度数は0になる。質問項目の度数の絶対値が大きければ大きいほど、企業は同戦略に対する傾向が高くなる。京都長寿企業サンプルでは、現代化モデルチェンジ見本企業は数が少ない為、本項目では企業類型別比較分析は省略した。

企業ガバナンスの角度からみて、まず、長寿企業が規模拡張と経営支配権の選択を迫られた時どうするかであるが、本アンケート調査の標本企業は、企業支配権を比較的重視し、その平均値は▲〇・七八であった。次に、標本企業は、血縁や、親族関係を人材登用の基準にせず、外部専門人材登用を選択し、その平均値は〇・三〇であった。さらに、コネ資源投入と研究開発・人材育成投入選択を迫られた時、標本企業は、研究開発・人材育成投入を選択しており、その平均値は〇・二二であった。

表 14-9　見本企業の戦略二元性の選択

質問項目（-2, -1, 0, 1, 2）	左の目標に偏る			右の目標に偏る		平均値
経営制御権 VS 規模の拡張。経営支配権の希薄化	−2	−1	0	1	2	−0.78
縁故採用 VS 外部登用	−2	−1	0	1	2	0.30
コネ資源重視と投入 VS 研究開発と人材育成重視と投入	−2	−1	0	1	2	0.22
収益拡大 VS 品質確保	−2	−1	0	1	2	0.24
短期収益 VS 長期発展	−2	−1	0	1	2	0.86
専門化 VS 多元化	−2	−1	0	1	2	−1.07
既存製品や工程の品質改善 VS 新製品、新市場開発	−2	−1	0	1	2	−0.43

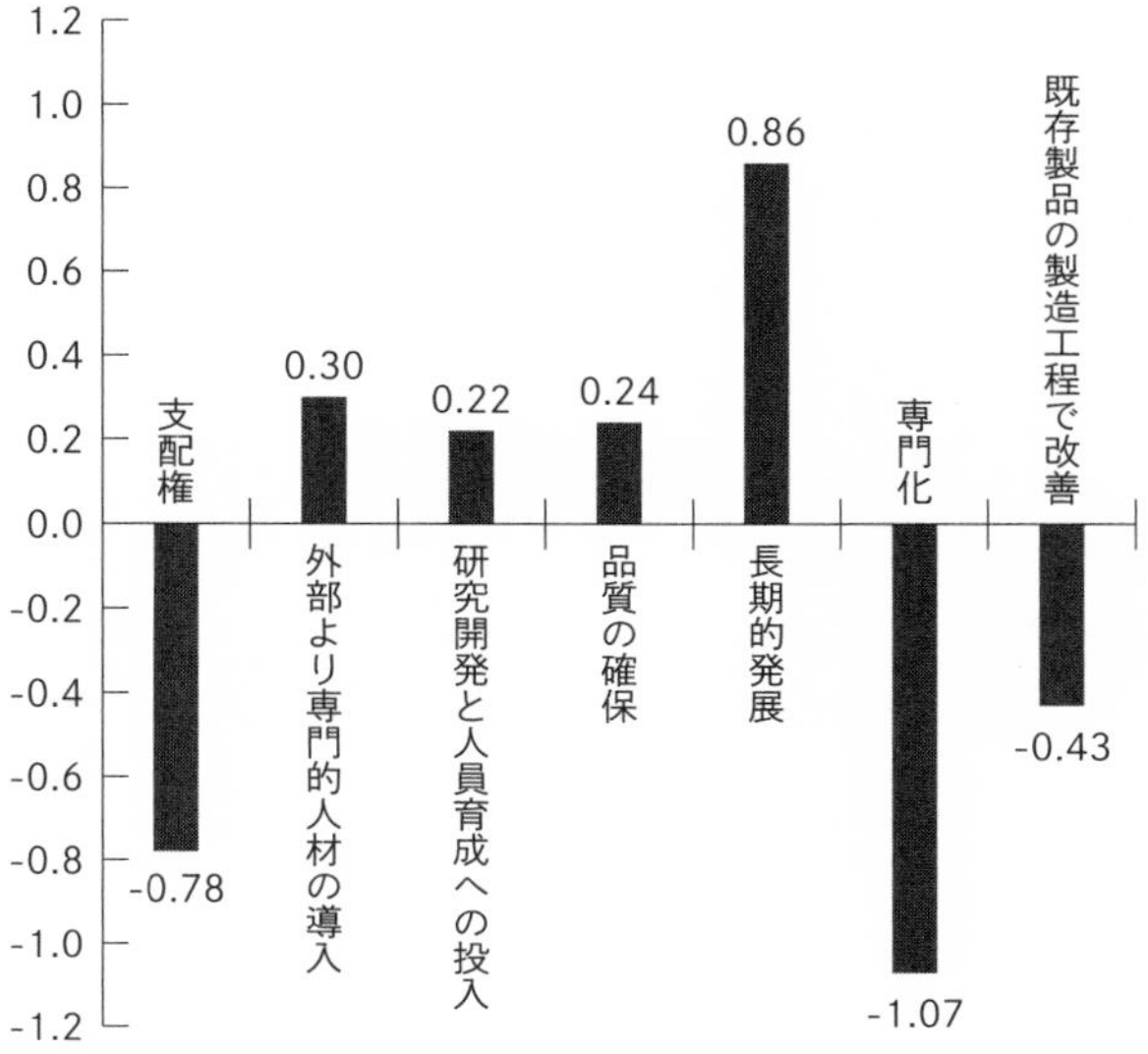

図 14-29　標本企業の戦略二元性の選択

五　日本長寿企業の戦略二元性分析

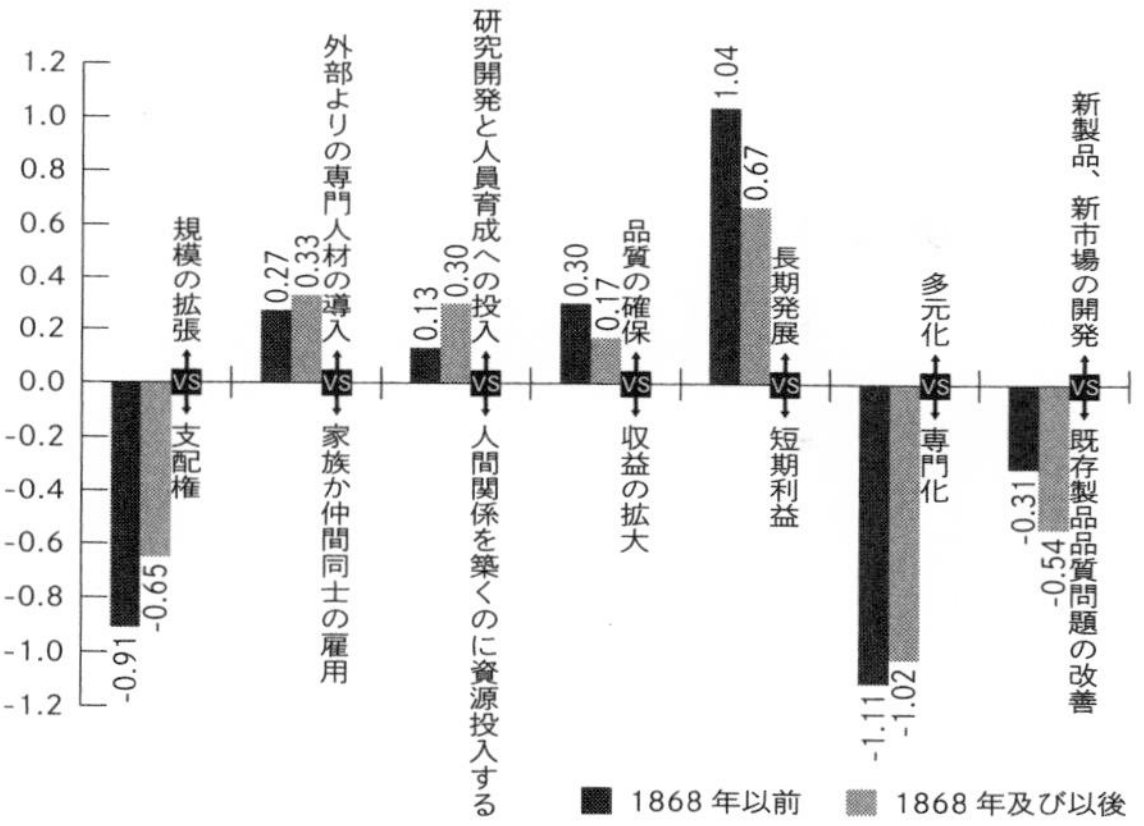

注：1868年以前—明治時代以前；1868年及びそれ以後—明治時代及びそれ以後。

図 14-30　戦略二元性分析——時代区分別比較

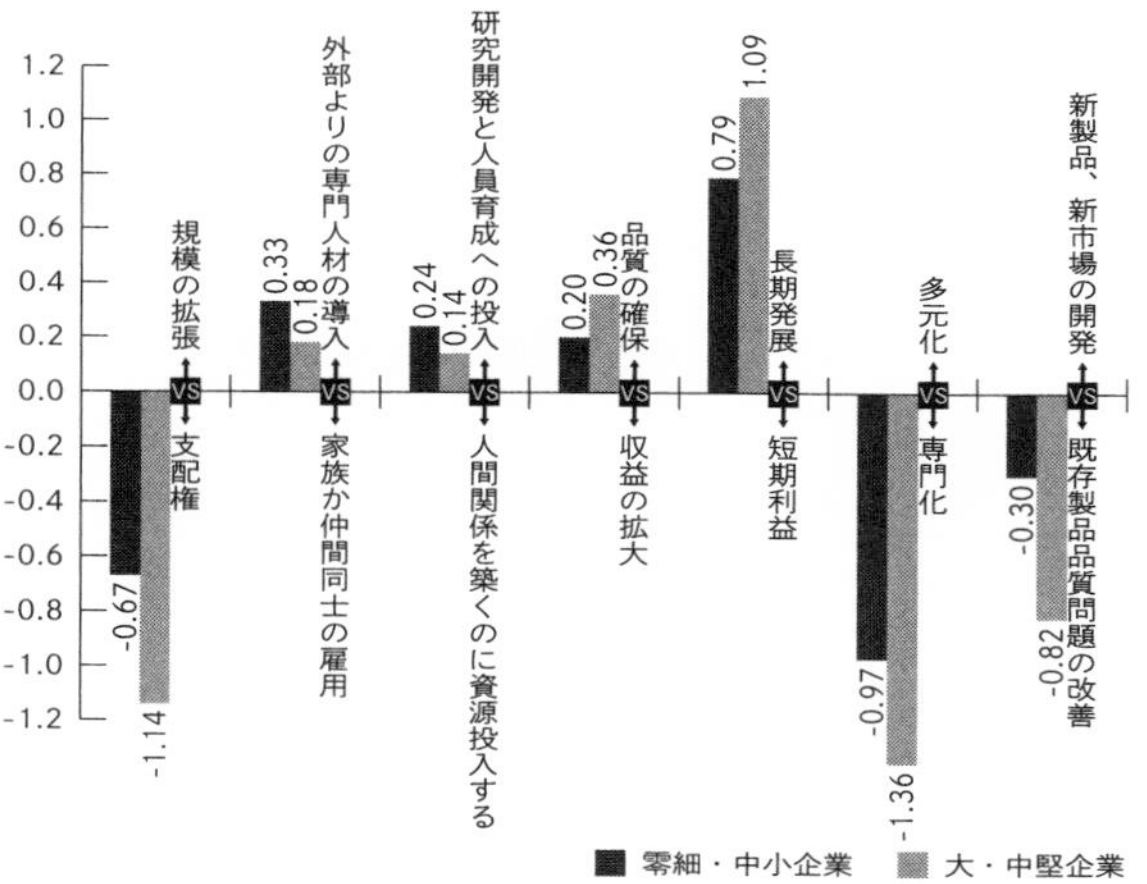

注：零細企業—1-20；中小企業—21-100；中堅企業—101-300；大手企業—>=301。

図 14-31　戦略二元性分析——規模別比較

経営目標の角度からみて、収益拡大と品質確保の選択目標の選択を迫られた時、標本企業は品質確保を選び、その平均値は〇・二四であった。そして、短期収益と長期発展の戦略目標選択に迫られた時、標本企業は、長期的発展を選択し、その平均値は〇・八六であった。

業務多元化の角度からみて、専門化か多元化かの戦略目標に迫られた時、標本企業は、専門化発展を選択し、その平均値は▲一・〇七であった。さらに、既存製品や製造工程の品質改善と新製品、新市場開発の戦略目標の選択を迫られた時、標本企業は、前者を選択し、その平均値は▲〇・四三であった。

一方、明治時代前後の二グループの長寿企業に、戦略二元性選択で顕著な差異は認められなかった。規模別グループ比較においても、零細・中小企業と大・中堅企業の二グループ間に、戦略二元性選択において顕著な差異は観られなかった。

(二)　戦略二元性分析：類型別比較

類型別に、標本企業の戦略二元性を分析した結果は以下の通りである。二つの類型グループの戦略二元性には一致性と差異性が認められた。伝統主業型企業と混合型企業間で一致性を現した戦略は、外部登用、専門性特化、長期的発展であった。

差異は以下の点にあらわれた。

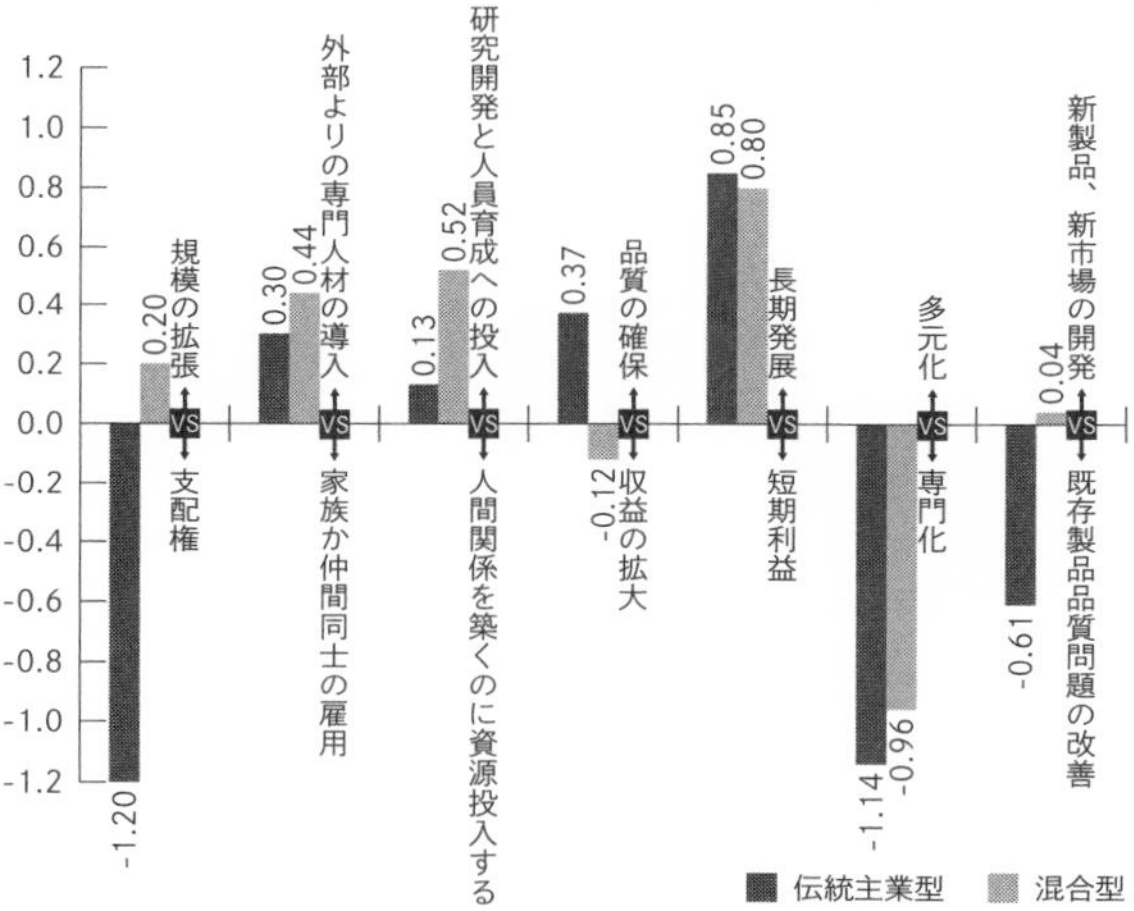

図 14-32 戦略二元性分析——類型別比較種類による組分け

(1) 伝統主業型企業は経営支配権を重視（▲一・二〇）、混合型企業は規模拡張を重視（〇・二〇）、その平均値には顕著な差異が認められた。ここにおいて混合型企業が経営上、規模拡張を重視するのに対し、伝統型企業は経営支配権を重視。これは経営危機直面時や市場変化がもたらす誘惑発生時に、伝統主業堅持を貫く為である。

(2) 伝統主業型企業も混合型企業も、資源投入形態においては、研究開発や人材育成を選択し、コネ資源の投入を選択していない。この傾向は混合型企業にさらに顕著であった。伝統主業型企業の研究開発と人材育成への投入重視度は〇・一三、混合型企業の重視度は〇・五二、平均値には顕著な差異が認められた。

(3)　伝統主業型企業は品質確保（〇・三七）を重視、混合型企業は収益拡大を重視（▲〇・一二）。利益拡大と品質確保との選択判断から、両者間には顕著な差異が認められた。伝統主業型企業は、企業利益を主要経営目標とする以外に、顧客と社会利益をさらに高く意識し、それが品質確保優先の理由となっていることが判明した

(4)　伝統主業型企業は既存製品の品質改善に傾注（▲〇・六一）、混合型企業は新製品と新市場開発に傾注（〇・〇四）。伝統主業型企業は既存製品の品質改善に傾注し、これは経営上の従来業務堅守行動と一致しているが、混合型企業は市場需要直面時、より高い利益獲得の為、他業種参入を試みる。従って、既存製品改善と新製品開発という目標衝突があった場合、新製品と新市場開発を選択する傾向が認められた。

六　中日長寿標本企業の比較分析

中日両国長寿企業が立地する地域の歴史、制度、文化環境には大きな差異があり、中国長寿企業と日本長寿企業の客観的比較は難しい。まず、企業規模から見ると、中国長寿企業は日本長寿企業より規模が大きく、なお、中国長寿企業の多くは家族経営ではなく国有企業または株式会社となっている、逆に日本長寿企業の多くが家族支配経営を維持している。一方、中国長寿企業もある程度

表 14-10　中日長寿企業の基本情報比較

長寿企業	中国老舗企業	日本京都老舗企業
経営年数	100 ～ 200 年	100 ～ 200 年
経営業界	製造業、小売り	製造業、小売りと卸売り
企業の規模	中型、大企業	中小、零細企業
企業の性質	株式企業または国有企業	主に家族支配企業

は伝統を保留維持しており、現代化と革新の挑戦に直面している。両国長寿企業の差異性および類似性を同時考察することにより、両国長寿企業の伝統・革新の実践に対し、参考となるべき拠り所が提供できるかもしれない。従って、アンケート調査内容の一致性要求に基き、本報告書では中国老舗企業と京都老舗企業のデータに基づいて、比較分析を行った。

（一）伝統──多角化の対比分析

中国長寿企業と日本長寿企業の、伝統堅守における差異を分析する。サンプリングした結果によると、中国長寿企業による伝統主業堅守比率は七二・五五％で、日本長寿企業四六・四九％より高い。これは中国長寿企業の経営年数が日本長寿企業より短くて、モデルチェンジのチャンスが比較的少ない為かもしれない。なお、もう一つの重要な制度上の要因は、日本老舗企業と中国老舗企業の認定基準が同一でないことも挙げられる。

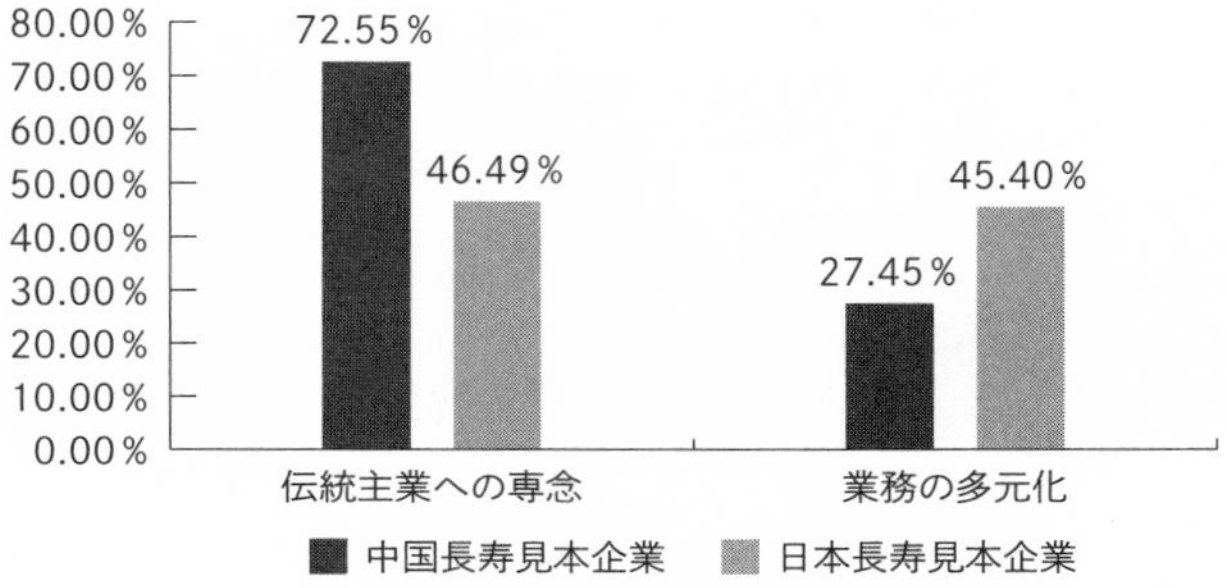

注：日本老舗企業について、一致した定義はないが、経営年数が100年以上の企業を言うのが多い。中国では、老舗企業について、国家による次のように明文化された基準が存在する。【歴史が長いこと；世代間に継承相続された製品、製造工程或いはサービスを有すること；鮮明な中華民族伝統文化の背景と深い文化基盤があり、社会的に幅広く認められていること；高い信用とブランドが確立されていること；商標権か使用権を有すること；1956年以前（1956年込み）に創立されたブランドであること；継承された独特な製品、製造工程或いはサービスを有すること】の「七つの認定条件」である。

図 14-33　伝統主業の堅守比率：中日長寿見本企業の対比

（二）革新の比較分析

1．革新投入状況

中国長寿標本企業による革新投入意欲重視は三・八五、日本長寿標本企業は中国より低い三・一五であった。中国長寿標本企業も日本長寿標本企業も革新を比較的重視し、而も、中国長寿標本企業は日本長寿標本企業より革新投入意欲が高く、両者の重視度間には顕著な差異が認められた。

研究開発投入において、中国長寿標本企業も日本長寿標本企業も、売り上げに占める比率は五％以下、中国長寿標本企業は日本長寿見本企業より平均して一・八五％ほど高い。

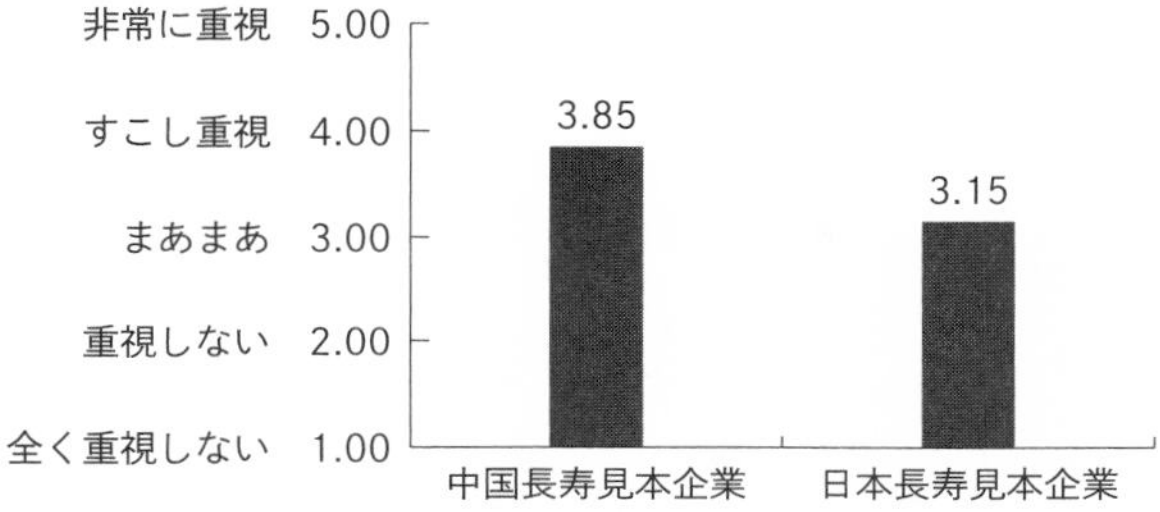

図 14-34　革新投入意欲：中日長寿標本企業比較

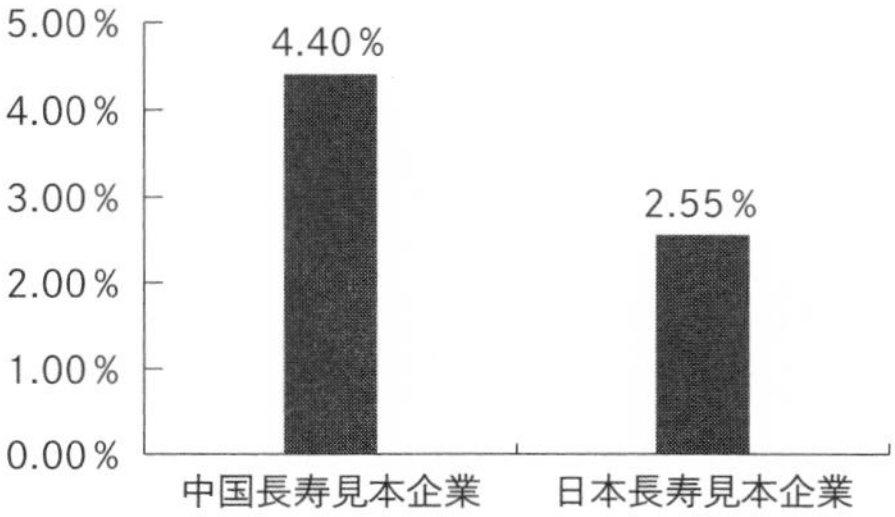

図 14-35　研究開発対売上比率：中日長寿標本企業比較

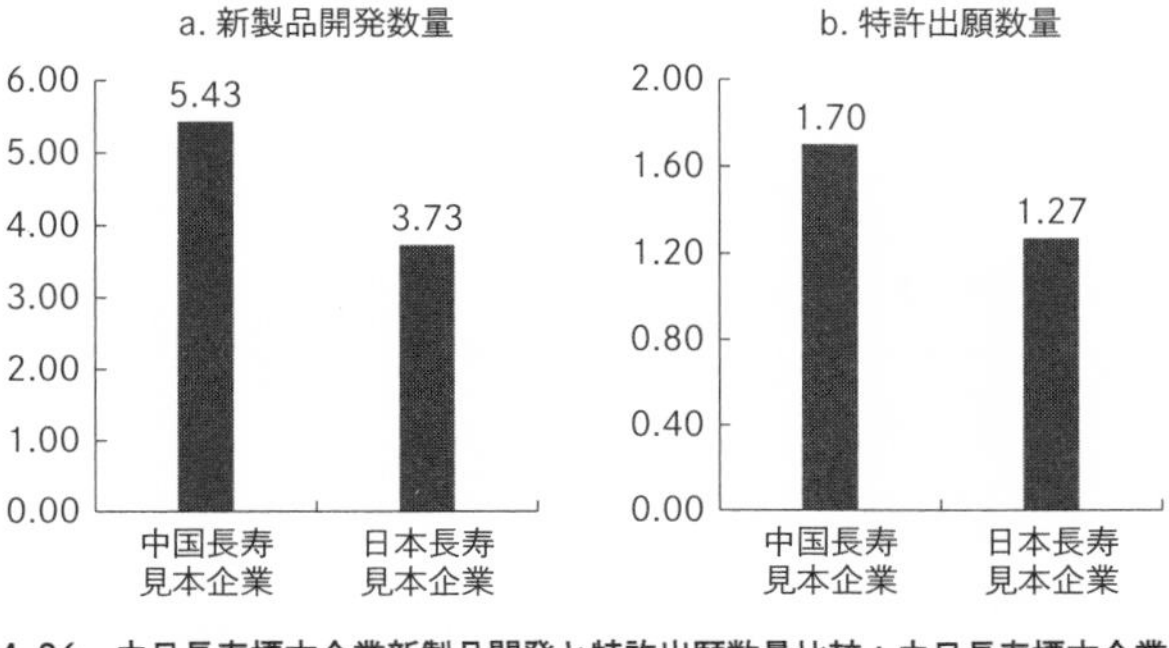

図 14-36　中日長寿標本企業新製品開発と特許出願数量比較：中日長寿標本企業比較

2．革新産出状況

二〇一四〜二〇一六年間の三年の新製品開発数量平均において中国長寿標本企業は五・四三個、日本長寿標本企業は三・七三個であった。特許出願において、中国長寿標本企業は平均一・七件、日本長寿標本企業は一・二七件であった。新製品開発数量と特許出願において、中国長寿標本企業は日本長寿標本企業を上回っているが、両者間に統計上顕著な差異は観られなかった。

(三)　戦略二元性の比較分析

企業の戦略二元性選択調査において、両国長寿標本企業には一致した部分と、異なった部分が現れたが、一致したのは専門化、品質確保、長期発展、研究開発と人材育成の重用であった。

異なったのは次のようである。規模拡張と経営支配権のいずれを選択するかの場面で、中国長寿標本企業は規模拡張、支配権希薄化を相対的に重視、平均値は〇・〇七であった、日本長寿標本企業は企業支配権を比較的重視、平均値は▲〇・七八であった。ここでは、中国長寿企業が相対的に規模拡大へ傾注し、日本長寿企業が経営業務の長期発展と支配に高い意識をおき、企業の長期的支配を重視することがみてとれる。

中国長寿企業は、新製品、新市場開発に比較的傾注し、平均値は〇・四一、日本長寿企業は既存製品の製造工程品質改善に傾注、平均値は▲〇・四三であった。ここにおいて、中国長寿企業と日

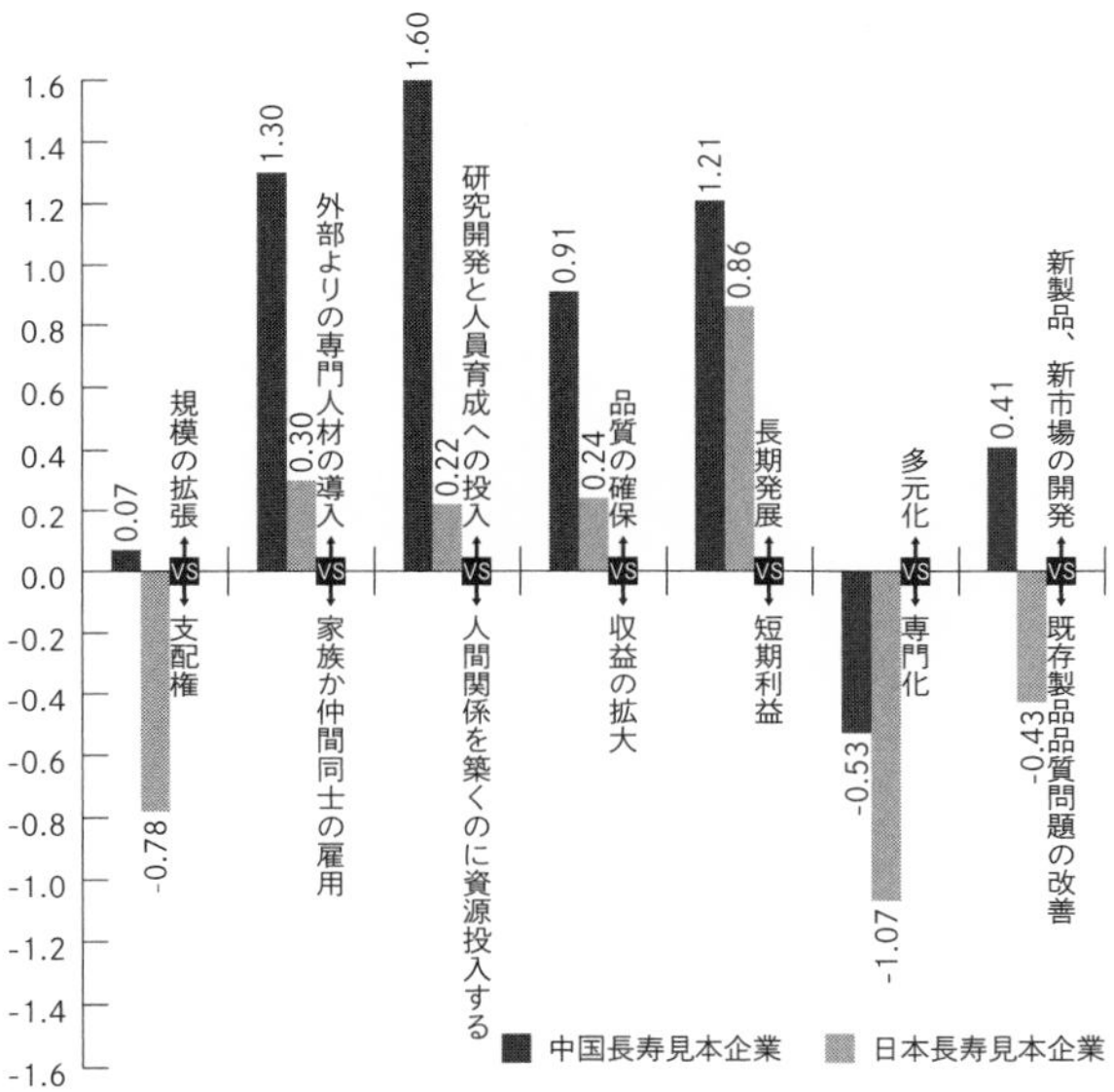

図 14-37　戦略二元性分析：中日長寿標本企業比較

本長寿企業の間に、経営方式、革新方式に関し、異なる傾向がある事を見いだせた。中国長寿企業は、新商品や新市場の不断開発に注力し、企業経営の漸進的拡大と強化、そして「強くて大きく」を目指す。一方で、日本長寿企業は、既存の経営業務をベースに、既存製品の製造工程や品質を絶えず改善し、「精細に、長久に」を目指す、傾向が見いだせた。

七　結論と検討

(一)　主要結論

1. 専門化、主業堅守、不断なる「深掘り」が日本長寿企業の主な特徴の一つである。数百年の発展を重ね、長寿企業が短期的機会利益誘惑で、本来の方向を外すことは比較的少ないが、同時に、多くの長寿企業が、時代の発展に沿いながら伝統主業以外に、新たなネットワークを広げ、商機や市場ニーズ、技術変化に適応し始めている。今回、我々は、標本企業群を主業開拓戦略において以下のように三種類の類型に分類した：伝統主業型（主業の堅守）、混合型（主業の堅守とともに新規業務開拓）、現代化モデルチェンジ型（主業と多元化新規業務と、国際化との並行開拓）。後者二類は数量から言って多数ではないものの、大企業へ成長を遂げる可能性は高い。

2. 伝統を如何に継承し発揚させるかは長寿企業の生存と発展の鍵。日本長寿企業の伝統継承は次の三方面に現れる：

一、数百年来の産業伝統と産業精神の堅持。企業は独立した利益享受者ではなく、産業と地域文化伝統の中に深く組み込まれた伝承者であり、文化精神の保護者でもあること。

二、その使命感や企業ビジョン、ないしは家族文化における家訓や伝承、或いは経営における政策決定において、最も支配性を発揮するのは、利益・利潤追求ではなく、伝統価値と道徳の維持と発揚であること。

三、伝統技能と文化伝統の保護、継承、革新、改善が企業の重要使命であり、それは毎世代承継者の責任と社会責務であると認識していること。

3．長寿企業の革新はリニア的発展ではない。数多くのケース分析から観ると、重要な製品・技能の革新は、或る時代の何代かに亘る継承者間で完成しており、それを以ってその後は時代を越えた企業成長が実現している。この前後の期間には、危機を食い止める時期に遭遇もしている。このような革新は、リニア線的発展ではなく、探求と開発が繰り返される、探求と発明的革新の変遷ルートであり、ある世代、または数世代の継承者の経営下で、重点製品が生まれ、市場変革が発生し、また、そのあとの数世代で再び探求され、創造される、この流れの中で、伝統が継承され、不断の改良、深化が加えられ、そして開発的革新が誘発されるように見える。

4、長寿企業の革新には独特の戦略方針がある。競合企業を倒すためでなく、経済利益創出のためでもなく、顧客に品質に優れた製品とサービスを提供することを企業革新の重要目標としている。顧客価値を重要視することが継続改善・革新の内的動力である。全力で製品品質を向上させ、生産方法を改善し、新しい技術を導入して時代のニーズ変化に対応する、これが長寿企業革新の重心であると言える。

5．全体から見ると、長寿企業の革新投入水準は決して高くはない。しかし、その革新効率或いは産出率は高かった。複数の類型企業比較を通じて、伝統主業型企業の革新投入は比較的少ないようにみえたが、しかし混合型企業と現代モデルチェンジ型企業は、比較的高い水準の研究開発投入をおこなっていた。その革新産出水準は高いものであった。

6. 長寿企業は戦略選択において独特な特徴を見せている。長寿企業は組織の拡張よりも、組織支配権を重視、多元化よりも、専門化に傾注、新製品の多量開発よりも、品質とサービスの確保、短期利益よりも、長期発展戦略（研究開発への投入、人材育成）を重視していた。日本長寿企業は、かような長期方向性、安定経営、品質第一主義の価値観によって、その持続成長を実現している。

7. 回帰分析に、長寿企業の革新と企業寿命、企業規模の間には、明らかな正関係がみられた。なお、伝統を守り、伝承している長寿企業が、さらに長く発展することも確認できた。これは、伝統と革新が、長寿企業の永続経営の核心である証左であると言えよう。

8. 中日長寿企業の比較分析については、標本サンプルの構造上の違いにより、これ以上の深い分析は困難であったが、いくらか有意義な結論を導くことはできたと思う。中日長寿企業の比較は、両国の制度文化や市場発展段階の違いを反映している。中国市場の成長空間は膨大であり、革新の機会も大きい、制度的束縛も比較的少なく、中国長寿企業が突出するのは、規模拡張重視、多量の新製品開発投入であり、その点では、日本長寿企業はむしろ、専門集中を主とし、既存製品の製造工程や品質の改善を重視する、ここにおいて、両者は鮮明な違いを現していると言えよう。

（二）長寿企業の未来：課題と挑戦

1．日本長寿企業

（1）時代適応能力が、長寿企業生存の鍵となる。伝統長寿企業は、技術、市場変化に適応できず、淘汰されていく。それは長寿企業の破産、買収、廃業、吸収合併による消滅の数量や比率の継続増加で明らかである。

（2）日本長寿企業は革新が不足しており、新製品投入速度が遅くなくても、新型企業との競争に太刀打ちできない。長寿企業の革新力は如何に新技術と社会変化に適応できるかが鍵となろう。

（3）日本長寿企業と国家・地方文化、歴史には緊密な関係性がある、文化遺産の一部として保存されてきており、たとえば、飲食、宿泊、特色製品（抹茶、和服）、エンターテイメント、工芸品、文化用品など、これら伝統と文化特色堅守は企業生存の鍵になるであろう。

（4）日本長寿企業が、広くグローバル化を実現させる展望は見えてこない。今回の調査を通して、長寿企業のグローバル化は、非長寿企業に比して低い水準に留まることがわかった。日本の長寿企業にとっては、日本式長寿企業文化と組織（経営理念、労働文化、産業の創造精神など）を日本以外の場所に移植・再生することは難しく、海外展開は困難と言わざるを得ない。

（5）日本長寿企業の伝統がこれからも継続していくであろうか？　特に伝統工芸と匠人精神と

いったもの、時代の変遷と価値観の変化で若い者たちがこれら伝統文化・産業を継承してく意欲は希薄化していないか、今後の検討であろう。

2. 中国長寿企業

（1）中国長寿企業の多くは公私共同経営から国有企業または株式会社に変化し、家族企業はほぼ消滅して歴史上の話となった。現在、継承されているのは長寿企業のブランド、製造工程・技能と一部の価値文化である。もちろん、一部には、同仁堂、陳李済、王老吉といった伝統家族企業が、現代化と改善、革新によって、顕著な発展を遂げ、伝統を発揚させてはいる。

（2）中国長寿企業は、如何に新たな活力を喚起し、歴史文化と産業伝統を継承できるであろうか？　それは伝統と現代を以って如何に融合・発展できるかの能力に尽きる。さらに重要なのは、有効な企業ガバナンス、団結、組織と文化を築くことができるかである。それを以ってはじめて企業現代化を実現できるのだ。

（3）当面の市場環境において、中国長寿企業は遠大な戦略ビジョンに欠けている。さらに、産業の堅守・専念性、そして産業の創造精神力が不足している。市場と顧客に対する姿勢においては、さらにその価値観とビジョンを見直さなければならない。これらについて、日本の長寿企業から学ぶ価値がある。

（4）欧米と日本の長寿企業を学習するとともに、中国長寿企業は、如何に革新するか？ 如何に中国伝統文化下における商道と経営を継承・発揚させるか？ その中で、家族文化の団結力と凝集力、儒教文化の伝統と道徳体系、新時代の革新創が業精神を融合させ、現在の短期利益志向経営を突破・超越し、持続的永続経営を実現できるかを目指さねばならない。それができてこそ、伝統と革新を結合させ、百年長寿企業の新たな発展を成し遂げる。

付録：ケース企業資料

社名	現任社長	世代数	創立時間	株式会社	主要業務	所在地
月桂冠	大倉治彦	第14代	一六三七	一九八六	清酒	京都府京都市
福寿園	福井正興	第9代	一七九〇	一九四九	宇治茶	京都府木津川市
島津製作所	中本晃	第12代（中断）	一八七五	一九一七	ハイテク技術	京都府京都市
美濃吉	佐竹力総	第10代	一七一六	一九五八	和食料理	京都市左京区
川島織物	山口進	第4代（中断）	一八四三	一九三八	和服、カーテン、自動車用生地	京都市左京区
大同生命	工藤聰	第4代（中断）	一九〇三	—	生命保険	大阪府

石藏酒造	石藏利正	第5代	—	一九五六	清酒、飲食品	福岡県福岡市
シャボン玉	森田隼人	第3代	一九一〇	一九四九	無添加洗浄用品	福岡県北九州市
香蘭社	深川紀幸	第7代	一六八九	一八七五	磁器、絶縁材	佐賀県有田市
古梅園	松井道珍	第16代	一五七七	—	墨の塊	奈良県奈良市
半兵衛麸	玉置半兵衛	第11代	一六八九	—	京畿食品	京都府京都市
香雪軒	长岡輝道	第5代	一八九X	—	文房四宝	京都府京都市
安川電機	小笠原	—	一九一五	一九一九	駆動制御、運動制御、ロボットとシステムエンジニアリング	福岡県北九州市
京山城屋	真田千奈美	第4代	一九〇四	—	干し物販売	京都府
松栄堂	—	第12代	一七〇五	—	香	京都市佐山区
宇佐美松鶴堂	—	第9代	一七八X	—	文物修復	京都府京都市
ツカキグループ	塚本喜左卫門	第6代	一八六七	—	和服、宝石、皮毛、不動産業務	京都府京都市
ツムラ	加藤照和	第6代	一八九三	一九三六	漢方薬	東京都港区
キッコーマン	堀切功章	第13代	一六六一	一九一七	醤油	千葉県野田市
龍角散	藤井隆太	第9代	一八二七	一九二八	漢方薬	東京都千代田区

TDB 日本老舗企業アンケート標本の一般分布

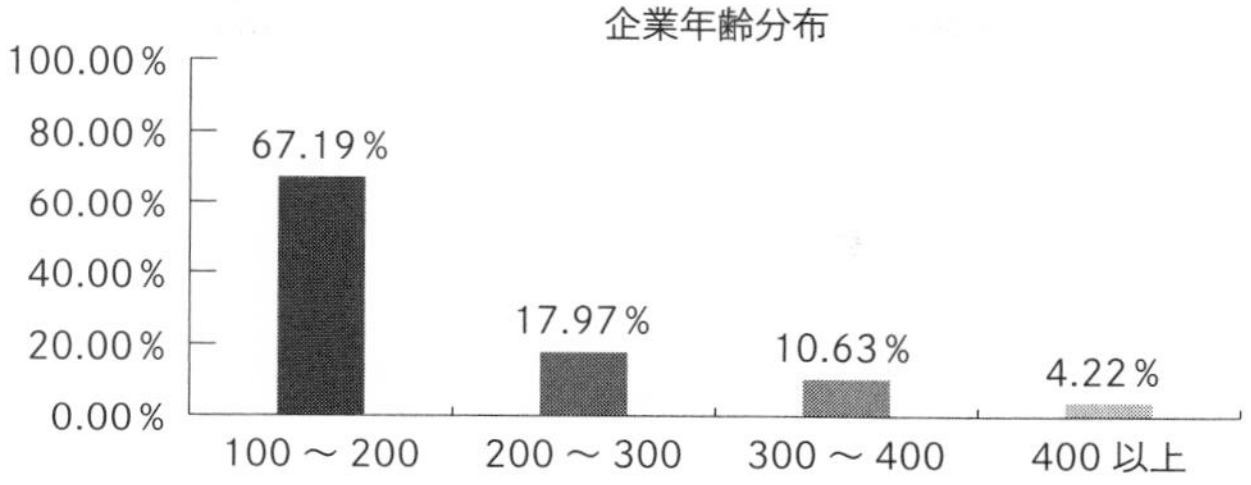

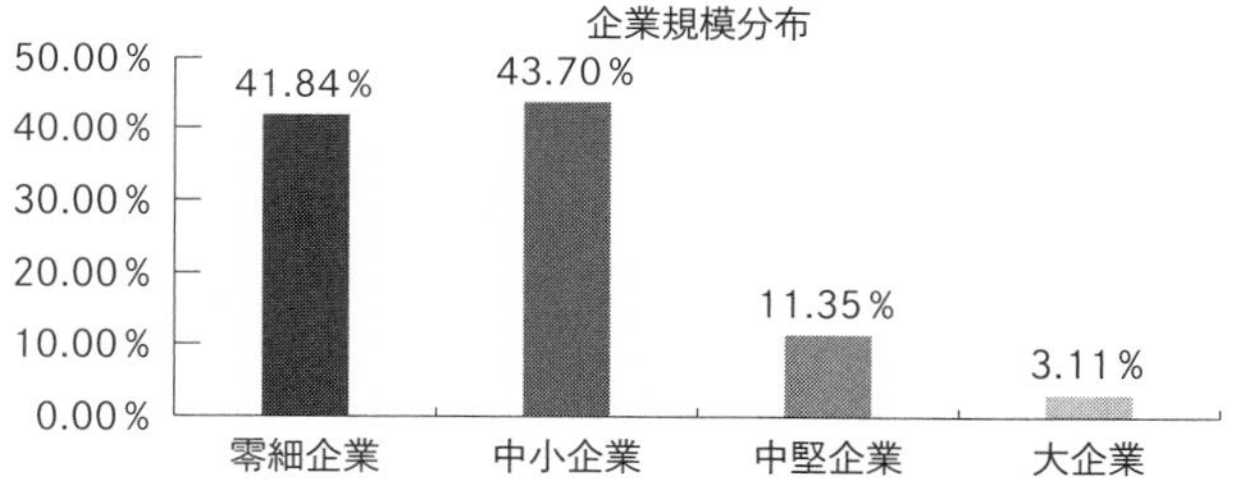

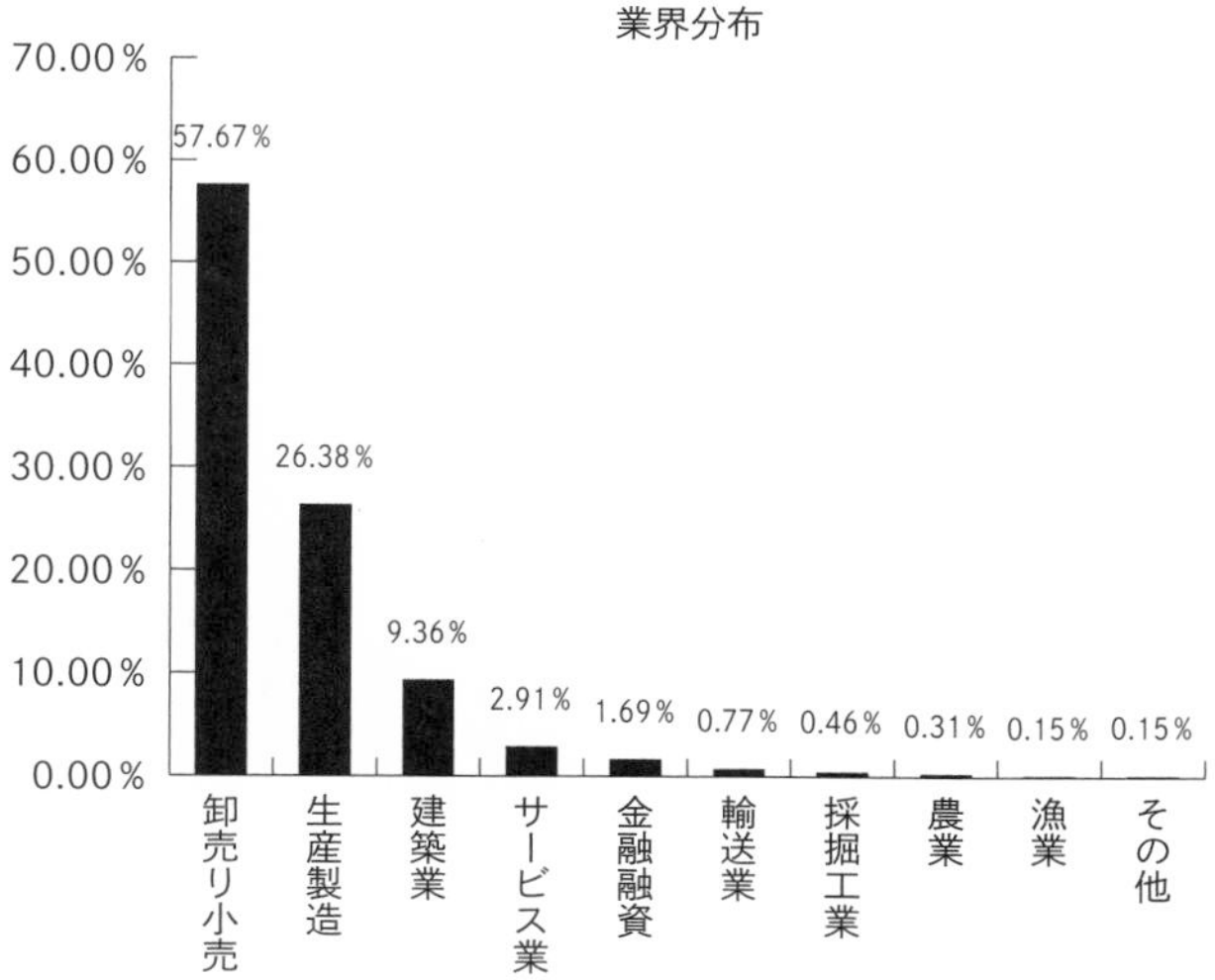

中華老舗企業アンケート標本の一般分布

企業年齢分布

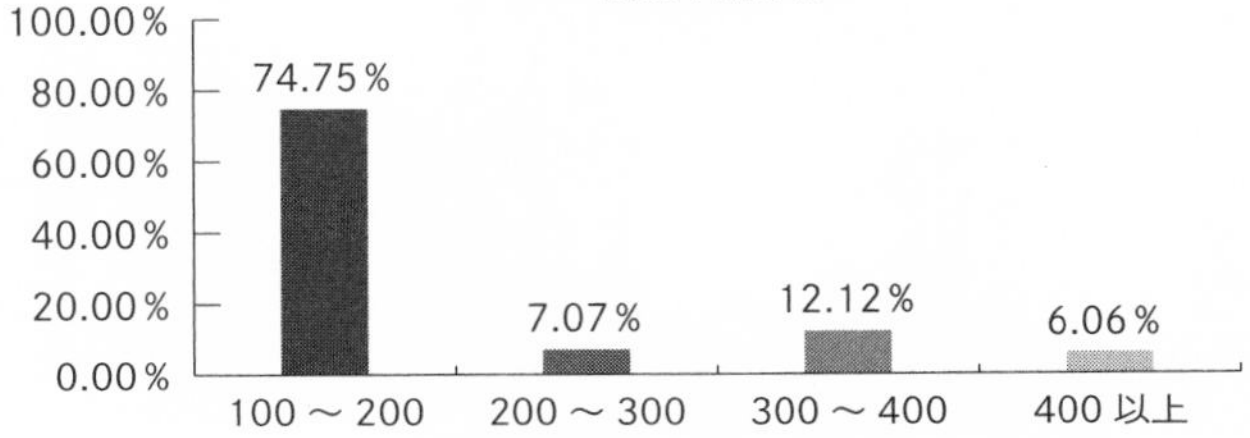

企業規模分布

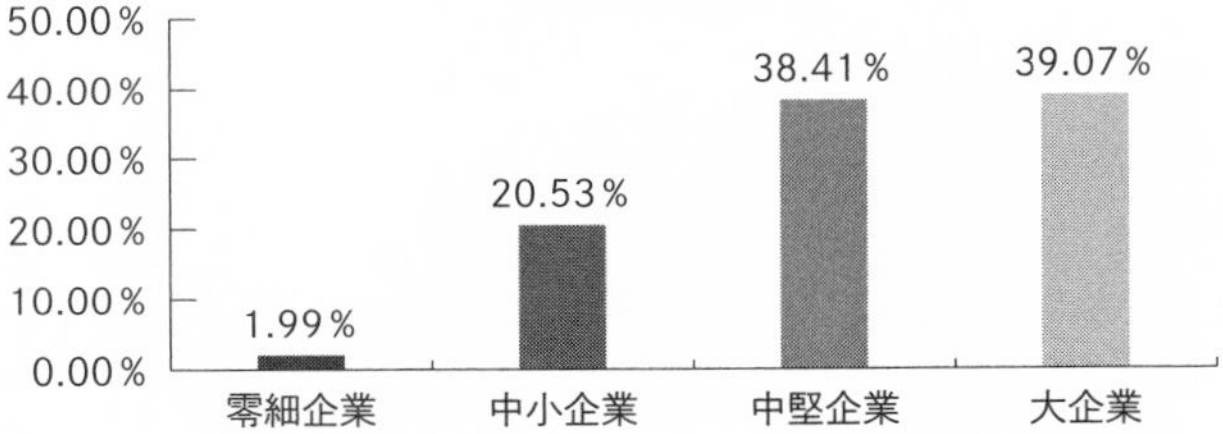

業主分布

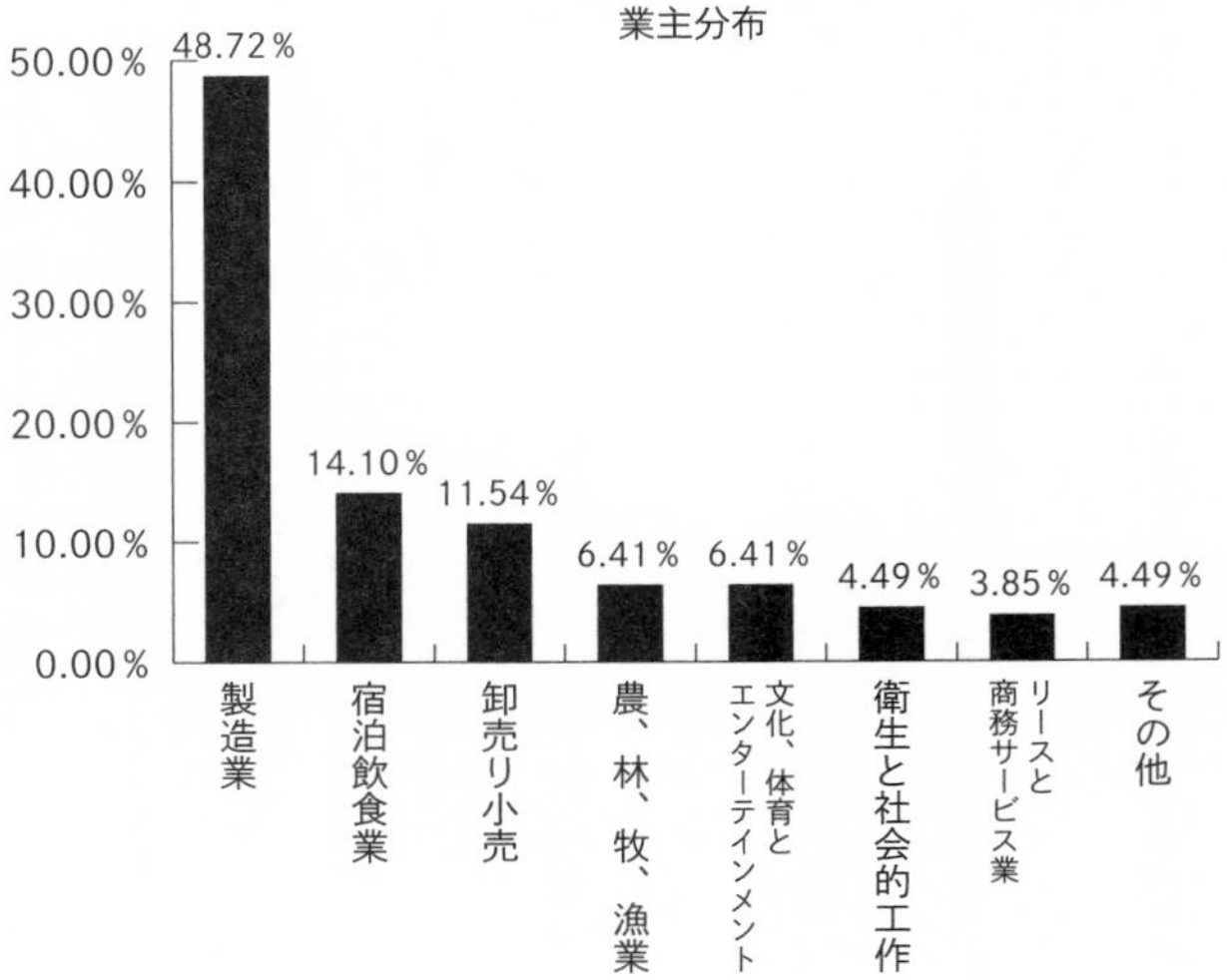

京都老舗企業アンケート標本の一般分布

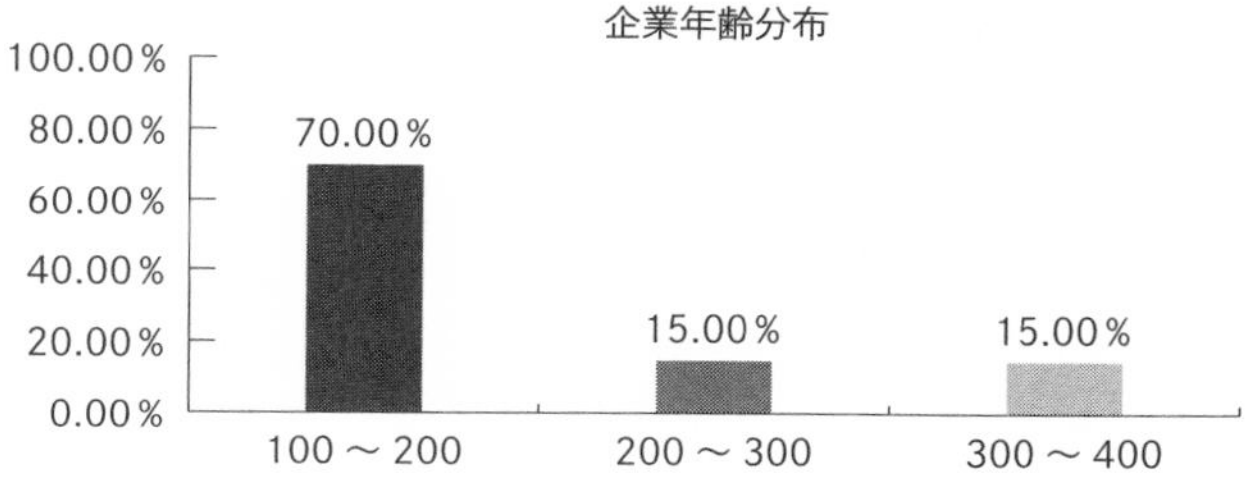

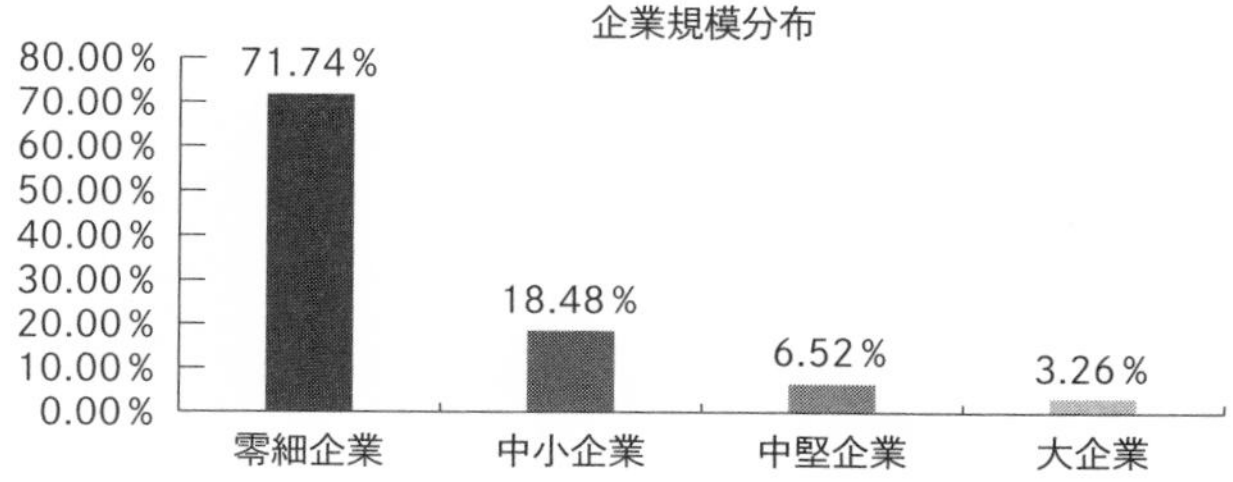

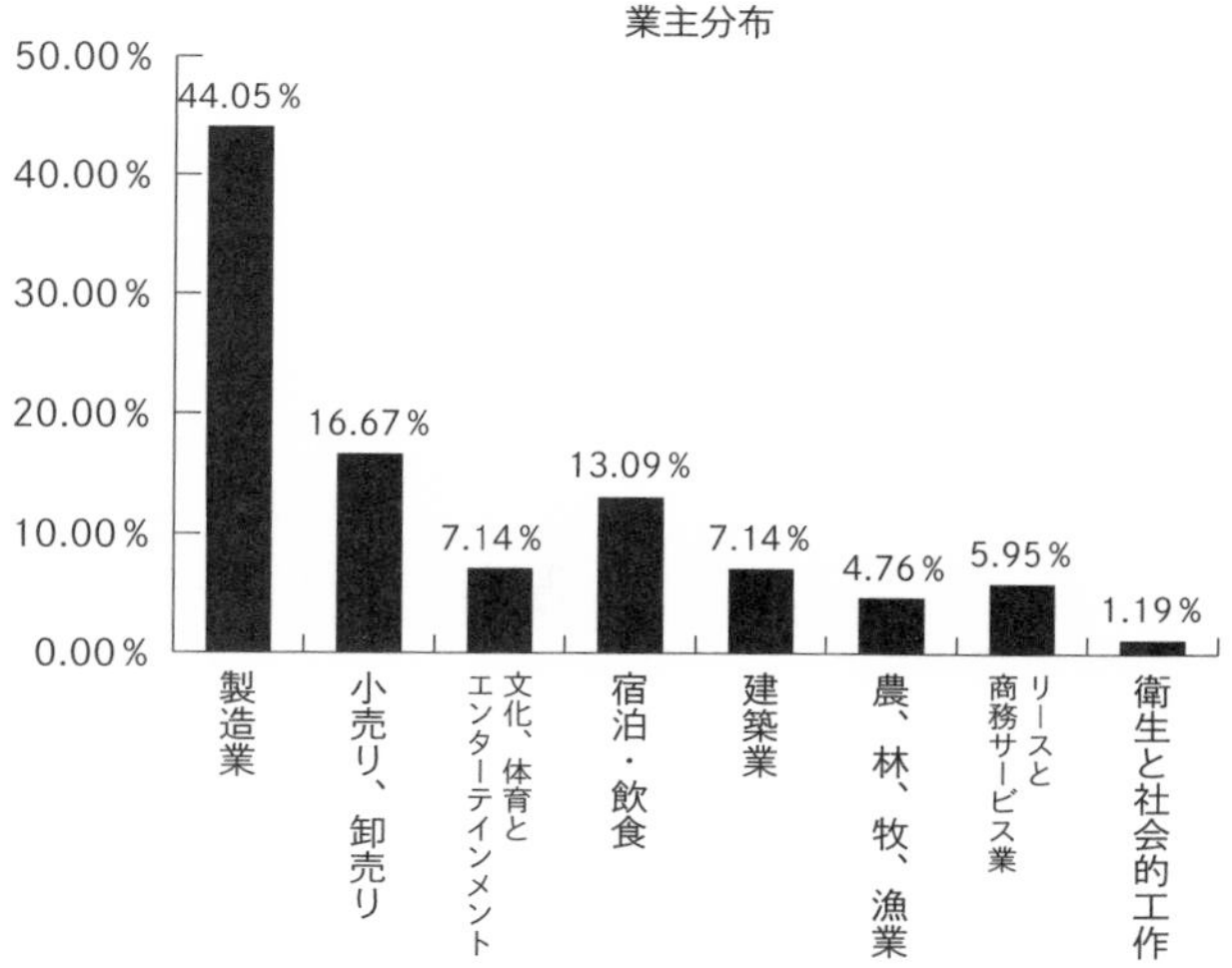

訳者あとがき

京都老舗の会にお世話になって完成した、中国との共同研究の成果本であるこの一冊が遂に日本に届いた昨年後半、それを紐解いた時の驚きを覚えている。二〇一七年祇園祭り真最中の七月、汗をふきながら中山大学教授陣と共に京都を三週間歩き回った中、本事業を支援担当して下さった京都府染織工芸課の担当長が毎朝ホテルでその日の打ち合わせをして下さった時のことが生き生きと描写されていたからである。

彼は毎日留学生を連れてきて全面支援して下さった。副課長は、毎朝正確に午前七時、ホテルロビーで我々が出てくるのを待ちそれは週末すら同じであった。雨風問わず、当日の行程表を持ち、我々が行程を確認し出発するまでホテルを離れなかった。日本人の真面目で誠実(「一丝不苟」)な職務姿勢と敬業精神に、我々は心から敬服の念を禁じ得なかった(本書まえがき、*xxvi*頁)。

このくだりが第四章の脚注にもう一度出てくるのにさらに驚く。日本人が気づかないちょっとした所作に中国人学者はあるものを感じていた。

彼は、毎日一人の学生助手を引率して到来し、その姿は生真面目な背広とネクタイ、平日、週末を問わず、毎朝七時、時間厳守でホテルロビーにて我々が降りてくるのを待ち、その日の日程や訪問資料を一点一点丁寧に説明する。彼の助手達は、京都友好大使制度の留学生で、中国の大陸や台湾の人であったが、彼らは我々の調査活動に同行し、様々な場面で手伝いをしてくれた。この時、副課長を通して観た、日本人の木目細かくて生真面目な仕事ぶりは我々を驚嘆させ、これがまさしく文化と精神の一部分だと思い知らされた（本書第四章、七〇頁）。

本書の第二章〝日本商人精神〟で日本人の労働倫理の基礎と実践行動に理論的分析がされているが、京都で観たこのほんの小さな観察の中に本書著者、李新春教授はその一端を発見し理論の検証をしたのだと思う。

李教授は長年家族企業（日本では同族企業という）と革新（イノベーション）を専門に研究し、中国におけるこの分野では著名な学者である。彼はその繊細かつ精緻な観察力と洞察力から始め、厳密で深厚な理論分析で帰結する。経営経済学はもとより、歴史学、宗教史学、思想哲学、社会学、文化人類学が学際的に駆使され実に深く広い分析が施されていることが分かる。

さらに本書で訳者が感動を覚えたのは、その情感あふれる人間性、世間が見落とす小さな事象に真実を発見する感性であった。

細部に神宿るとはよく言ったもので、李教授は小さな研究対象にこそ真実を追求する。とりわけ見落とされた事象に重大な価値を見出してそれをパワフルに描写する。

スモールチャンピオン論に注視し、中小企業、老舗企業、そして家族企業（日本では普通これを同族企業と呼ぶが、本書では李教授の意図を正確に伝達したい場合は〝家族〟を使用）の中に、あるべき企業ガバナンス価値を抽出する。まさに日本老舗企業の研究に相応しい姿勢であると思われる。

文章中さらに驚くのはその善悪に対する積極的意識である。社会科学では価値判断フリーの姿勢が厳しく言われてきた。社会事象分析に自らの価値判断を決して入れてはいけないことだ。

しかし本書は敢えてかつ謙虚に価値判断が貫かれている。その尺度は東洋に共通する道徳観であり、辿れば儒学、仏教、神道などの東洋学と宗教だ。日本老舗の長期ガバナンスをささえる支柱として藤原惺窩、林羅山から鈴木正三、石田梅岩、山崎闇斎らの思想哲学から実践者である渋沢栄一、松下幸之助、稲盛和夫などふんだんに紹介される。

これら経営思想家、実践家の心に神儒仏混合という日本独特な思想が宿り、それが商人精神の基礎や行動学規範になることを突き詰め、それらが武士道から商人道に引き継がれてきたことについて単に分析するのみならず共鳴感を与えている。

さらに興味を引くのは厳格な自己批判である。歴史的展開や社会構造の違いの中における中国での展開の不一致を学者らしく真実として紹介し、東洋道徳規範に基いて判断がされる箇所がある。その謙虚さには頭が下がった。これほどの謙虚さを我々日本人は持てるだろうかと思わされたのである。

本書の貴重な部分として、日本に照らし合わせた中国との水平比較が随所に現れることをあげたい。中国歴史を熟知する中国学者が深く日本史を理解した上で分析するのであるから、これは最高の日中比較となっている。

特に第二章の〝日本商人精神〟のくだりは圧巻である。歴史的な国家的政治体制や社会構造、宗族史や思想的展開における日中の差異が明確にかつ簡易に表わされ、何故両国の商人文化に違いが生まれたのかを説明する。まさに眼から鱗であった。日中比較観点からいっても非常に価値があり、本書の今ひとつの重要な特徴となっている。

日本のみならず世界的に老舗企業や家族企業に対する社会的評価がもっとあるべきだと本書は繰り返し主張する。戦乱や自然災害や多くの歴史的困難を経て生存し、将来や社会への投資として経営期間外大規模投資ができ得るのは家族企業だと言う。チャンドラーの言う職業性経営者は株主利益に囚われてそれができない。企業は社会的公器であると意識する日本の家族企業を彼は価値フリー論を超えて称賛する。

さらに、本出版に向けて冒頭に三つの祝辞のような序文が掲載されている。それら三本すべてに共通するのが、本書には『伝統と革新』というテーマが貫通していることの指摘である。『伝統と革新』。それは日本では普通に言われることで格別の真新しさではなかったが、実際、本書で言う『伝統』はもっと具体的な〝過去の記憶〟とりわけ〝家訓〟や〝口伝〟、〝承継者の人間像描写〟の保存を強調し抽象的な伝統論ではなかった。

本書訪問ケース企業のほとんどが過去の記憶『伝統』を整理保存する博物館や記念館を作っていた。そこから李教授は日本長寿の起因のひとつに過去の記憶維持を挙げている。当然のようだが、敢えて指摘されるとこれが長期生存の下敷き的力量になっていることを今更ながら強く感じた。

今日に至り、我々は、いくらかの日本老舗企業を訪問したが、常に視野に入った景色は、経営理念と家訓、そして企業主の自宅部屋の掛け軸に書かれた複数行の儒家や仏教の語録であった。それを日常の経営管理や、人としての有り方、仕事の仕方の上で、心を込めて実践している姿であった。それを観るにつけ、その誠実さと真心に我々は深い感動を覚えた（本書第二章、三四頁）。

もう一つの『革新』だが、これは李教授が最も力説する部分である。革新なくして老舗なしとも言えるほどのパワーで繰り返し論述する。しかしその革新はシュンペーターの創造的破壊とは違う、毎日の工夫の積み重ねであり、その原動力は「顧客至上主義」を貫く老舗の精神と長期生存する顧客との共同作業だと言う。

さらに老舗の革新は伝統の延長線の上にあり、脈絡なく外部からもたらされる突発性革新ではない。コアなところでは伝統が保持継続されつつ、追加的かつ補完的な改善・改良が加えられるその蓄積こそが日本老舗の革新であるとする。

日本老舗の革新力について李教授は日本商人精神中の〝理性〟に着目している。彼に拠ればそれは明治維新の西洋文明への転換期に著しく強化され、科学技術への開眼ともに、従来の工夫力の中に自然科学が浸透しその力を高めていった。

しかしこの〝理性〟はすでに前述の儒者達によって江戸期に醸成された朱子学の〝居敬窮理〟の〝理性〟の基礎の上で明治期の西洋科学と結合し日本独特の革新力を創造したという。

月桂冠の四季製造法開発、川島織物の西陣織改革、島津製作所の有人気球始めX線装置や蓄電池開発など、伝統倫理的理性の上に西洋の科学的〝理性〟が日本ものづくり精神に同化した結実だと指摘する。彼はこれを日本近代商人の〝理性〟であるとした。訪問したケース企業のほとんどが欧米視察を実行しその後、製品研究開発のための科学技術研究所を建設していた。

さらに、李教授は日本人の最大の特徴は学習能力にあると言う。隋唐時代から中世前期頃までは中国から、江戸期以降にはオランダから、明治からは欧州、戦後は米国からだ。いつの時代でも、そして鎖国時代においても日本は国を閉ざしていたのでなく、積極的に海外からの知識を求めていたという。そして単に移植するのでなく、自らの国情にあわせて調整し、さらに改良まで加えた。この学習力が明治維新で最大限に発揮され戦後の目を見張る成長に繋がったと考える。

最後に研究チームが気づいたことは、訪問した老舗企業や日本老舗には驚くようなシュンペーター的英雄やヒーロ—がいなかったことだ。むしろカズナー的ごく普通の人々の集団努力によって脈々と継続してきた。中興の祖においてもそうであり一般社員や従業員の中に溶けこみそうな人となりであった。

ここに日本老舗長寿の一端を観ることができる。誰一人として突出するわけでなく、ひとりひとりが会社のミッション追求に価値を置き、自らの私利私欲に誘導されていなかった。ここにも李教授は驚きと賞賛の眼差しを与えていた。

しかし、それらリーダーは普通でありながら同時に強靭な意志を持ち、逆境や困難に遭遇した時驚くほどの忍耐力や克服力を表出していた。支援者もなく資源もなくたった一人で意志を貫いた創業者や中興の祖達の類稀なる能力は、中国チームに共感と勇気を与えそれらは頁をさいて克明に描写されている。李教授はそれら意志力の起因を日本商業精神構造と伝統維持の中に見出していた。七社の訪問ケースはそれぞれ企業沿革、中興の祖、思想哲学、職業倫理、伝統と革新、地域嵌入の観点から分析され、長寿起因を追求しているが、これら企業は中国チームに多くの感銘と深い思考を与えた。

一九〇九年に設立した月桂冠大倉記念館は、同社の歴史と酒造業発展の重要な出来事の保存館であり展示館でもある。これは社会に対して公開された、伏見の一つの重要な風景でもある。記念館では、活き活きとした清酒の歴史をそこに観ることができ、完璧なまでに清酒造の製造プロセスと伝統が展示されている。数百年来のあらゆる技術の改善、産品革新、販売法式の変革と匠の伝統などのすべてを、その中に探し当てることができて、我々を感動させた（本書第五章、月桂冠、七六頁）。

彼は美濃吉三〇〇年強の発展経過について簡単に紹介下さり、その後には竹茂楼で会席料理を賞味させて頂いたが、その澄みきった料理の品質と腕前、美味な食材、料理人による一つ一つの料理を懇切丁寧に紹介するおもてなし、それらに加えて、部屋に飾られた調度品、部屋の外に広がる青翠の竹林、そしてさらさらと流れる小川のせせらぎ、などすべてにおいて、まるで現世の外にある桃源郷に我が身を置いた感覚すら覚えた（本書第六章、美濃吉、一一一頁）。

確実に言えるのは、歴史上のものづくりとは、今日の大量生産（人と生産の対立関係）とは確かに異なる精神気質を有していること、それは人と材料、器具と自然気候、匠人による忘我の没頭心と多年の経験蓄積のすべてが調和する空気の中で進むということだ。工房の労働と作業場が如何にしてこのように調和し融合するのか。我々はそれを知りたいという思いを禁じ得なかった（本書第七章、古梅園、一五九頁）。

同族企業はうまい具合にかような劣悪な環境の中、その独特な価値を明らかにし、長期視点と長期計画性、責任感を持った家族リーダーの指揮のもとなら、一時的利益を放棄し、過去の財産で補充し、戦略を堅持し、その選択の為一定期間に起こり得る損失に耐えることができる。このような特性を日本長寿企業は証明していた。……本ケースのシャボン玉も、すべて家族堅守の模範であり、同族企業の一種独特な存在意義を我々に提示した（本書第八章、シャボン玉石けん、一七九頁）。

本ケースは我々に多くの思考を与え、多くを考えさせられた。重要なことは、一つの伝統工匠型工房がどのように、国際的学習と企業家精神を通して、迅速に一つの近代企業に転換していくのか、それをこのケース中に観ることができることだ。科学的経営、職業化、専業化、技術と革新を発展の核心に置き、重要な進歩を実現し、同社は百年老舗として現代社会に立脚した基礎を打ち立てた。これはまさに我々が日本企業から学ばねばならないことであり、不断に品質を改善し、時代に沿って変化する特性について、さらに深い理解を得たように思える（本書第九章、川島織物セルコン、二一三頁）。

今日、一体どれだけの企業が真心を込めて顧客に対峙するであろう。どれだけの企業が全心全意で最良の商品を造り上げているだろう？　このような、道徳と真誠を原則とした商道の実践は、今日実は大変少ないのではないだろうか。まさにこの理由で、老舗企業の存続と発展は、我々に対して残されたこの時代における最も貴重な歴史遺産であり、疑いなく、利益追求が原則のビジネスに対して、ひとつの〝以史為鏡〟（歴史を鏡とする）的啓示を表している（本書第十章、福寿園、二三九頁）。

これ以外に、利益ではなく、革新に集中することが企業の発展路線を決定づけたことを、島津の成長プロセスの中で容易にそれを見てとれた。創業者と研究者は一体となって、ビジネスや利益競争に身をおく一方、静かに科学研究と基礎研究に投入し、失敗すら考慮せず投身するほどである。ここに一冊の本がある。島津製作所の『島津：失敗応用学』だ。同書の中ではその実例が十分に体現されており、その集団主義精神の発揚が二〇〇二年ノーベル化学賞を授賞した田中耕一の身の上で実際に起こったのである（本書第十一章、島津製作所、二八一頁）。

本書を貫く李教授の一貫した観点の一つに現代経営学批判の一端がある。株主利益最大化至上主義への反省と企業の社会的公的機能への回帰を促す姿勢がある。翻ってそれが、中国が現在直面する課題であるとの認識が随所で感じられる。個人の利益を超越する共同体重視の価値観の有機性を、日本老舗企業研究を通して検証したように感じられるのだ。

主業の堅持、投機行動の回避、誠心誠意の接客、不断に商品・サービス品質を改善する工匠精神、市場と社会変化とイノベーションへの適応、社会や地域建設への関わり、地域文化伝統の一端の請負い、これら行動こそ百年企業の生存の知恵であり、その維持継続の中に、不断に革新を起こす原動力があり行動規範を創造している。これらは西方近代以来の提唱である〝自由競争〟や〝利益最大化〟原則とは真逆の方向にみえる。

翻訳を決意した理由の一つは、あるとき渋沢栄一子孫の渋澤健氏にお会いする機会があり、本書の渋沢栄一記載部分を訳してお渡ししたことと、ある経済人に内容を話したところ、絶対訳して日本人が読むべきだと背中を押されたことである。

さらに意識が高まったのは、読み始めて、ここまで中国の学者が日本史を深く読み解き、そこから日本人行動学の本質を歴史、思想、社会の多角的視点から把握して再現していることに大きな衝撃を受けたこと、また一文一文から感じられる李新春教授の人間性と品格、本質追求を貫く姿勢に感動を受けたこと、そして、東洋的ベストプラクティス経営学模索の一環として日本経営を位置づけていることを痛感したことにある。

そして最も重要なことは、本研究の一員として本書を訳し、お世話になった方々――京都老舗の会、会員企業、本書の七ケース老舗企業他、帝国データベース、諸大学関係者や百年企業研究・振興団体、訪問した多くの老舗企業などに恩返しとしてこれを提示せねばならない責任を感じたからである。

本書はそもそも中国ビジネススクールで使用される参考書として中国人企業家向けに書かれている。よって文脈や語彙によっては日本人には重複や不要解説もあることは容赦頂きたい。著者が中国社会に日本をどのように紹介し説明するのかを読み取ることもまた本書の醍醐味である。

本書が多くの日本経営者に読まれることを期待したい。本書を通じて中国からみた日本長寿企業の姿を改めて認識し、日本自らの優れたところを自覚し、それを未来に向けて覚醒させていくことを著者もまた願っておられると思う。

最後に、小生を中山大学に導き、李新春教授を紹介下さった中国・東アジア史の権威である東京大学名誉教授濱下武志先生に心から御礼を申し上げる。小生が東京から広州に経つ前に先生は李先生の書籍を下さりこれを読むようにと提案され、それが李教授の文章に初めて触れる重大な契機となった。その後の中山大学での滞在期間中、李先生主催の本研究会議に濱下先生は幾度となく参加して下さり研究を導いて下さった。濱下先生のご支援なければ本著は世に生まれていなかったと思う。

また、中山大学へ訪問学者として送り込んで下さった北九州大学大学院マネジメント研究科長（当時）王効平教授に感謝する。同大あげて本研究を支援し帝国データベースとの接渉はじめ全てのプロセスに参加下さった。

本研究の開始時、日本老舗の多くの先行研究を検討したが、その初めから最後まで方法論と方向性に大きな影響を与え、訪日調査時も丹念に研究の手ほどきをして下さった、日本老舗研究の第一人者で、現在事業承継学会代表理事を務められる横澤利昌ハリウッド大学院大学教授に深く御礼申し上げる。横澤先生は本著の翻訳ゲラを全読後、その内容と価値を高く評価下さり、学術書専門出版社の文眞堂に紹介、同社からの出版が決定した。さらに本著の完成を契機に、中国が観た日本老舗経営の文化的独自性をさらに深く研究する必要性を提示されている。

本研究の二年にわたる訪日調査から始め、翻訳の全ての工程において多大な支援を賜った地域連携機構会長小早川明徳氏に衷心より御礼を申し上げる。同氏は翻訳の後押しを下さるばかりか、本書が老舗研究を超越した日本文化論と思想哲学書になっていることにいち早く気付かれ、政官財各方面に本著の価値を喧伝し、中国の新対日観として広く紹介して下さった。同氏なければ本書邦訳出版前からこれだけの反響を起こすことはなかったと思う。

本書邦訳出版に際し原稿整理、各方面への通知において多大な支援を頂いた文眞堂の山崎勝徳氏に御礼申し上げる。その他すべてを記載できないが多くの方々からご支援を頂き本書邦訳出版が実現したことを心より御礼申し上げる。

二〇二一年五月吉日

古田　茂美

参考文献

1 Jansen, Marius B. (1989) *The Cambridge History of Japan, Vol. 5: The Nineteenth Century*, 1st Edition, Frist published by Cambridge University Press（王翔訳『剑桥日本史（第5卷）：19世纪』浙江大学出版社、二〇一四年三月）

2 井上清（一九六三—六六）『日本の歴史』全三巻、岩波新書（闫伯纬訳『日本历史』陕西人民出版社／人民出版社、二〇一三年）

3 McClain, James L. (2002) *Japan: A Modern History*, W. W. Norton & Company, Inc.（王翔等訳『日本史：１６００〜２０００』海南出版社、二〇一四年）

4 坂本太郎（一九六二）『日本史概説（上・下）新訂版』至文堂（汪向荣等訳『日本史』中国社会科学出版社、二〇一四年）

5 蔡振丰・林永强编（二〇一七）『日本伦理与儒家传统』东亚儒学研究丛书25、台大出版社

6 井上克人（二〇一一）『西田幾多郎と明治の精神（関西大学東西学術研究所研究叢刊）』関西大学出版部（王海訳『西田几多郎与明治的精神』厦门大学出版社、二〇一八年）

7 和辻哲郎（一九七九）『風土　人間的考察』岩波文庫（陈力卫訳『风土』商务印书馆、二〇一八年）

8 渋沢栄一（二〇〇八）『論語と算盤』角川ソフィア文庫（高望訳『论语与算盘』上海社会科学出版社、二〇一六年）

9 幸田露伴（一九三九）『渋沢栄一伝』岩波書店（于炳跃訳『涩泽荣一传』上海社会科学出版社、二〇一五年）

10 新渡戸稲造（一九〇八）『武士道　第13版』丁未出版社（朱可人訳『武士道』浙江文艺出版社、二〇一六年）

11 新渡戸稲造（一九九一）『日本の本質』岩波書店（新渡户稻造等著『日本的本质』新世界出版社、二〇一六年）

12 竇少傑・程良越・河口充勇・桑木小恵子（二〇一四）『百年传承的秘密：日本京都百年企业的家业传承』浙江大学出版社

13 Hamashita, Takeshi, edited by Grove, Linda and Selden, Mark (2008) *China, East Asia and the Global Economy:*

Regional and Historical Perspectives, London and New York: Routledge（王玉茹等訳『中国、东亚与全球经济：区域和历史的视角』社会科学文献出版社、二〇〇九年）

14 大野健一（二〇〇五）『途上国ニッポンの歩み——江戸から平成までの経済発展』有斐閣（臧馨等訳『从江户到平成：解密日本经济发展之路』中信出版社、二〇〇六年）

15 金耀基（二〇一七）『从传统到现代』法律出版社

16 曾誉铭（二〇一七）『义利之辨』上海辞书出版社

17 子安宣邦（一九九八）『江戸思想史講義』岩波書店（丁国旗訳『江户思想史讲义』生活・读书・新知三联书店、二〇一七年）

18 官文娜（二〇一七）『日本家族结构研究』生活科学文献出版社、二〇一七年

19 李秀娟・赵丽嫚编（二〇一八）『传承密码：东西方家族企业传承与治理』复旦大学出版社

20 Schmieder, Joe（2014）*Innovation in the Family Business: Succeeding Through Generations*, Family Business Consulting Group（曹雪会等訳『家族企业创新：代际传承、基业长青』机械工业出版社、二〇一六年）

21 余英时（二〇〇一）『中国近世宗教伦理与商人精神』安徽教育出版社

22 李新春（二〇〇〇）『战略联盟与网络』广东人民出版社

23 李新春・张书军主编（二〇〇五）『家族企业：组织、行为与中国经济』上海三联书店、上海人民出版社

24 速水融（二〇〇三）『近世日本の経済社会』麗澤大学出版会（汪平等訳『近世日本经济社会史』南京大学出版社、二〇一五年）

25 山本七平（一九九五）『日本資本主義の精神　なぜ、一生懸命働くのか』ＰＨＰ文庫（蛮景石訳『日本资本主义精神』生活・读书・新知三联书店、一九九五年）

26 Bellah, Robert N.（1957）*Tokugawa Religion: the Values of Pre-industrial Japan*, Falcon（王晓山等訳『德川宗教：现代日本的文化渊源』生活・读书・新知三联书店、牛津大学出版社、一九九八年）

27 Schumacher, E. F.（1973）*Small is beautiful: A Study of Economics As If People Mattered*, Random House Group Ltd.（李华夏訳『小的是美好的』译林出版社、二〇〇七年）

28 Marshall, Alfred（1938）*Principles of Economics*, London: The Macmillan Company（朱志泰訳『经济学原理（上下册）』商务印书馆、一九九一年）

29 Chandler, Alfred D., Jr. (1977) *The Visible Hand: The Managerial Revolution in American Business*, Cambridge: The Belknap Press of Harvard University Press（重武訳『看得见的手——美国企业的管理革命』商务印书馆、一九九七年）

30 福沢諭吉『学門のすゝめ』（群力訳『劝学篇』商务印书馆、一九九六年）

31 末木文美士（二〇〇六）『日本宗教史』岩波新書（周以量訳『日本宗教史』社会科学文献出版社、二〇一六年）

32 马敏（二〇一一）『商人精神的嬗变——辛亥革命前后中国商人观念研究』华中师范大学出版社

33 後藤俊夫（二〇一七）『長寿企業のリスクマネジメント——生き残るためのＤＮＡ』第一法規（王保林等訳『工匠精神：日本家族企业的长寿基因』中国人民大学出版社、二〇一八年）

34 前川洋一郎（二〇一五）『なぜあの会社は１００年も繁盛しているのか』ＰＨＰ研究所（陈晨訳『匠心老铺——日本７５０家百年老店的繁盛秘诀』人民邮电出版社、二〇一七年）

35 Simon, Hermann, *Hidden Champions—Aufbruch Nach Globalia: Die Erfolgsstrategien unbekannter Weltmarketfuehrer*（张帆等訳『隐性冠军：未来全球化的先锋』机械工业出版社、二〇一九年）

36 Keene, Donald (1969), *The Japanese Discovery of Europe, 1720-1830*, Stanford University Press（孙建军訳『日本发现欧洲：１７２０—１８３０』江苏人民出版社、二〇一八年）

37 丸山眞男著／松沢弘陽編（二〇〇一）『福沢諭吉の哲学　他六篇』岩波文庫（区建英訳『福泽谕吉与日本近代化』北京师范大学出版社、二〇一八年）

38 Benedict, Ruth (1946), *The Chrysanthemum and The Sword: Patterns of Japanese Culture*, The Riverside Press Boston（吕万和等訳『菊与刀——日本文化诸模式』商务印书馆、二〇一七年）

39 Whittington, Richard and Mayer, Michael (2000) *The European Corporation: Strategy, Structure and Social Science*, Oxford University Press（北京天则经济研究所选訳『欧洲公司：战略结构与管理科学』云南人民出版社、二〇〇五年）

40 Evans, Harold et al. (2004) *They Made America: From the Steam Engine to the Search Engine Two Centuries of Innovation*, New York, USA.: Little Brown and Company, Inc.（倪波・蒲定东・高华斌・玉书訳『他们创造了美国』中信出版社、二〇一三年）

41 Singhal, D. P. (1972), *India and World Civilization*, D. Mehra RUPA and Co.（庄万有等訳『印度与世界文明（上下册）』商务印书馆、二〇一九年）

42 De Massis, A., Frattini, F., Kotlar, J., Petruzzelli, A. and Wright, M. (2016) "Innovation through Tradition: Lessons from innovative family businesses and firections for future research," *Academy of Management Perspective*, Vol. 30, No. 1, pp. 93–116

訪問企業及び組織団体から頂いた企業史※

［1］社史編纂委員会（二〇〇七）『川島織物創業１４５年から１６３年（企業合併）までの歴史：新しい伝統の創造を目指して』大阪：株式会社川島織物セルコン（社史编纂委员会《川岛织物创立１４５年至１６３年（企业合并）间的历史旨在创造崭新的传统》）

［2］１４０年史編集委員会（二〇一五）『未来への挑戦――島津製作所１４０年の歩み』京都：株式会社島津製作所（１４０年史编纂委员会：《挑战未来、岛津制作所１４０年的足迹》）

［3］社史編集委員会（一九六七）『島津製作所史』京都：株式会社島津製作所（社史编纂委员会：《岛津制作所史》）

［4］株式会社島津製作所『失敗応用学』内部資料（岛津制作所株式会社：《失败应用学》）

［5］株式会社月桂冠社史編集委員会（一九九九）『月桂冠三百六十年史』京都：株式会社月桂冠（月桂冠株式会社设施编辑委员会：《月桂冠三百六十年史》）

［6］佐竹力総（二〇一一）『三百年企業美濃吉と京都商法の教え』京都：商業界（佐竹力总：《三百年企业美浓吉和京都商道的教海》）

［7］山田雄久（二〇〇八）『香蘭社１３０年史』佐賀：香蘭社社史編纂委員会（山田雄久：《香兰社１３０年史》）

［8］福井正憲（二〇一七）『自如々』京都：株式会社福寿園（福井正宪：《自如》）

［9］茂木友三郎（二〇〇七）『キッコーマンのグローバル経営――日本の食文化を世界に』生産性出版社（茂木友三郎：《龟甲万的经营》）

［10］井奥成彦・中西聡（二〇一六）『醤油醸造業と地域の工業化――高梨兵左衛門家の研究』東京：慶応義塾大学出版社（井奥成彦、中西聪：《酱油酿造业与区域工业化――高梨兵衛門家族研究》）

[11] 玉置半兵衛（二〇一四）『あんなぁよおぅききや』京都：京都新聞出版社（玉置半兵卫：《你好好听着》）
[12] 大同生命保険株式会社広報部（二〇〇四）『大同生命――100年の挑戦と創造』大阪：大同生命保険株式会社（大同生命保险株式会社宣传部：《大同生命――100年的挑战与创造》）
[13] 湯浅邦弘（二〇〇八）『墨の道印の宇宙――懐徳堂の美と学問』大阪：大阪大学出版社（汤浅邦弘：《墨之道、印的宇宙――怀德堂之美与学》）
[14] 湯浅邦弘（二〇一六）『懐徳堂事典　増補改訂版』大阪：大阪大学出版社（汤浅邦弘：《怀德堂事典增订版》）
[15] 湯浅邦弘（二〇一六）『懐徳堂の至宝――大阪の「美」と「学問」をたどる』大阪：大阪大学出版社（汤浅邦弘：《怀德堂的至宝――追寻大阪的〝美〟和〝学问〟》）
[16] 懐徳堂記念会（一九九四）『懐徳堂』大阪：大阪大学出版社（怀德堂纪念会：《怀德堂图录》）
[17] 京都府（一九七〇）『老舗の家訓』京都：京都府（京都府：《老铺企业家训》）

※　頂いた資料は全訳しており、リスト上の名称は中国語が翻訳名称、日本語は原著名称。これら資料は我々のケーススタディに重要な役割を果たし、各社に対し頂いたご支持に衷心より感謝申し上げる。

【訳者紹介】

古田 茂美（ふるた・しげみ）

港日商務研究中心代表

《主な職歴》

中山大学管理学院訪問学者。香港貿易発展局日本首席代表、マカオ大学商工管理学院客員教授、マカオ大学アジア太平洋経済管理学研究所プログラムディレクター、北九州市立大学大学院マネジメント研究科特任教授、九州大学経済学府産業マネジメント研究科客員教授、立命館大学経営学専門職大学院客員教授、大阪市立大学経済学部講師など。立命館大学大学院国際関係博士、神戸大学大学院経営学修士、国際基督教大学大学院行政学修士。駐香港日本国総領事館在外公館長賞受賞（2017年）。

専門領域：国際関係学、国際貿易管理学、アジア経営論

《主な兼職》

九州大学経済学府産業マネジメント研究科教育連携協議会委員

《主な研究業績》

『日中長寿企業比較』（共著）中央経済社、2021年

『中国人との関係のつくりかた』（単著）ディスカバー・トゥエンティワン、2012年

『兵法がわかれば中国人がわかる』（単著）ディスカバー・トゥエンティワン、2011年

『グワンシ』（共著）ディスカバー・トゥエンティワン、2011年

『中華文化圏進出の羅針盤』（単著）ユニオンプレス、2005年

『香港華南への道』（共著）ユニオンプレス、2002年

『香港と台湾経済変動の長期分析』（共著）アジア経済研究所、1988年

日本百年老店——日本の老舗：伝統と革新の再発見

2022年6月30日第1版第1刷発行　　検印省略

著　者——李　新春

訳　者——古田 茂美

発行者——前野　隆

発行所——株式会社 文 眞 堂

〒162-0041 東京都新宿区早稲田鶴巻町533

TEL：03（3202）8480 / FAX：03（3203）2638

URL：http://www.bunshin-do.co.jp/

振替 00120-2-96437

製作……モリモト印刷

ISBN978-4-8309-5183-1　C0034

定価はカバー裏に表示してあります